组织伦理气氛、工作嵌入与农民工职业流动：机理与实证

欧阳博强　张广胜　著

中国财经出版传媒集团
中国财政经济出版社
·北京·

图书在版编目（CIP）数据

组织伦理气氛、工作嵌入与农民工职业流动：机理与实证 / 欧阳博强，张广胜著. —— 北京：中国财政经济出版社，2024.10

ISBN 978 - 7 - 5223 - 2726 - 6

Ⅰ.①组… Ⅱ.①欧… ②张… Ⅲ.①民工－职业选择－研究－中国 Ⅳ.①D669.2

中国国家版本馆 CIP 数据核字（2024）第 034838 号

责任编辑：彭 波	责任印制：史大鹏
封面设计：卜建辰	责任校对：张 凡

组织伦理气氛、工作嵌入与农民工职业流动：机理与实证
ZUZHI LUNLI QIFEN GONGZUO QIANRU YU NONGMINGONG ZHIYE LIUDONG JILI YU SHIZHENG

中国财政经济出版社 出版

URL：http://www.cfeph.cn
E - mail：cfeph@cfeph.cn

（版权所有　翻印必究）

社址：北京市海淀区阜成路甲28号　邮政编码：100142
营销中心电话：010 - 88191522
天猫网店：中国财政经济出版社旗舰店
网址：https://zgczjjcbs.tmall.com
中煤（北京）印务有限公司印刷　各地新华书店经销
成品尺寸：170mm×240mm　16开　18印张　252 000字
2024年10月第1版　2024年10月北京第1次印刷
定价：78.00元
ISBN 978 - 7 - 5223 - 2726 - 6
（图书出现印装问题，本社负责调换，电话：010 - 88190548）
本社图书质量投诉电话：010 - 88190744
打击盗版举报热线：010 - 88191661　QQ：2242791300

基金支持

本书的出版获得韶关学院粤北乡村振兴研究中心、农村发展重点学科的资助，研究工作得到了国家社会科学基金项目、国家自然科学基金项目等科研项目的联合支持，属于阶段性研究成果。

1. 国家社会科学基金重点项目"以人为核心的新型城镇化下提高农业转移人口市民化质量研究"（21AZD044）；

2. 国家自然科学基金应急管理项目"组织伦理气氛、工作嵌入与农民工离职决策：影响机理与政策响应"（71840010）；

3. 国家自然科学基金青年项目"高标准农田建设对农业的多途径影响：时空规律、要素替代与效率提升"（72203212）；

4. 广东省哲学社会科学规划粤东西北专项项目"粤东西北农村劳动力流动对县域结构红利的影响机理及效应研究"（GD21YDXZYJ02）。

前 言

农民工稳定就业是中国"以人为核心"新型城镇化的应有之义，也是农民工获取市民化经济基础的重要前提，备受中央关于"三农"工作的重视。但一直以来，农民工就业最明显的特征就是换工频繁或者流动性过高，且至今也未得以有效缓解，致使许多用工企业中"民工荒""用工荒"现象重复上演。农民工过高的离职率既不利于用工企业积累特定的人力资本，也不利于农民工自身的城市融入。在这样的情况下，回答"农民工为什么离职流动？"就成为当务之急。学界长期以来为农民工为何离职流动提供的解释取向主要有劳动力市场分割理论和传统离职模型，但存在循环论证嫌疑或预测力不足的问题。工作嵌入理论为离职研究提供了一个更为全新、可靠的框架，且完全能将农民工鲜明的就业特征纳为研究内容，而组织伦理气氛作为农民工与用工企业之间相互作用的特定情境，将其视为农民工职业流动决策的企业维度因素尤为必要。因此，在新型城镇化进程加快与农民工短工化趋势尚未有效缓解的双重现实背景下，从组织伦理气氛和工作嵌入两个层面视角揭示农民工职业流动决策机理，不仅有助于丰富已有相关理论，还对农民工就业管理、用工企业留人、农民工收入稳定增长及市民化等方面具有重要参考价值。

本书基于以往相关研究，运用结构紧张理论、工作嵌入理论和社会认知理论以及建立数理模型，利用针对企业农民工的实际调研数据，采用OLS、Probit、2SLS、CMP、事件史模型以及HLM阶层模型等计量分析方法，基于两个层面视角分析农民工职业流动决策机理及其内在关系，核心内容可以概括为两个部分。

一是理论分析部分。首先，企业层面理论分析，运用结构紧张理论和数理模型分析组织伦理气氛对农民工职业流动的影响；其次，个体层面理论分析，运用工作嵌入理论和数理模型分析工作嵌入对农民工职业流动的影响；再次，机理分析，运用社会认知理论、工作嵌入理论和数理模型分析组织伦理气氛、工作嵌入与农民工职业流动的影响机理；最后，根据理论分析构建农民工职业流动决策框架。

二是实证分析部分。基于调研数据，利用相应测量工具对组织伦理气氛、工作嵌入与农民工职业流动进行量化及描述的基础上，建立计量模型对理论分析进行检验。首先，运用 HLM 阶层模型分析组织伦理气氛对农民工职业流动意向及职业流动行为的跨层次影响，并进行稳健性检验及讨论；其次，运用 OLS 模型分析工作嵌入对农民工职业流动意向的影响，并进行稳健性检验以及采用 2SLS 估计进行内生性检验，同时运用 Probit 模型分析工作嵌入对农民工职业流动行为的影响，并进行稳健性检验以及采用 CMP 估计进行内生性检验，进一步运用事件史模型讨论工作嵌入对农民工一定时期内多次职业流动行为的影响；最后，运用 HLM 调节式中介效果检测模型分析组织伦理气氛、工作嵌入与农民工职业流动之间的跨层次路径关系，并进行稳健性检验，得出影响路径模型。

本书的主要研究发现如下。

第一，农民工在规则、关怀和自利方面对用工企业伦理准则的感知具有良好的组间平均数信度和组内共识，规则型、关怀型和自利型组织伦理气氛普遍并存于企业组织，并可以通过农民工个体感知获得；农民工对伦理气氛的感知以规则为主，自利次之，关怀感知程度则偏低；农民工的工作嵌入和职业流动意向量表能够反映其职业流动心理以及与工作情境的嵌入关系，且组织嵌入程度高于社区嵌入；测量工具受共同方法偏差的影响较弱。

第二，回顾性信息显示，86.37% 的农民工已经更换过工作，其中有过 1 次换工的占比为 26.99%，有过 2 次换工的占比为 21.24%，至少有过 3 次换工的占比为 38.14%，且在近 2 年内有过换工的占比为 46.73%；从长期离职事件来看，农民工平均在某个工作上的持续时间为 32 个月，25% 的农民工在入职后的 13 个月内离职，50% 的农民工在入职后的 25 个月内离职，75% 的农民工在入职后的 50 个月内离职；时隔 2 年后回访观察发现，农民工的整体离职率为 32.39%，其中在首份工作上的离职率为 35.71%，且已离职农民工的流动意向程度明显高于未流动者；农民工的职业流动意向程度和行为概率都会随换工经历的增加而下降，且在区域上自南向北递减；制造业农民工的职业流动意向程度和行为概率均高于其他行业；新生代农民工的职业流动意向程度和行为概率较老一代更高；组织伦理气氛和工作嵌入均会导致农民工的职业流动意向以及行为存在差异。

第三，组织伦理气氛可以解释农民工职业流动。不同企业之间农民工的职业流动意向和职业流动行为均存在显著差异，36.65% 的职业流动意向变异和 22.81% 的职业流动行为变异由企业层面因素决定，其中组织伦理气氛分别解释了 29.76% 和 21.44%。组织伦理气氛对农民工职业流动具有显著的跨层次影响，规则型、关怀型组织伦理气氛有利于抑制农民工的职业流动意向以及职业流动行为，且关怀型组织伦理气氛的作用较规则型组织伦理气氛更大；自利型组织伦理气氛会提高农民工的职业流动意向程度，但不会促使农民工产生职业流动行为。从个体层面来看，农民工对伦理气氛的规则、关怀感知会抑制其职业流动意向和职业流动行为，而自利感知不仅会提高其职业流动意向程度还会促使其产生职业流动行为。组织伦理气氛在农民工个体层面特征对其职业流动的影响中具有结构性调整效应。

第四，工作嵌入可以预测农民工职业流动。工作嵌入对农民工职业流动意向具有显著的负向影响，组织嵌入和社区嵌入都有利于降低农民工的职业流动意向程度，且组织嵌入的作用大于社区嵌入。工作嵌入对农民工职业流动行为具有显著的负向预测作用，且组织嵌入有利于抑制农民工的职业流动行为，但社区嵌入对农民工职业流动行为的约束不明显。从农民工职业流动的多发性角度来看，工作嵌入对农民工一定时期内的多次职业流动行为依然具有显著的负向预测作用,且组织嵌入和社区嵌入均会对农民工产生保留作用。

第五,组织伦理气氛、工作嵌入与农民工职业流动之间存在跨层次调节式中介路径。职业流动意向方面,规则型、关怀型组织伦理气氛会通过提高组织嵌入和社区嵌入降低农民工的职业流动意向程度,关怀型组织伦理气氛还会增强组织嵌入和社区嵌入对农民工职业流动意向程度的抑制作用,而自利型组织伦理气氛则会减弱组织嵌入对农民工职业流动意向程度的抑制作用。职业流动行为方面,规则型、关怀型组织伦理气氛会通过提高组织嵌入抑制农民工的职业流动行为,关怀型组织伦理气氛还会增强组织嵌入和社区嵌入对农民工职业流动行为的抑制作用。

本书研究对农民工就业管理、用工企业留人以及农民工自身的启示是:

政府决策部门需要高度重视农民工就业问题,促进农民工稳定就业,抓紧建立农民工就业和失业的登记、监测机制,在相关政策上配以农民工就业补贴的优惠机制,适当以"诱导"代替"监管"来引导用人单位在实践中留用农民工。用工企业一方面应当积极培育和增强良好的组织伦理气氛,抑制和削弱自利型组织伦理气氛;另一方面要提升农民工在组织结构和社区环境中的嵌入程度,不仅要增强农民工在组织结构中的嵌入关系,还应当关心农民工的社区嵌入,试图通过社区留人。农民工自身应当树立正确的价值观念和行为规范,主动捍卫自己的道德人格,加强素质修养的实践与学习,自觉增强团结互助意识和社会责任感,助力用工企业构建良性组织伦理气氛。

本书可能的创新之处在于:

第一,将农民工和企业组织同时置于社会结构中,从两个层面探讨农民工职业流动决策机理及其内在逻辑,突破了以往多数研究遵循的单一化思路,拓展了农民工职业流动问题的研究视角。

第二,分析了组织伦理气氛、工作嵌入与农民工职业流动的影响机理,不仅从中国农民工视角检验了工作嵌入对离职的预测力在跨文化背景下的稳定性及特殊性,还为解释相似个体在不同环境下的行为决策差异提供了新视角，也为把握农民工职业流动脉络提供了新助力，弥补了相关研究空间。

第三，鉴于农民工与用工企业的嵌套关系，构建分层数据，采用阶层线性模型处理跨层次变量，不仅克服了分层数据不满足方差齐次性和独立分布的局限，还解决了传统回归分析方法的估计偏倚问题。同时，采用CMP估计处理内生性问题，克服了被解释变量必须连续的局限。

目 录

第1章 导论 ··· 1

    1.1 研究背景与研究意义 ··· 1

    1.2 研究目标与研究内容 ··· 6

    1.3 研究方法与数据来源 ··· 9

    1.4 分析框架、技术路线与本书结构 ······························ 12

    1.5 创新点与研究不足 ·· 16

第2章 概念界定与文献综述 ··· 19

    2.1 核心概念界定 ··· 19

    2.2 文献综述 ··· 23

第3章 农民工职业流动决策的理论框架 ······················ 39

    3.1 组织伦理气氛对农民工职业流动的影响：企业层面
理论分析 ·· 39

    3.2 工作嵌入对农民工职业流动的影响：个体层面理论
分析 ·· 53

    3.3 组织伦理气氛、工作嵌入与农民工职业流动：机理
分析 ·· 61

    3.4 理论框架 ··· 68

    3.5 本章小结 ··· 71

第 4 章 数据来源、变量测量与描述性分析 ········· 72

    4.1 问卷设计及数据来源 ················· 72

    4.2 样本特征统计 ····················· 79

    4.3 核心变量的测量 ···················· 88

    4.4 农民工职业流动意向的描述性分析 ·········· 108

    4.5 农民工职业流动行为的描述性分析 ·········· 117

    4.6 本章小结 ······················· 128

第 5 章 组织伦理气氛对农民工职业流动的影响：企业层面实证分析 ··········· 130

    5.1 分析框架与研究假设 ················· 130

    5.2 变量说明与模型设定 ················· 134

    5.3 组织伦理气氛对农民工职业流动意向的影响分析 ···· 138

    5.4 组织伦理气氛对农民工职业流动行为的影响分析 ···· 156

    5.5 本章小结 ······················· 170

第 6 章 工作嵌入对农民工职业流动的影响：个体层面实证分析 ··········· 172

    6.1 分析框架与研究假设 ················· 172

    6.2 变量说明与模型设定 ················· 175

    6.3 工作嵌入对农民工职业流动意向的影响分析 ······ 177

    6.4 工作嵌入对农民工职业流动行为的影响分析 ······ 189

    6.5 本章小结 ······················· 204

第 7 章 组织伦理气氛、工作嵌入与农民工职业流动的影响路径：跨层次调节式中介分析 ········· 206

    7.1 分析框架与研究假设 ················· 206

    7.2 变量说明与模型设定 ················· 210

  7.3 组织伦理气氛、工作嵌入与农民工职业流动意向的
　　　　影响路径分析 ………………………………………… 212

  7.4 组织伦理气氛、工作嵌入与农民工职业流动行为的
　　　　影响路径分析 ………………………………………… 222

  7.5 本章小结 ………………………………………………… 231

第8章 研究结论、政策建议与研究展望 …………………………… 232

  8.1 研究结论 ………………………………………………… 232

  8.2 政策建议 ………………………………………………… 235

  8.3 研究展望 ………………………………………………… 238

参考文献 …………………………………………………………………… 239

附 录 …………………………………………………………………… 266

第1章 导　　论

1.1　研究背景与研究意义

1.1.1　研究背景

（1）现实背景。

中国新型城镇化呼唤农民工市民化，农民工稳定就业是新型城镇化的应有之义。农民从农村走向城市是世界各国由传统农业社会向现代工业社会转型的必经之路，也是城市化的必然结果。中国"以人为核心"的新型城镇化同样跳不出世界城市化演变的一般规律，其实现的一个重要前提是农民工这一庞大群体的市民化（蔡昉，2013），因此首要任务是着力稳定和扩大农民工就业，促进农民工由"产业技术工人"向"市民"的身份转变。稳定农民工就业作为"三农"工作的一项重要内容，被多次列入中央一号文件。党的十九大报告明确强调要"促进农民工多渠道、高质量就业，加快农民工市民化"。农民工作为新型城镇化的重要主体，如果不能稳定就业，则难以具备实质性市民化的经济基础，容易陷入"来之却不能安之"的尴尬位置，最终可能成为半城市化的边缘人（郭芹与高兴民，2018；雷鹏飞与赵凡，2020）。

但一直以来，农民工就业最明显的特征就是换工频繁或者流动性过高。前程无忧人力资源调研中心发布的《2017离职与调薪调研报告》[①]显示，2016年企业员工的平均离职率为20.1%，其中农民工高度集中

[①] 资料来源：http://news.163.com/16/1214/10/C886O9MI00014JB5.html.

的制造业和传统服务业的离职率分别为24.4%和21.1%，而一线操作农民工的离职率更是远高于此。2012年，清华大学社会学系联合工众网发布的《农民工"短工化"就业趋势调查研究报告》显示，农民工在每份工作上的平均持续时间为2年，两份工作的时间间隔约为6个月，"短工化"是农民工就业中一个相当普遍的趋势，且该趋势会逐年递增。另一项针对农民工的调查[①]也得出了类似的结果，发现更换过工作的农民工占比为65.9%，其中在近7个月内更换了工作的占比为25%，在近1.75年内有过换工的占比为50%，而且农民工平均在每份工作上的持续时间约为2年，但两份工作的时间间隔长达8个月。时至今日来看，农民工"短工化"就业特征依然比较明显（邱红与张凌云，2020），特别是以"80后""90后"为代表的新一代农民工的频繁跳槽现象愈演愈烈，他们似乎对"打短工""游击式"的从业模式情有独钟，这种现象构成了许多用工企业中"民工荒""用工荒"现象重复上演的一个重要原因。

农民工换工频繁或流动性过高既不利于用工企业积累特定的人力资本，也不利于农民工自身的城市融入。诚然，随着全球化和信息化的发展，终身雇佣关系越发少见，且不太现实，员工跳槽事件也是屡见不鲜。然而，对于农民工而言，他们属于城市劳动力市场弱势群体的事实尚未改变，想要通过反复换工来实现职业向上流动的可能性比较渺小（梁辉，2016；周春芳等，2019）。在这种情况下，农民工过高的离职率一方面会严重妨碍用工企业维持正常用工秩序以及积累特定的人力资本（淦未宇与徐细雄，2018），致使用工企业拒绝向农民工提供更多的职业技能培训投资和长期福利（江金启与陈婧文，2016；周密等，2018；赵卫红等，2020）；另一方面不利于农民工收入水平的稳定提升（明娟与曾湘泉，2015），进而会加剧农民工收入增长缓慢与市民化成本不断上升之间的矛盾（郭芹与高兴民，2018；杨富平，2020），导致他们难以融入城市社会（石智雷等，2016；孙学涛等，2018），甚至会

---

① 资料来源：中国人事科学研究院组编的《人力资源蓝皮书：中国人力资源发展报告（2013）》。

在一定程度上增加其相对剥夺感（欧阳博强与张广胜，2018；卢海阳与张敏，2020）。在国家新型城镇化战略下，有效应对农民工的高流动性应该是新时代解决发展不平衡和不充分问题的一个内容，因此回答"农民工为什么离职流动？"就成为当务之急。

（2）理论背景。

学界长期以来为农民工为何离职或流动提供的解释取向主要有劳动力市场分割理论和传统离职模型。一方面，劳动力市场分割理论假定劳动力市场是非同质的，认为异质性是其既定特征。中国农民工始终处于具有明显主、次之分的城市劳动力市场，因此以往研究基于劳动力市场分割理论对农民工的离职换工或流动进行了大量解释（Basker，2003；Knight & Yueh，2004；白南生与李靖，2008；姚缘与张广胜，2013；张艳华与沈琴琴，2013；钱龙与钱文荣，2015；柳建平与魏雷，2017；吴方卫与康姣姣，2019；李辉等，2020）。但值得注意的是，农民工之所以换工频繁是因为他们处于欠稳定的边缘化工作岗位，同时农民工频繁换工又决定了他们只能在边缘化工作岗位就业。这意味着，基于劳动力市场分割理论对农民工离职换工做出的解释可能存在描述性循环论证的嫌疑，难以指出其实质性原因。另一方面，传统离职模型主要基于工作满意度、工作选择、工作机会等态度因素建立离职决策的一般过程，认为员工产生流动意图的根源是其对工作不满意的态度以及感知到的工作选择和工作机会，从研究对象心理出发，试图基于符合人的认知的角度揭示问题的本质。该类离职模型对离职研究具有一定启示意义，在解释企业一般性职员离职问题的研究中比较流行，但这一解释取向在农民工中的应用可能值得商榷。首先，工作满意度作为员工的一项心理感知，会随收入水平、岗位层次、职务等级等决定的离职成本的上升而提高，而企业一般性职员的离职成本远远高于农民工（赵卫红等，2020），因此工作满意等态度因素在农民工离职考虑中可能并没有那么重要。其次，传统离职模型强调员工在流动时会对感知到的工作选择和工作机会进行对比，但农民工相对而言不太具备工作选择的意识和能力，其离职往往出于冲动或者只是为了摆脱来自工作或周边环境的某些压力或情绪

（朱慧劼与风笑天，2019）。最后，传统离职模型缺乏令人信服的解释力，被指出忽略了很多重要的解释因素（Maertz & Campion，1998），其对离职的预测力实际上不足5%（Griffeth et al.，2000）。

工作嵌入理论为离职研究提供了一个更为全新、可靠的框架，克服了传统离职模型的局限性，且完全能将农民工鲜明的就业特征归纳为研究内容（Feldman & Thomas，2007）。工作嵌入理论对离职模型的前因进行了拓展，吸收了社会学有关劳动力流动的研究成果，囊括了解释离职的工作因素和非工作因素，认为个人是复杂社会网络中的一个节点，且与社会网络中的其他节点密切相关。众多针对离职领域的研究发现，工作嵌入独立于传统态度类变量之外，属于价值中性的结构性概念，对离职具有强大的预测效应（Mitchell et al.，2001；Lee et al.，2004；Holtom & Inderrieden，2006；Croosley et al.，2007；徐茜与张体勤，2017；温珂等，2018）。但以往研究普遍具备一个明显的特点：利用一般性企业职员或知识型员工为工作嵌入这个基于西方文化背景提出的理论构想寻找现实依据，而针对不同文化背景下的特殊职业群体的检验有所忽略。想要进一步丰富拓宽工作嵌入对离职的现实解释，中国农民工这一特定群体则显然不可被忽视。

组织伦理气氛作为员工与用人单位之间相互作用的特定情境，会对"个人—组织"关系产生重要影响（Cullen et al.，2003；杨春江等，2015），将其纳为农民工职业流动决策的企业维度因素尤为必要。随着现代社会对企业责任的不断重视，从伦理规范的角度来评价组织和个人的行为显得日趋必要。组织伦理气氛是组织成员对伦理问题的共同体验而形成的稳定认知，其作为企业的非正式准则对员工离职的影响力有时甚至大于正式准则（Falkenberg & Herremans，1995）。已有研究表明，组织伦理气氛对员工—组织关系以及员工去留选择具有显著影响（Falkenberg & Herremans，1995；Cullen et al.，2003；余璇与陈维政，2014；杨春江等，2015）。农民工大多被配置在企业的辅助性岗位（程虹与李唐，2017），一方面希望稳定就业、提高收入以加快市民化进程，另一方面又为争取更多的福利保障而频繁跳槽（孙婧芳，2017）。相比企业中的"知识精英",农民工受非正式准则的影响可能更大,其离职往往是出于组织情境压力下的"用脚投票"(张宏如等,2015)。因此,在考察农民工职业流动问题时,很有必要考虑企业层面的相关维度。实际上,农民工(特别是新一代农民工)已经不再仅仅利用工作以图温饱,而更多的是通过工作追求精神共鸣,找寻在组织中做事的对的感觉(赵立,2014;欧阳博强与张广胜,2018)。因此,用工企业营造一种内在舒适的特定气氛尤为重要,如此才能让农民工更加"如鱼得水",使其为组织所用,避免面对"人心难管"的尴尬局面。

综上所述,在新型城镇化进程加快与农民工短工化趋势尚未有效缓解的双重现实背景下,掌握农民工职业流动的背后逻辑以应对农民工过高的离职率成为当务之急,但单独从某一个侧面解释农民工职业流动问题可能难以把握其内在脉络。本书尝试将农民工和用工企业同时置于社会结构中,从组织伦理气氛和工作嵌入两个层面视角探索农民工职业流动的决策逻辑,以期获得更有可能接近问题本质的结论。本书重点关注的问题是:农民工这一特殊职业群体的职业流动决策机理是怎样的?具体而言,组织伦理气氛会对农民工职业流动产生什么样的影响?工作嵌入对农民工职业流动的影响如何?组织伦理气氛、工作嵌入与农民工职业流动的影响机理又是怎样的?

1.1.2 研究意义

本书基于比较新鲜的视角研究农民工职业流动决策机理,有助于进一步丰富已有相关理论,对农民工就业管理、用工企业留人、农民工收入增长及市民化等方面具有重要意义。

理论意义:基于组织伦理气氛和工作嵌入的双重层面视角分析农民工职业流动决策脉络,揭示组织伦理气氛、工作嵌入和农民工职业流动之间的影响机理,不仅有助于拓宽农民工职业流动问题的研究视角以及丰富职业流动理论,还为工作嵌入理论的现实解释提供来自农民工的证据,也为解释相似个体在不同情境下的行为差异提供新的理论视角。

现实意义：在劳动力相对短缺、刘易斯拐点到来的形势下，优化配置劳动力资源以应对"民工荒""用工荒"尤为关键。因此，从新的角度探寻农民工职业流动原因不仅有助于为用工企业在实践中更好地留住农民工提供前瞻性建议，还有助于农民工稳定积累专用性人力资本、提高农民工收入水平，增强农民工市民化能力。

政策意义：有助于决策部门准确掌握农民工职业流动的逻辑脉络，为政府制定、完善农民工就业管理政策提供重要理论及经验依据，促进农民工合理职业流动以及提高农民工就业稳定性，加快农民工市民化进程。

1.2 研究目标与研究内容

1.2.1 研究目标

本书首先在理论上建立农民工职业流动决策框架，包括基于企业层面分析组织伦理气氛对农民工职业流动的影响、基于个体层面分析工作嵌入对农民工职业流动的影响，以及分析组织伦理气氛、工作嵌入与农民工职业流动的影响机理；其次，利用实地调研数据建立计量模型，从实证角度分析组织伦理气氛对农民工职业流动的跨层次影响、工作嵌入对农民工职业流动的影响，以及组织伦理气氛、工作嵌入与农民工职业流动之间的跨层次影响路径；最后，为促进农民工稳定就业提供政策思路。具体目标如下。

第一，构建农民工职业流动决策的理论框架。首先，企业层面理论分析，运用结构紧张理论和数理模型分析组织伦理气氛对农民工职业流动的影响；其次，个体层面理论分析，运用工作嵌入理论和数理模型分析工作嵌入对农民工职业流动的影响；再次，机理分析，运用社会认知理论、工作嵌入理论和数理模型分析组织伦理气氛、工作嵌入与农民工职业流动的影响机理；最后，根据理论分析构建农民工职业流动决策框架。

第二，揭示组织伦理气氛对农民工职业流动的解释效应。在理论分析的基础上，利用实际调研数据建立计量模型实证分析组织伦理气氛对农民工职业流动的跨层次影响，探讨组织伦理气氛对农民工职业流动的解释力。

第三，评估工作嵌入对农民工职业流动的预测效应。在理论分析的基础上，利用实际调研数据建立计量模型实证分析工作嵌入对农民工职业流动的影响，探讨工作嵌入对农民工职业流动的预测力。

第四，探明组织伦理气氛、工作嵌入与农民工职业流动的影响路径。在理论分析的基础上，利用实际调研数据建立计量模型分析组织伦理气氛、工作嵌入与农民工职业流动之间的跨层次影响路径。

1.2.2 研究内容

针对研究目标，本书设置的主要研究内容如下。

研究内容一：农民工职业流动决策的理论框架。

基于企业层面和个体层面的不同视角从理论上构建农民工职业流动决策框架。首先，企业层面，基于结构紧张理论和数理模型分析组织伦理气氛对农民工职业流动的影响；其次，个体层面，基于工作嵌入理论和数理模型分析工作嵌入对农民工职业流动的影响；再次，机理分析，基于社会认知理论、工作嵌入理论和数理模型分析组织伦理气氛、工作嵌入与农民工职业流动的影响机理，即组织伦理气氛的调节效应以及工作嵌入的中介效应；最后，根据理论分析建立农民工职业流动决策框架。

研究内容二：组织伦理气氛对农民工职业流动的影响（企业层面实证分析）。

从实证角度分析组织伦理气氛对农民工职业流动的影响，探讨农民工职业流动的企业层面解释效应。首先，利用 Cullen 等（2003）修订的量表对组织伦理气氛进行测量分析，利用 Mobley（1977）量表对农民工职业流动意向进行测量分析（内容二、内容三和内容四一致）；其次，基于理论分析以及分层研究思想建立分析框架，并基于已有研究得出组织伦理气氛对农民工职业流动的量化关系，提出研究假设；再次，建立HLM阶层模型分析组织伦理气氛对农民工职业流动意向的跨层次影响，同时通过改变被解释变量量化方式和细分样本进行稳健性检验，并分析组织伦理气氛如何影响了农民工职业流动意向，进一步讨论农民工个体的伦理气氛感知对其职业流动意向的影响；最后，建立HLM阶层模型分析组织伦理气氛对农民工职业流动行为的跨层次影响，同时通过细分样本进行稳健性检验，并分析组织伦理气氛如何影响了农民工职业流动行为，进一步讨论农民工个体的伦理气氛感知对其职业流动行为的影响。

研究内容三：工作嵌入对农民工职业流动的影响（个体层面实证分析）。

从实证角度分析工作嵌入对农民工职业流动的影响，探讨农民工职业流动的个体层面解释效应。首先，借鉴及修订杨廷钫等（2013）开发的农民工工作嵌入量表对工作嵌入及其结构维度（组织嵌入和社区嵌入）进行测量分析；其次，根据理论分析建立分析框架，并基于已有研究得出工作嵌入对农民工职业流动的量化关系，提出研究假设；再次，采用OLS模型分析工作嵌入对农民工职业流动意向的影响，同时通过细分样本、改变解释变量量化方式和改变被解释变量量化方式进行稳健性检验，并利用农民工上一个工作上的工作嵌入指标作为工具变量采用2SLS估计进行内生性检验；最后，采用Probit模型分析工作嵌入对农民工职业流动行为的影响，同时通过细分样本、改变解释变量量化方式和更换计量模型进行稳健性检验，并利用农民工上一个工作上的工作嵌入指标作为工具变量采用CMP估计进行内生性检验，进一步采用事件史模型讨论工作嵌入对农民工多次职业流动事件的动态影响。

研究内容四：组织伦理气氛、工作嵌入与农民工职业流动的影响路径（跨层次调节式中介分析）。

从实证角度分析组织伦理气氛、工作嵌入与农民工职业流动的影响机理。首先，基于理论分析以及分层研究思想建立分析框架，并基于已有研究得出组织伦理气氛、工作嵌入与农民工职业流动的量化关系，提出研究假设；其次，基于前置内容在变量测量的基础上建立 HLM 跨层次调节式中介效果检测模型（3M）分析组织伦理气氛、工作嵌入与农民工职业流动意向之间的影响关系，并更换模型设定进行稳健性检验，得出影响路径模型；最后，建立 HLM 跨层次调节式中介效果检测模型（3M）分析组织伦理气氛、工作嵌入与农民工职业流动行为之间的影响关系，并更换模型设定进行稳健性检验，得出影响路径模型。

1.3 研究方法与数据来源

1.3.1 研究方法

针对研究内容，本书采用的主要研究方法如下。

研究内容一的主要研究方法：理论分析方法与数理模型分析方法。

首先，采用结构紧张理论和数理模型分析组织伦理气氛对农民工职业流动的影响；其次，采用工作嵌入理论和数理模型分析工作嵌入对农民工职业流动的影响；最后，采用社会认知理论和数理模型分析组织伦理气氛在工作嵌入对农民工职业流动影响中的调节效应，同时采用工作嵌入理论和数理模型分析工作嵌入在组织伦理气氛与农民工职业流动关系中的中介效应。

研究内容二的主要研究方法：计量模型分析方法（包括 HLM 随机截距模型和 HLM 随机斜率模型）。

首先，采用测量工具（量表）对组织伦理气氛和农民工职业流动意向进行测量，并采用因子分析方法、验证性因素分析以及阶层模型检验测量工具的信度、效度、组间平均数信度、组内共识以及共同方法偏差（内容二、内容三和内容四一致）；其次，采用 HLM 随机截距模型分析组织伦理气氛对农民工职业流动意向的跨层次影响，同时采用改变被解释变量量化方式和细分样本的方式进行稳健性检验，并采用 HLM

随机斜率模型分析组织伦理气氛如何影响了农民工职业流动意向，进一步采用 OLS 模型讨论农民工个体的伦理气氛感知对其职业流动意向的影响；最后，采用 HLM 随机截距模型分析组织伦理气氛对农民工职业流动行为的跨层次影响，同时采用细分样本的方式进行稳健性检验，并采用 HLM 随机斜率模型分析组织伦理气氛如何影响了农民工职业流动行为，进一步采用 Probit 模型讨论农民工个体的伦理气氛感知对其职业流动行为的影响。

研究内容三的主要研究方法：计量模型分析方法（包括 OLS 模型、Probit 模型、2SLS 估计模型、CMP 估计模型和事件史模型）。

首先，采用测量工具（量表）对工作嵌入及其结构维度进行测量，并采用因子分析方法、验证性因素分析检验测量工具的信度和效度；其次，采用 OLS 模型分析工作嵌入对农民工职业流动意向的影响，同时采用细分样本、改变解释变量量化方式和改变被解释变量量化方式的思路进行稳健性检验，并利用农民工上一个工作上的工作嵌入指标作为工具变量采用 2SLS 估计模型进行内生性检验；最后，采用 Probit 模型分析工作嵌入对农民工职业流动行为的影响，同时采用细分样本、改变解释变量量化方式和更换计量模型为二元 Logit 形式的思路进行稳健性检验，并利用农民工上一个工作上的工作嵌入指标作为工具变量采用 CMP 估计模型进行内生性检验，进一步采用事件史模型讨论工作嵌入对农民工多次职业流动事件的动态影响。

研究内容四的主要研究方法：计量模型分析方法（HLM 调节式中介效果模型）。

基于前置内容在变量测量的基础上建立 HLM 调节式中介效果检测模型（3M）分析组织伦理气氛、工作嵌入与农民工职业流动之间的跨层次影响路径。一方面，采用 HLM 中介效果模型分析工作嵌入在组织伦理气氛对农民工职业流动意向影响中的中介效果，并采用 HLM 调节式中介效果模型分析组织伦理气氛在工作嵌入对农民工职业流动意向影响中的调节效果，然后更换模型设定进行稳健性检验，得出影响路径模型；另一方面，采用 HLM 中介效果模型分析工作嵌入在组织伦理气氛对农民工职业流动行为影响中的中介效果，并采用HLM调节式中介效果模型分析组织伦理气氛在工作嵌入对农民工职业流动行为影响中的调节效果，然后更换模型设定进行稳健性检验，得出影响路径模型。

1.3.2 数据来源

本书使用的数据主要来源于对用工企业底层员工的问卷调研。数据调研由沈阳农业大学经济管理学院和辽宁大学商学院的教师和研究生负责实施，并受到国家自然科学基金应急管理项目《组织伦理气氛、工作嵌入与农民工离职决策：影响机理与政策响应》的资助。

（1）调查问卷设计。

在调阅已有关于劳动者离职及农民工换工流动的相关研究基础上，梳理出可能影响农民工职业流动的相关因素，并结合本书的研究目标和研究内容，编制调研问卷初稿；咨询相关研究领域专家学者的意见，对问卷初稿进行论证，邀请和咨询相关领域教师及课题组成员开展研讨会和小组讨论，对调查问卷的题项设置进行修改完善，确保题项的针对性以及语言表述的准确性和清晰度；利用修改后的调研问卷在珠三角地区的个别用工企业（工厂）进行小规模预调研，并据此对潜变量量表的有效性进行分析，根据农民工的具体特征对测量量表进行修订，避免题项间的交叉模糊，以确保测量题项在不同层次聚合的可信度和共识度，同时根据预调研反馈的问题对调查问卷再次修订完善，尽量提高被调查者对问卷的普遍接受程度；最终确定用以获取数据资料的调查问卷版本，以此深入用工企业开展正式调研。

（2）调研时间安排。

本书的数据调研于2017年6月至9月开展，此时间一方面不是农民工返乡期，农民工普遍在岗；另一方面调研团队能够拥有比较充足的时间，便于安排和协调调研工作。为了获得农民工职业流动行为的数据，调研团队在时隔2年后的2019年6月至9月对原先的样本企业进行了回访，调查原先获得的农民工样本中谁已经离开了所属样本企业，并通过随机抽样回访对其离职是否出于自愿进行确认。这一回访调查时间间隔（2年）与以往针对农民工工作变动的调查结果保持了一致，以便更好地满足研究需求。正如清华大学社会学系联合工众网发布的《农民工"短工化"就业趋势调查研究报告》以及中国人事科学研究院组编的《人力资源蓝皮书：中国人力资源发展报告（2013）》所显示的，农民工平均在每份工作上的持续时间约为2年。

（3）调研样本来源。

受制于可获得性，本书的样本来源在区域和行业上并非十分随机，但也尽量扩大了异质性，使数据尽可能贴近和反映现实情况。区域分布方面，以珠三角地区的广州、东莞和深圳为主，以东北地区老工业基地的沈阳和鞍山以及中部地区的郑州和长沙为辅。行业分布方面，以制造业为主，以批发零售、住宿餐饮及服务销售行业为辅。该分布在一定程度上符合于现实情况：一方面，近年来在东南沿海地区的一些制造企业中，农民工的频繁换工现象日趋明显，他们的"短工化"趋势更加突出；另一方面，农民工主要集中在制造行业，且据前程无忧人力资源调研中心发布的《2017离职与调薪调研报告》显示，农民工高度集中的制造业和传统服务业的离职率较其他行业更高。

1.4　分析框架、技术路线与本书结构

1.4.1　分析框架

本书基于农民工嵌套于用工企业的事实，从组织伦理气氛和工作嵌入的双重层面研究农民工职业流动决策机理，遵循"理论分析—实证检验—政策讨论"的布局思路，对组织伦理气氛、工作嵌入与农民工职业流动的影响关系进行深入分析。

基于研究目标与研究内容，本书的基本分析框架安排如下。

首先，理论分析。企业层面，利用结构紧张理论和数理模型分析组

织伦理气氛对农民工职业流动的影响；个体层面，利用工作嵌入理论和数理模型分析工作嵌入对农民工职业流动的影响；机理方面，利用社会认知理论和数理模型分析组织伦理气氛在工作嵌入对农民工职业流动影响中的调节效应，利用工作嵌入理论和数理模型分析工作嵌入在组织伦理气氛对农民工职业流动影响中的中介效应；最终根据理论分析建立农民工职业流动决策框架。

其次，实证检验。在理论分析的基础上，利用实际调研数据和测量工具对组织伦理气氛、工作嵌入与农民工职业流动进行量化及描述，然后建立计量模型实证分析组织伦理气氛对农民工职业流动的影响、工作嵌入对农民工职业流动的影响以及组织伦理气氛、工作嵌入与农民工职业流动之间的影响路径。

最后，政策讨论。基于主要研究结论，从政策层面、用工企业以及农民工自身方面提出促进农民工稳定就业的相关建议。

1.4.2 技术路线

本书的技术路线如图 1-1 所示。

1.4.3 本书的结构

根据研究需要，本书共安排了八个章节，具体如下。

第1章，导论。本章主要在于介绍研究背景与研究意义，阐述研究目标与研究内容，交代研究方法与数据来源，安排分析框架、技术路线以及本书结构，最后归纳本书可能的创新点与研究不足。

第2章，概念界定与文献综述。本章首先对研究涉及的核心概念进行相应界定；其次对相关研究文献进行梳理和回顾，主要对劳动者离职、工作嵌入、组织伦理气氛的相关研究进行回顾性综述；最后进行文献述评，分析已有研究存在的补充空间，并阐述本书补充已有研究的基本内容及思路。

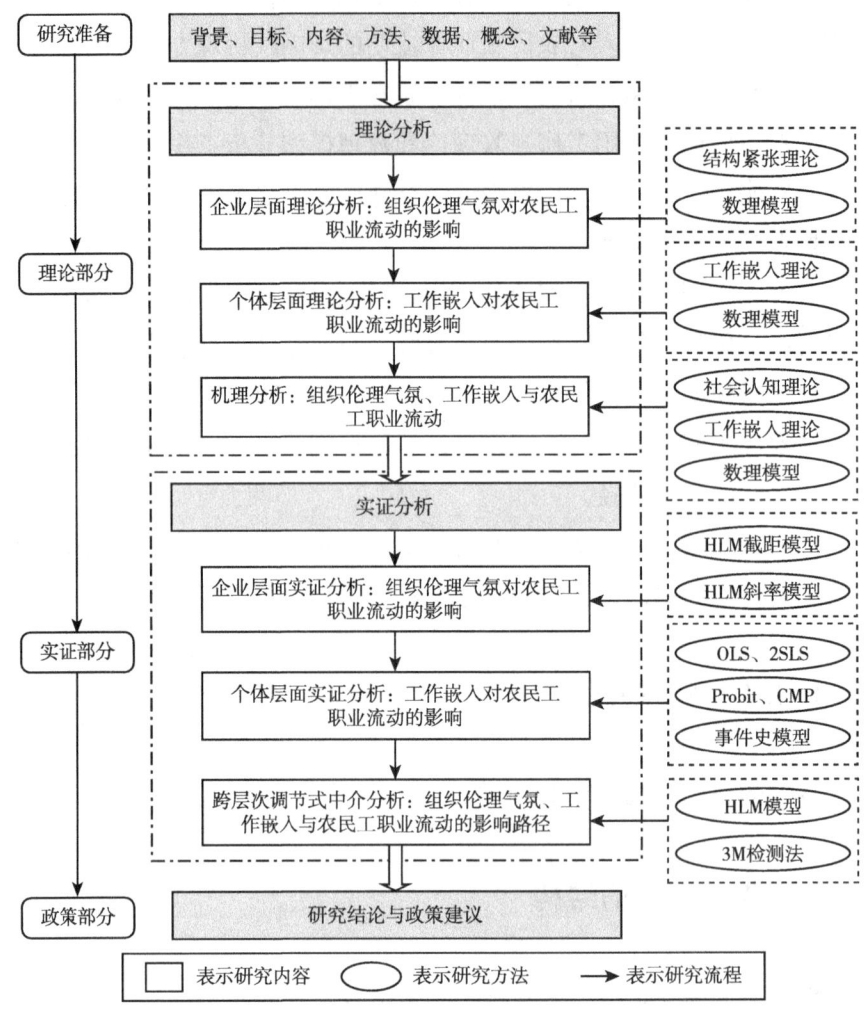

图1-1 本书的技术路线

第3章，农民工职业流动决策的理论框架。本章是本书的理论分析部分，首先是企业层面的理论分析，基于结构紧张理论和数理模型分析组织伦理气氛对农民工职业流动的影响；其次是个体层面的理论分析，基于工作嵌入理论和数理模型分析工作嵌入对农民工职业流动的影响；再次是机理分析，基于社会认知理论、工作嵌入理论和数理模型分析组织伦理气氛、工作嵌入与农民工职业流动的影响机理；最后根据理论分析建立理论框架。

第 4 章，数据来源、变量测量与描述性分析。本章首先说明调查问卷设计的基本思路、主要内容、数据来源以及采集方式；其次对农民工个体层面特征和企业总体层面特征进行描述统计；再次基于调研数据利用相应测量工具对组织伦理气氛、工作嵌入以及农民工职业流动等潜在关键变量进行测量分析，并对潜变量测量工具进行共同方法偏差检验；最后在变量测量基础上对农民工职业流动意向和职业流动行为进行描述性分析，包括组织伦理气氛指标和工作嵌入指标对农民工职业流动的定性关系描述。

第 5 章，组织伦理气氛对农民工职业流动的影响：企业层面实证分析。本章从实证角度分析组织伦理气氛对农民工职业流动的影响，探讨农民工职业流动的企业层面解释效应。首先基于结构紧张理论、社会认知理论以及分层模型思想建立分析框架，并基于以往研究得出组织伦理气氛对农民工职业流动的量化关系，提出研究假设；其次运用 HLM 随机截距模型分析组织伦理气氛对农民工职业流动意向的跨层次影响，同时进行稳健性检验，并运用 HLM 随机斜率模型分析组织伦理气氛如何影响了农民工职业流动意向，进一步讨论农民工个体的伦理气氛感知对其职业流动意向的影响；最后运用 HLM 随机截距模型分析组织伦理气氛对农民工职业流动行为的跨层次影响，同时进行稳健性检验，并运用 HLM 随机斜率模型分析组织伦理气氛如何影响了农民工职业流动行为，进一步讨论农民工个体的伦理气氛感知对其职业流动行为的影响。

第 6 章，工作嵌入对农民工职业流动的影响：个体层面实证分析。本章从实证角度分析工作嵌入对农民工职业流动的影响，探讨农民工职业流动的个体层面解释效应。首先基于工作嵌入理论建立分析框架，并基于以往研究得出工作嵌入对农民工职业流动的量化关系，提出研究假设；其次采用 OLS 回归分析工作嵌入对农民工职业流动意向的影响，同时进行稳健性检验和内生性讨论；最后采用 Probit 模型分析工作嵌入对农民工职业流动行为的影响，同时进行稳健性检验和内生性讨论，并采用事件史模型进一步讨论工作嵌入对农民工多次职业流动事件的动态影响。

第7章，组织伦理气氛、工作嵌入与农民工职业流动的影响路径：跨层次调节式中介分析。本章从实证角度分析组织伦理气氛、工作嵌入与农民工职业流动的影响机理。首先基于工作嵌入理论、社会认知理论以及分层模型思想建立分析框架，并基于以往研究得出组织伦理气氛、工作嵌入与农民工职业流动的量化关系，提出研究假设；其次建立跨层次调节式中介效果检测模型（3M）分析组织伦理气氛、工作嵌入与农民工职业流动意向之间的跨层次影响关系，并通过改变模型设定进行稳健性检验，得出影响路径模型；最后运用跨层次调节式中介效果检测模型（3M）分析组织伦理气氛、工作嵌入与农民工职业流动行为之间的跨层次影响关系，并通过改变模型设定进行稳健性检验，得出影响路径模型。

第8章，研究结论、政策建议与研究展望。本章首先总结本书研究得到的主要结论；其次从政策层面、用工企业和农民工自身方面提出促进农民工稳定就业、构建良好组织伦理气氛、提高农民工工作嵌入水平以及加强农民工道德修养等相关政策建议；最后为后续研究提供一些参考方向。

1.5　创新点与研究不足

1.5.1　创新点

本书可能的创新之处在于：

第一，研究视角上：将农民工和企业组织同时置于社会结构中，从两个层面探讨农民工职业流动决策机理及其内在逻辑，突破了以往多数研究遵循的单一化思路。关于农民工为何离职流动的讨论，以往研究多是遵循单一化思路，要么基于微观人力资本理论仅仅关注个体层面因素，要么只分析外部环境或组织维度因素，较少关注不同层面因素相互交织的复杂关系。事实上，农民工职业流动的心理或行为往往是多方面因素共同作用的结果,这就意味着不同层面因素的作用并非孤立的或者稳定不变的。本书对企业层面和个体层面的因素进行综合重组,将农民工和企业组织同时置于社会结构中,从组织伦理气氛和工作嵌入的双重层面视角分析农民工职业流动决策机理,揭示了不同层面因素对农民工职业流动的影响及其相互交织的内在关系,拓展了农民工职业流动问题的研究视角,对已有文献形成了有力补充。

第二,研究内容上:分析了组织伦理气氛、工作嵌入与农民工职业流动的影响机理,丰富了工作嵌入的现实解释,弥补了相关研究空间。已有文献虽然将组织伦理气氛和工作嵌入归纳为员工离职模型的前因,但多停留在描述分析层面,没能建立比较细化的内部关系,且针对农民工等低技能型员工的研究相对单薄。本书不仅基于企业层面视角分析了组织伦理气氛对农民工职业流动的影响,还基于个体层面视角分析了工作嵌入对农民工职业流动的影响,进一步整合两个层面视角分析了组织伦理气氛、工作嵌入与农民工职业流动的影响机理,从理论和实证两个角度揭示了组织伦理气氛对农民工职业流动的影响以及工作嵌入在其中的中介效应、工作嵌入对农民工职业流动的影响以及组织伦理气氛在其中的调节效应,不仅从中国农民工的视角检验了工作嵌入对离职的预测力在跨文化背景下的稳定性及特殊性,还基于组织伦理气氛为解释相似个体在不同情境下的行为差异提供了新视角,也为准确把握农民工职业流动脉络提供了新助力。

第三,研究方法上:鉴于农民工与用工企业的嵌套关系,构建分层数据,采用阶层线性模型处理跨层次变量,不仅克服了分层数据不满足方差齐次性和独立分布的局限,还解决了传统回归方法的估计偏倚问题。组织伦理气氛属于企业层面的变量,农民工工作嵌入及其职业流动属于个体层面的变量,且农民工与用工企业的依属关系决定了这两类变量具有跨层次嵌套特征。以往研究在处理类似情况时主要采用传统回归分析方法,这种不考虑数据层级结构的处理方式容易导致估计结果存在偏倚。本书根据农民工嵌套于用工企业的特征,构建分层数据,采用阶层回归思想处理跨层次变量,不仅摆脱了分层数据不满足传统回归分析所要求的先决条件中的方差齐次性和独立分布问题，还确保了实证结果更加真实可靠。此外，本书在处理工作嵌入与农民工职业流动行为的内生性问题上，选取上一期工作嵌入指标作为工具变量采用 CMP 估计方法，克服了被解释变量必须连续的局限。

1.5.2　研究不足

本书的研究不足之处在于：

第一，数据调研方面：一方面，我国农民工数量庞大、分布广泛，但由于本书的调研对象要求是身处企业组织的农民工，因此只在个别城市便于联系到样本的用工企业中进行了数据采集，数据较为粗糙，样本规模较小，这可能影响实证结果与现实情况的吻合度；另一方面，为了使调研资料便于构建分层数据，本书采用对企业进行配额的方式采集农民工样本数据，没能严格按照随机抽样原则，这也可能对实证结果造成影响。此外，受限于数据，实证部分没能针对企业或农民工的单独层面讨论影响机理。

第二，变量测量方面：一方面，本书对组织伦理气氛的测量直接采用了已有的成熟量表，该量表虽然在多数职业群体中通过了有效性测试，但农民工毕竟不代表企业中的大多数或者核心群体，他们对组织伦理行为准则的感知可能与用工企业的真实情况存在差异；另一方面，本书对农民工工作嵌入的测量虽然是借鉴国内学者针对农民工开发设计的量表，且在正式调研前请教了相关领域专家后经过研讨、论证及修订，但受限于个人能力，不可避免地会存在一定问题，可能会对结果产生影响。

第 2 章 概念界定与文献综述

本章首先对本书研究涉及的核心概念进行相应界定；其次对相关研究文献进行梳理和回顾，包括劳动者离职的相关研究、工作嵌入的相关研究以及组织伦理气氛的相关研究；最后对相关研究进行述评，分析已有研究存在的补充空间，并阐述本书尝试补充的基本内容及思路。

2.1 核心概念界定

2.1.1 组织伦理气氛

组织伦理气氛（Organizational Ethical Climate）一词最早出现在 Murphy 等（1979）的研究中，该研究认为组织伦理气氛会在很大程度上影响组织成员的伦理行为。需要指出的是，这一概念源于国外的研究，国内研究大多将其译为"组织伦理气氛"，此外也被译为"组织伦理氛围"和"组织伦理气候"，本书采用"组织伦理气氛"的叫法。Victor 等（1987）利用伦理判断标准和分析层次，基于个体、组织和世界性三种层次和道德判断标准，提出组织中可能存在的九种伦理气氛类型，并首次明确定义组织伦理气氛为员工对组织内部的伦理政策或规范的共同体验和稳定认知。Malloy（2001）认为组织伦理气氛是员工判断伦理行为的标准和依据。Grojean（2004）将组织伦理气氛视为一个被组织成员所认同或默许的组织伦理准则。Victor 等（1987）提出的组织伦理气氛类型中有五种（自利型、关怀型、规则型、法律与法规型、独立型），在后续研究中得到验证。但学者们对于这五种类型的稳定性仍有疑虑（Cullen，1993）。目前，有三种类型（规则型、关怀型、自利型）的组织伦理气氛被证明是稳定存在的，且在同一组织中存在多种不同类型的组织伦理气氛，极少组织仅存在一种组织伦理气氛（刘文彬与井润田，2010）。总体上，学者们关于组织伦理气氛含义的理解与界定具有较大的相似性：（1）组织伦理气氛是组织气氛的一种特定描述，类似于组织的"人格"，通过组织成员对组织伦理环境的体验和知觉来衡量；（2）组织伦理气氛作为组织的客观属性而稳定存在，是一个属于组织层面的变量；（3）同一个企业组织中通常存在多种不同类型的组织伦理气氛。借鉴以往相关研究，本书关注被证实稳定存在于企业组织中的三种组织伦理气氛类型（规则型、关怀型、自利型），将组织伦理气氛界定为：组织内部对伦理行为准则的共同体验而形成的一致性稳定认知，反映了组织及其成员处理利益关系和解决伦理困境的依据。

规则型组织伦理气氛的特点是：主张遵守规则，组织及其成员在处理利益关系和解决伦理困境上严格遵守各项行为规范、规章制度和价值标准等，组织成员感知到只有严格遵照规则进行伦理行为才是正确的。

关怀型组织伦理气氛的特点是：倡导仁爱、关怀，组织及其成员不仅关心自身的利益，还关心可能受到自己决策影响的其他利益相关者的利益，进行伦理行为时能充分考虑到自己的决策可能会给他人带来的影响，并试图进行权衡。

自利型组织伦理气氛的特点是：鼓励自我利益最大，组织及其成员追求自身利益的最大化，进行伦理决策时主要考虑自己的利益是否会遭受损失，较少甚至不考虑自己的决策对他人可能造成的影响。

2.1.2　工作嵌入

Mitchell 等（2001）最先提出工作嵌入（Job Embeddedness）的概念，并定义工作嵌入为员工与组织及成员、亲朋、社区生活环境等在社会、心理和经济网络中形成的各种千丝万缕的关系，之后该概念一直被学术界使用。工作嵌入囊括了各种阻止员工离职的力量,与传统的态度变量工作满意度相比,其涵盖了工作内因素和工作以外的因素、既有情感成分又有非情感成分。同时,工作嵌入强调的是使员工留在组织的力量,不是员工为何留下的问题。工作嵌入包括两个结构剖面(组织和社区)与三个核心:匹配(Fit),指个体在组织以及社区环境中的相容性和舒适程度;联结(Link),指个体与他人、组织、社区之间形成的网络关系的数量和强度;牺牲(Sacrifice),指个体离开所在组织或社区将面临的损失,包括物质层面、社会层面和心理层面的损失。借鉴以往相关研究,本书将工作嵌入界定为:个体和所有与工作相关的情境之间建立的正式或非正式关系的密切程度,反映了促使个体留在组织结构和社区环境的多重关系网络。

组织嵌入源于组织匹配、组织联结和组织牺牲,是指个体与组织结构之间正式或非正式关系的密切程度,反映了个体与组织的匹配程度、在组织中的关系网络数量和强度以及离开组织将要面临的损失。

社区嵌入源于社区匹配、社区联结和社区牺牲,是指个体与社区环境之间正式或非正式关系的密切程度,反映了个体与居住社区的匹配程度、在社区中的关系网络数量和强度以及离开社区将要面临的损失。

2.1.3 农民工职业流动

自改革开放实行以家庭联产承包为主的农村经济改革制度以来,大量农业剩余劳动力得到释放,农民利用农业闲暇时间陆续到就近乡镇从事短期性非农工作,农业剩余劳动力实现了由纯粹农民逐渐演变为另一类职业身份——农民工。根据国家统计局的指标解释,农民工是指户籍仍在农村,但在本地或外出从事非农产业6个月及以上的劳动者,按照外出的迁移距离或流向划分为本地农民工、外出农民工和进城农民工。学术界普遍使用"农民工"这一概念来表示进城务工的农村劳动力,只不过对于农民工的界定因研究需要的不同而有所差异。随着农民工的内部分化,目前学术界多以1980年(出生年)为界,将农民工划分为新生代农民工和老一代农民工。借鉴以往相关研究，本书将农民工界定为：户口性质为农村户口，受教育程度为专科及以下，长期在城市从事非农工作的劳动者。需要说明的是，本书的研究对象为身处企业组织的农民工，并根据研究需要以出生年为界限划分为"90后""80后"及"80后"之前的农民工。

关于劳动者离职（Employee Turnover）的研究历史最早可以追溯到20世纪初。目前学界对离职的界定有广义和狭义之分。广义上的离职界定是指劳动个体作为组织成员状态的改变，这一定义囊括了劳动者流入、流出组织以及他们在同一个组织内的晋升、降级、转岗等，其外延可以解释为"流动"（Price，1977）。狭义上的离职界定是指从组织中获取货币性物质收益的个体终止其组织成员关系的过程，这一定义不仅通过强调雇佣关系的中断而排除了组织内部的晋升、降级和转岗，还排除了不从组织中获取物质收益的义务性劳动者（Mobley，1982）。相比而言，狭义上的离职定义更能准确概括劳动者特别是农民工的职业流动特征。因此，借鉴以往相关研究，本书采用狭义的离职理解取向，将农民工职业流动定义为：农民工与其所在用工企业解除雇佣关系的过程。为了便于区分农民工与用工企业之间解除雇佣关系的心理和行动，本书进一步将农民工的职业流动操作化为职业流动意向和职业流动行为。

离职意向（Turnover Intention）在国内通常还被表述为离职倾向、离职意愿等，但其概念内涵是一致的。学者普遍认为离职意向是离职行为的先行"预测者"（Newman，1974；Kraut，1975；Mobley，1979；Michaels & Spector，1982）。一方面，由于实际的离职行为比离职意向更难预测，在研究中常用离职意向预测离职行为（Price & Mueller，1981）；另一方面，离职意向与态度、愿望等一致，是离职行为发生的最直接前兆（Fishbein，1967），可以作为离职行为的一个潜代变量（Bluedorn，1982；Shore & Martin，1989）。但离职意向也不能完全等同于实际的离职行为，只是一个离职的念头或想法（Mobley et al.，1978）。因此，借鉴以往相关研究的观点，本书将农民工职业流动意向界定为：农民工与其所在用工企业解除工作关系的主观态度和想法，用来衡量农民工希望离开用工企业的心理倾向程度。

离职行为（Turnover Behavior）通常有主动离职和被动离职两类，前者的决策主体是劳动者本身，后者的决策主体是企业组织。被动离职一般是组织可以控制的，而主动离职通常是组织难以控制的，过多的主动离职往往不利于企业组织和劳动者自身的发展，因此研究主动离职更有意义。本书关注的是主动离职（Voluntary Turnover）。借鉴以往相关研究，本书将农民工职业流动行为界定为：农民工与其所在用工企业解除工作关系的实际行动，旨在反映农民工与用工企业之间雇佣关系的终结。

2.2 文献综述

2.2.1 关于劳动者离职的研究

（1）劳动者离职的理论研究。

劳动者离职研究的历史可追溯到20世纪初，发展至今已成为劳动经济学、组织行为学、心理学、社会学以及人力资源管理中一个重要的研究领域。劳动者离职的相关研究随着离职模型的建构而演进，其中比较经典的离职理论模型有：①March和Simon（1958）的参与者决策模型，认为劳动者离职与否取决于个体参与决策的一个过程，而决策的合理性感知和离职本身的难易程度影响最终的离职决定，其中工作满意度和市场机会是两个主要的作用因素。②Mobley（1977）的中介链模型，认为员工在评估自身对工作的满意程度后，并非立即产生离职意向或离职行为，而是会经过一个决策过程，如评估寻找别的工作的成本、对潜在工作机会的中意程度以及离职带来的损失与不确定性。③Steers和Mowday（1981）的离职模型，认为员工最终是否会有离职行动是由"工作期望和工作价值——工作主观态度——离职意向——非工作因素"的变化顺序决定的，强调工作主观态度受员工对工作信息、组织信息掌握程度的影响,并纳入了一些非工作因素。④Lee 和 Mitchell（1994）的多路径展开模型,认为离职存在多条路径,员工并非根据主观期望和判断来进行决策,而是以现实状况与个人价值观、发展趋势以及价值映像之间的匹配度作为去留决策依据。⑤Price 和 Mueller（1977、2000）的离职模型,在主观态度、工作期望等的基础上,纳入内生变量,强调工作寻找行为在离职决策过程中的传递作用。⑥Mitchell 等（2001）的工作嵌入模型,涵盖员工离职考虑的工作内外因素,包括情感成分和非情感成分,从留职的视角分析员工离职的网络阻力,认为个体嵌于其与组织、社区之间编织的多重关系网络中,关系网络越多、越密,则员工离职的阻力就越大。上述离职模型为离职问题研究构建了比较清晰的理论框架,特别是新近的工作嵌入模型对传统离职模型进行了拓展,为研究离职问题提供了一个全新的思路,但其主要来自西方发达劳动力市场的经验事实,在不同雇佣市场背景尤其是中国二元结构情境下的适用性及特殊性还有待进一步寻求来自多方素材的检验。

（2）劳动者离职的实证研究。

随着离职理论的发展,学术界对劳动者离职问题开展了许多实证性研究。在相关研究中,个人属性特征变量（年龄、性别、学历以及价值观等）通常被作为离职的预测源（Williams & Hazer, 1956; Grusky, 1966; Proctor, 1976; Somor, 1996; 张勉, 2001; 杨云, 2014; 吴昊与杨东涛, 2015; 孟秀兰等, 2020）。同时,组织特征以及与工作相关的因素均会对离职决策产生显著影响,如组织文化（刘文彬, 2010）、职业生涯适应与晋升机会（于海波等, 2013; 袁庆宏等, 2014; 何丽, 2017; 李云等, 2020）、工作压力（Lambert et al., 2001; 张宏宇与周燕华, 2014）、工作环境与工作中人际关系（王振源等, 2015; 温珂等, 2018）等。此外,组织承诺（Cotton & Tuttle, 1986; Abelson, 1987; 曾垂凯, 2012; 倪昌红等, 2013; 周恋等, 2019）、心理契约（徐细雄等, 2011; 王桢等, 2012; 张高旗等, 2019）、工作满意度（Mitchell et al., 2011; 李群等, 2016）和组织认同（张淑华等, 2016）

等被广泛用于预测员工离职。特别是，从工作满意度视角研究离职的文献最多，且工作满意度与离职负相关（Martin，1979；Price，1997），这一结论在后续的研究中不断得到验证（李欧，2014；杨姝雅等，2017；李宪印等，2018）。概括起来，劳动者离职决策的解释因素不外乎四类：一是个人属性层面的特征，如性别、年龄、教育、婚姻以及工作观念等；二是与工作及组织环境相关的因素，如劳动报酬、福利待遇、工作强度、同事关系和人事制度等；三是组织外部因素，如工作机会、搜寻成本等；四是员工态度和情感因素，包括工作满意度、组织承诺和成就动机等。但此类研究多是针对泛化的企业一般性职员，遵循或个体层面或组织层面的单一分析思路，可能难以全面掌握劳动者离职的具体脉络以及特殊性，同时工作满意度、工作机会和组织承诺等态度类变量对员工离职的解释力被证实较弱（Griffeth et al.，2000）。

（3）农民工流动问题的研究。

中国劳动力市场具有明显的主、次之分（孙三百等，2012；蔡昉，2013；吕炜等，2015）。基于国外离职理论模型，国内学者多针对主要劳动力市场研究离职问题，着重关注企业一般性员工甚至"知识精英"（张凯丽等，2018；孟秀兰等，2020；王鉴忠等，2020），其中包括企业高管（曲静与陈树文，2018；张双鹏与周建，2019）、国企员工（叶仁荪等，2005；陈胜军等，2020）、民营企业经理人（张建琦与汪凡，2003；许楠与姜波，2015）、IT 技术员工（张勉等，2003；杨金廷等，2013）、企业知识员工（张正堂与赵曙明，2007；徐荣与曹安照，2009；高中华等，2012；刘学与王红丽，2016）等。基于离职理论，国内转向农民工的研究极具相似性，主要围绕个体因素或由其决定的工作关系试图对农民工离职问题进行解释。通过相关研究不难发现，农民工个体离职的具体原因可能千差万别，如个人资本水平、劳动报酬、社会保障、工作环境、职业支持、心理压力、身份属性、子女教育、老人赡养甚至职业病等（柳建平与魏雷，2017；栾卉与关信平，2017；张广胜与田洲宇，2018；淦未宇，2018；吴奇峰与苏群，2018；赵卫红等，2020；邓睿，2020）。但这些源于个体自身或者个体属性映射的因素可能难以单独地对农民工为何离职流动做出系统性解释。其原因在于，个体离职一般不是在一个封闭的系统里做出的决策。根据场理论的观点，人们都有一个感知的相互联系的"场"空间，并且"嵌入"其中，"场"和个体自身共同影响着个体的心理状态或行为决策。因此，考察农民工流动问题时就不得不考虑"工作现场"的影响。

然而，农民工多在次要劳动力市场从事着工资水平低、工作时间长、劳动负荷重、工作环境差、社会保障缺乏以及缺乏培训和晋升机会的工作（袁方与史清华，2013；冯虹等，2013；王建国与李实，2015；张宏宇等，2015；程虹与李唐，2017），且个人资本水平对农民工留职的作用并不比入职时积极（蒋乃华与卜智勇，2007；叶静怡与周晔馨，2010），这似乎意味着他们的"工作现场"不同于企业一般性职员，当然其离职考虑与企业"知识精英"也会有所不同。农民工离职更多的是基于客观环境的生存压力下的"用脚投票"，是他们为适应组织变化和争取劳动权益而与用人单位或地方政府博弈的迫不得已的选择（Hirschman，1971，张宏如与李群，2015；赵卫红等，2020）。当然，农民工也希望通过流动找到更好的工作（Freeman & Medoff，1984；严善平，2006）。因此，农民工一方面希望稳定就业、积累资本、提高收入以加快其市民化进程（王春超与周先波，2013；赵立，2014），另一方面却又为争取劳动权益而频繁跳槽（章元与王昊，2011；孙婧芳，2017）。在这种情况下，虽然与工作相关的因素可以对农民工流动进行一定解释（淦未宇等，2015；张宏如等，2015；詹小慧等，2016；吴奇峰与苏群，2018），但仅从工作内部关系的角度来看待农民工离职问题是远远不够的，正如 Mitchell 等（2001）所指出的，个体离职会受多种因素的复杂影响，需要综合考虑工作内、外因素，甚至情感成分与非情感成分。Mitchell 等（2001）提出的工作嵌入离职模型对传统离职理论形成了修正和补充，对离职的预测力远超过传统离职模型，并拓展了离职模型中前因变量的研究范围，且能够纳入农民工鲜明的就业特征。另外，农民工的特有职业属性决定了其离职往往是组织环境压力下的选择，该群体的高离职率之谜可能需要基于企业组织层面进行解释，因此在考察农民工流动问题时，很有必要考虑企业组织层面的相关维度。这将为本书从企业层面和个体层面建立农民工职业流动决策机理及其内在关系提供了思路。

2.2.2 关于工作嵌入的研究

（1）工作嵌入的结构性构念及测量。

工作嵌入的概念由美国心理学家 Mitchell 等（2001）提出，并将其引入员工离职模型。工作嵌入概念的提出主要来源于三个方面的研究基础：一是学者通过研究发现员工离职会由一些非工作因素决定（Mobley，1977；Mueller & Holtom，2001）；二是部分学者发现员工离职的非工作因素与其所在的组织息息相关；三是学者还发现组织内的部分员工虽然工作满意度较高，但仍然产生了离职行为。Yao 和 Lee（2004）将"哪些能够使员工避免离职的因素"定义为工作嵌入的内容，这些因素包含员工婚姻状况、员工所在社区环境和员工的工作任期等。学界目前主要沿用 Mitchell 等（2001）的思想，将情境和知觉等要素将员工与社区和组织联系起来定义工作嵌入。根据 Mitchell 等（2001）的定义，工作嵌入是一个高阶变量，囊括了促使员工继续维持现状的职内外因素，具体包含两个结构剖面（组织和社区），每个剖面又由三个核心（匹配、联结和牺牲）组成。匹配（Fit）是指员工所需的生活环境与其所在组织和社区的相似程度；联结（Link）是指员工与他人、组织和社区的非正式组织关系；牺牲（Sacrifice）是指员工离开组织和社区所面临的损失（Holtom & Mitchell，2007；买忆媛与周嵩安，2009）。其中，联结是员工与组织和社区之间的直接情感维度，而匹配和牺牲是员工与组织和社区的间接情感维度。可见，匹配、联结和牺牲构成了工作嵌入的三个核心内容，并与组织和社区这两个剖面组成了 2×3 的矩阵结构。Mitchell 等（2001）、Holtom 和 Mitchell（2007）、杨春江等（2019）通过分析发现工作嵌入的各分维度之间的相关性较低，即员工工作嵌入分维度之间是相互独立存在的。学者基于结构性特征将工作嵌入划分为工作内嵌入和工作外嵌入（Mitchell et al.，2001；梁小威与廖建桥，2005；杨春江等，2019），其中，工作内嵌入主要指员工与组织结构之间的联系密切程度（徐茜与张体勤，2017），工作外嵌入主要指员工与社区环境之间的联系密切程度（闫春与王思惠，2018）。工作内嵌入被称为组织嵌入，工作外嵌入又被称为社区嵌入（李东与王玉清，2020）。组织层面和社区层面的因素都会使员工依附于当前工作，使其嵌于其中，因此员工即使对工作产生不满或者面临着可选择的工作机会，也仍然会继续留在原工作（袁庆宏与陈文春，2008；李宪印等，2018）。

在测量方面，Mitchell 等（2001）最先开发了六维度的工作嵌入量表，包括组织匹配、组织联结、组织牺牲、社区匹配、社区联结和社区牺牲，共计40个题项。该量表在施测时可分别计算各个维度得分，并可以进行加总测量，作为工作嵌入研究领域的基础测量工具被广泛借鉴和使用。之后，Lee 等（2004）对该量表进行了修订，一方面将表述重复的题项合并，形成34个题项的量表；另一方面，不再计算总的工作嵌入得分，而是分别计算组织嵌入和社区嵌入的得分，从而能够进一步探讨组织嵌入与社区嵌入的关系，以及两者对员工行为表现的不同影响。后续学者以 Mitchell 等（2001）量表为基础，对量表进行了不同文化背景下的开发及修订。Holtom 和 Neill（2004）提出了员工工作嵌入21题的短版量表，周浩（2016）、佘启发与叶龙（2018）分别将其修订为17题量表和40题量表。新近的文献在差异分析基础上明确了工作嵌入的本土化内容和结构，从组织和社区两个结构面为中国情境下的研究设计了组合量表（杨春江等，2019）。Crossly 和 Bennett（2007）则从整体性视角看待和测量工作嵌入，编制了7个题项的工作嵌入量表。总体而言，工作嵌入的测量工具均以 Mitchell 等（2001）量表作为参照源，形成了组合测量和整体测量的思路，在实际应用中，可以根据研究需要选择采用组合测量还是整体测量。

(2) 工作嵌入的前因变量研究。

工作嵌入得以定义和测量之后，学者继而探讨了工作嵌入的前因变量。关于工作嵌入的前置决定因素，学界主要从员工的个人特征、组织的领导方式和社会化程度等角度进行了讨论。Cezar（2003）首次研究了人口学和社会学特征对工作嵌入的影响，发现工作外嵌入和工作内嵌入的决定因素并不一致。随后，有研究发现尽责性强的员工会有很强的内在动力去达到组织的要求，进而实现与组织之间的联结，同时会调整自身与组织不相匹配的特征，最终实现员工个体与组织的一致，对于这类员工其离职成本相对较高，从而产生较深的工作嵌入（Lev & Koslowsky，2012）。部分学者从组织的领导方式角度研究了员工工作嵌入问题，发现组织领导方式会对员工工作嵌入产生影响，进而影响员工的离职行为（Harris & Wheeler，2011）。组织领导对员工专业能力的认同无论是对男性还是女性员工的工作嵌入都会产生积极的影响，但组织领导与员工之间的互动则仅对女性员工的工作嵌入产生积极影响（Collins & Burrus，2014）。基于组织的社会化角度的研究发现，组织对员工采取干预措施，如增加组织与员工之间的联结关系、提高员工与组织的匹配度以及增加员工的离职成本等会提高员工的工作嵌入水平（李广宇，2019；韩翼与刘庚，2020），即认为员工工作嵌入是其所在组织社会化的结果。组织的人力资源管理策略也会影响员工工作嵌入水平，人力资源管理水平越高，员工工作嵌入也就越深，人力资源管理水平越低，员工工作嵌入则越浅（Wheeler & Harris，2011）。人力资源管理水平还会通过提升工作嵌入来降低员工的离职行为发生概率（周浩，2016）。部分学者将员工工作嵌入与员工的职业生涯相联系，发现员工在不同的职业生涯阶段，其工作嵌入水平存在显著的差异（Thomas & Daniel，2007），同时跨文化背景也会导致员工的工作嵌入存在差异（Mallol & Holtom，2001）。国内学者对工作嵌入的相关研究进行综述后（卢福财与陈云川，2013），利用中国情境讨论了工作嵌入的决定因素，发现人才环境（李玉香与刘军，2009）、工作情感（张凤荣与李佳聪，2018）、领导的威权（李锡元与蔡瑶，2018）等都会影响员工的工作嵌入。

（3）工作嵌入的结果变量研究。

工作嵌入的概念最初是为弥补传统离职模型而提出的，后续研究在探讨工作嵌入的后向变量时基本上没有跳出离职的范畴。随着离职研究的推进，以工作满意度和组织承诺等为解释变量的传统离职模型由于缺乏令人信服的解释力，受到了学者的批评和质疑（Hom & Griffeth，1995；Maerrtz & Campion，1998）。传统离职模型被指出忽略了很多重要的解释因素，"新离职模型"更应该从社会联系、个体差异和组织差异等方面进行多元化、多角度的深入探讨（Barrick & Mount，1996；Chan，1996；Cohen & Bailey，1997；陈小平与肖鸣政，2020）。工作嵌入模型的提出在学界引起了巨大反响，该模型揭示了工作嵌入对员工离职决策新的解释力，为理解组织行为提供了一个全新的视角。国内外研究采用不同职业群体作为被试对象得出的普遍结论是：工作嵌入对员工离职具有显著的负向预测作用。Mitchell 等（2001）分别利用杂货连锁公司和社区医院的雇员进行实证研究发现，工作嵌入对员工离职具有显著的负向影响。之后的众多研究发现，相比组织承诺、工作选择、工作满意度以及工作机会搜寻等变量，工作嵌入对员工离职更具解释力（Holtom & Tidd，2013；陈鼎祥与刘帮成，2019）。Brooks（2004）针对社区医院护士和其他工作人员的比较研究显示，工作嵌入是影响护士留职的主要因素，能够显著预测离职。这一结论在针对银行职员、会计人员等的研究中也得到了证实（Lee et al.，2004；Holtom & Inderrieden，2006；Holtom et al.，2007）。Holtom 和 Inderrieden（2006）还发现工作嵌入不仅能预测自愿离职，还能预测非自愿离职。国内学者进行的本土化研究同样验证了工作嵌入与员工离职的显著负相关关系（王莉与石金涛，2007；王浩与白卫东，2009；杨春江等，2014；徐茜与张体勤，2017；温珂等 2018）。Lee 等（2004）将工作嵌入结构划分为职内嵌入和职外嵌入，发现职内嵌入与员工离职负相关，与员工绩效正相关，而职外嵌入对离职的作用不显著。

（4）农民工工作嵌入的相关研究。

从文献来看，国内外学者关于工作嵌入的研究主要聚焦于企业一般化员工，国外研究主要集中在医院工作人员、银行职员和会计人员等，国内研究主要集中在企业正式员工和知识型员工，如科研人员、技术人员和高级管理人员等。目前仅看到为数不多的几篇文献以企业底层员工或低技能型劳动者等特殊群体作为研究对象。Ostroff 和 Clark（2001）根据员工换工是否搬家进行分类研究，发现工作嵌入对各类员工离职具有显著影响，其中社区嵌入对底层搬家员工的主动离职存在影响，但对不搬家员工的离职不具有明显影响。国内秦伟平（2010）最早将工作嵌入引入农民工研究领域，讨论了新生代农民工工作嵌入的影响因素，发现工作地—家庭距离是影响其工作嵌入的重要因素。杨廷钫与凌文辁（2013）构建了新生代农民工工作嵌入的内容结构和测量量表，为后续研究奠定了基础。之后的研究关注了个体因素及身份定位（杨东涛与秦伟平，2013；蔡瑞林等，2014）、组织认同与组织公平感（秦伟平与赵曙明，2014；王帮俊与杨东涛，2014；刘培琪等，2016）等与农民工工作嵌入的关系。学者进一步研究了农民工工作嵌入的后向因果变量，发现工作嵌入能够提高农民工的集体维权意识（汪华，2015）、城市定居意愿（杨廷钫与凌文辁，2013）以及工作绩效（陈云川与雷轶，2014）。工作嵌入还对降低农民工离职倾向程度具有显著作用（王林与邓沙，2017），且这一作用在不同性别、代际和地区中普遍存在（栾卉与万国威，2018）。随着研究的推进，学者着重将研究视角界定在新生代农民工（张凤荣与李佳聪，2018）。工作嵌入理论弥补和完善了离职模型，已有研究为农民工工作嵌入问题的讨论提供了重要启示，但相关研究还相对缺乏，在理论和实证方面都可能难以提供较为翔实的解释。

整体而言，工作嵌入水平存在个体特征差异，同时受到心理状态、社会组织联系等方面因素的影响（Koslowsky，2012；杨春江等，2015；王树乔等，2017；丁森林与刘培琪，2017；陈鼎祥与刘帮成，2019）。组织领导方式（Harris，2011；Collins，2014；鲁虹与赵赞，2019）、组织社会化策略（Allen，2006；苏晓艳，2014；王鉴忠等，2020）以及人力资源管理策略（Wheeler et al.，2010；Bambacas & Kulik，2013；杨春江等，2014；Ghosh，2015；李召敏与赵曙明，2017）也会对员工的工作嵌入产生显著影响。已有研究涉及了影响工作嵌入的组织结构因素，但这些结构化因素来自组织中的个体或少数，难以代表组织集体。除个体因素外，员工的离职决策实际上还取决于组织因素（袁庆宏与刘艳艳，2020），特别是在当前企业迅速转型变化的情况下，工作环境与员工预期之间容易产生偏差，从而导致员工伦理行为的转变（宁光杰与林子亮，2014）。员工的组织依附关系不仅受个体"人格"的影响，还受组织"人格"的影响，正如Murphy等（1979）所指出的，组织伦理气氛影响着员工的伦理信念及伦理行为。组织伦理气氛作为组织层面的特定情境，不是个别员工对组织伦理行为的情感或态度，而是集体体验和分享的知觉（Wimbush，1994）。鉴于此，本书将基于组织层面的伦理环境解释工作嵌入，并将其纳入农民工离职决策框架。

2.2.3 关于组织伦理气氛的研究

（1）组织伦理气氛的概念来源、类型维度及测量。

组织气氛或组织氛围的概念自20世纪初提出以来，学界对其定义一直未达成共识，大致形成了两类观点：一类是基于个体心理的角度，关注个人对组织情景因素的直觉体验，侧重从人的主观角度分析员工对领导风格、人际沟通、人际关系、奖惩制度以及工作程序等的认知和感受，因此感受视为组织气氛的测量仪；另一类是基于组织特征的角度，认为组织气氛是组织内部整体工作环境属性的集合。组织气氛是组织整体特性的一般描述，没有具体的针对性。从20世纪90年代开始，学界对组织气氛的关注重点开始转向组织内部特定类型的维度，如服务气氛、安全气氛、创新气氛和伦理气氛等，研究的针对性使预测效度高于一般层面的组织气氛研究。组织伦理气氛（Organizational Ethical Climate）最早出现在Murphy等（1979）的研究中，该研究认为组织伦理气氛会影响员工的伦理信念及行为。Victor等（1987）首次明确定义组织伦理气氛为员工对组织内部的伦理政策或规范的共同体验和稳定认知。Malloy（2001）认为组织伦理气氛是员工判断伦理行为的标准和依据。Grojean（2004）将组织伦理气氛视为一个被组织成员所认同或默许的组织伦理准则。根据已有研究的定义，组织伦理气氛可以概括为组织成员对什么是正确的伦理行为以及如何解决问题的知觉结构，它使员工了解组织的价值观和目标,以及在此价值观和目标下,哪些行为是符合伦理的,哪些行为是非伦理的,伦理问题出现后应该如何解决等问题。

Victor 等（1987）明确提出了区分组织伦理气氛类型的三个要素,分别是世界性、伦理判断标准和分析层次,同时又将世界性、伦理标准和分析取向划分为三个维度,提出了一个 3×3 的类型矩阵,认为组织中可能存在九种伦理气氛类型。后续研究则基本沿用了这一思路,对组织伦理气氛类型的存在性进行了探讨,发现有五种类型（自利型、关怀型、规则型、法律与法规型、独立型）在实测中得到验证。但学者们对这五种类型的稳定性仍有疑虑（Cullen,1993）。目前有三种组织伦理气氛类型被证明是稳定存在的（刘文彬与井润田,2010）,即规则型、关怀型和自利型。众多研究发现组织内通常不是存在单一的伦理气氛,而是多种伦理气氛并存,但会以其中一种伦理气氛为主（Cullen et al.,2003；刘文彬等,2014；刘冰与曹梦雪,2015；赵红丹与俞心悦,2020）。Victor 等（1987）定义及区分组织伦理气氛的同时,提出了相应的测量量表,该量表被学界视为通用性测量工具,并经验证后得以修订（Cullen et al.,2003）。后续研究基本以该量表作为原型,只不过根据研究需要对个别题项进行适当调整（Fritzsche,2000）,以及根据不同文化背景进行适当改编（王永跃与祝涛,2014；刘冰与袁雨晴,2015）。

（2）组织伦理气氛的前因变量研究。

随着组织伦理气氛测量工具的成熟,学界开始关注组织伦理气氛的形成及决定因素。已有研究探讨了影响组织伦理气氛形成的一些个人、组织层面因素。关于个人层面因素,学者认为组织伦理气氛因企业管理者的道德认知水平、道德判断能力不同而存在显著差异（李海萍,2009）,道德领导与组织伦理气氛的形成也显著相关（刘松博等,2013）,并会受到情绪耗竭的调节（管春英与汪群,2016）。组织伦理气氛的形成还存在组织领导的性别差异（慎慧霞,2009）和自我意识差异（马德森与孙庆祝,2012）。整体而言,组织伦理气氛的形成及类型差异取决于企业组织的领导者，一般成员不是塑造组织伦理气氛的主要角色。关于组织层面因素，有学者认为公民行为与组织伦理气氛之间显著相关（Shin，2010；孟莉，2019），组织中的沟通和授权（Parboteeah et al.，2003；徐琳与王济干，2018）、组织文化导向（刘文彬与井润田，2010）以及制度层面的道德强度（丁瑞莲与黄葱，2017）均会对组织伦理气氛的形成产生影响。总体上，学界关于组织伦理气氛决定的研究还不多见，关注重心落在组织伦理气氛的后向变量上，如探讨组织伦理气氛对工作满意度（Deconinck，2010；晁罡等，2013）、关系冲突（涂玉龙，2013；刘正坤与张亚军，2020）、道德行为（朱颖俊与黄瑶佳，2011；余璇与陈维政，2015；袁凌与刘泽银，2016）、组织认同（James，2011；王哲与张爱卿，2019；程垦与林英晖，2019）、组织承诺（Kelley，1991；杨春江等，2016）等的影响。

（3）组织伦理气氛的结果变量研究。

从现有文献来看，学界关于组织伦理气氛结果变量的研究可以概括为三类：一是主效应模型；二是缓冲效应模型；三是调节效应模型。

主效应模型认为组织伦理气氛对组织集体水平和员工个体水平的结果变量都具有直接的影响，且该影响会独立于其他变量之外。主流研究发现积极的组织伦理气氛与很多组织的结果变量之间存在显著的正相关关系（Donaldson & Davis，1991），能够显著提高组织管理水平、绩效水平和企业规模（刘冰与蔺璇，2012；晁罡等，2013；魏峰与朱千林，2019），具体表现为组织伦理气氛对促进组织管理措施合法化具有增益性，能够提高组织集体内部的信任程度以及增进员工对组织价值理念、企业发展方向的理解及其一致性。Wimbush 和 Shepard（1994）的分类型研究发现，仁爱关怀与规则导向的组织伦理气氛与员工和组织的伦理行为都显著正相关，而自利导向的组织伦理气氛则会增加非伦理行为的概率。Loch 等（1996）还发现良性组织伦理气氛有利于提高组织的伦理态度的积极性。在组织管理战略与管理实践方面，符合于组织发展的伦理气氛有利于资源整合及利用效率的提升，最终达到提高组织整体竞争力的目的（Henry，2000）。

组织伦理气氛还会直接影响个体心理和行为的一些变量。学者发现组织伦理气氛与员工工作态度以及士气凝聚力之间存在密切关系（Wichham et al.，1996；Sim & Keon，1997），良好的组织伦理气氛不仅会增加员工符合伦理的行为，还会增强员工在理念上与组织文化的契合度，提高员工的工作满意度以及组织承诺（Wimbush & Shepard，1994；Victor & Cullen，1988）。后续研究还发现不同类型的组织伦理气氛对员工心理的影响不同（翁清雄与王婷婷，2016），专业伦理气氛能够提升员工和上司的工作满意度，关怀型组织伦理气氛会提高员工领导的满意感，工具型组织伦理气氛则不有利于提高员工及其上司的满意水平。

缓冲效应模型认为组织伦理气氛会通过一些中介变量间接地对员工个体、组织集体的结果变量产生影响。已有研究表明，组织伦理气氛会通过员工对组织的信任程度以及对组织价值理念的认同感进而对员工伦理行为产生影响（Konovsky & Pugh，1994；殷晓彦，2016；张永军与江晓燕，2019）。良好的组织伦理气氛有助于提高组织内部凝聚力和团队士气，增加组织发展的内生动力，进而影响员工非伦理行为以及组织绩效（李根强与杨锐，2019）。组织伦理气氛还会通过影响员工的公平感或期望值，进而对其组织公民行为、关系绩效以及组织绩效等产生影响（Dickson，2000；李建玲与刘善仕，2017）。此外，组织伦理气氛还通过组织的领导风格（田虹与田佳卉，2020；邵康华与廖纮亿，2020）、组织认同（程垦与林英晖，2019）和企业社会责任（王哲与张爱卿，2019）等影响员工的组织承诺、工作满意度以及亲环境行为等。整体而言，组织伦理气氛对员工个体心理和行为的相关变量存在影响，而且影响过程中内含某些复杂关系，这就使缓冲效应模型在实际应用中具有重要意义。

调节效应模型认为组织伦理气氛不仅对员工个体和组织集体的结果变量产生影响，还会通过调节效应形成某种作用机制。以往研究发现，组织伦理气氛会在员工个体伦理判断和行为意愿上起到调节作用（Tim & Cheryl，2000），组织社会责任和职业道德会对员工个体行为产生影响，而组织伦理气氛的作用通过调节该影响得以实现。由于文化背景、组织情境模式和社会经济环境的不同,组织伦理气氛的调节作用可能存在差异(王雁飞与朱瑜,2006),学者转向验证了不同时期不同文化情境下组织伦理气氛的调节效应。刘文彬等(2014)发现员工的尽责感、宜人性和神经质等人格特质会对其反生产行为产生显著影响,且良好的组织伦理气氛在其中发挥了正向调节作用。魏峰等(2019)发现关怀型伦理气氛在调节伦理领导对员工工作结果的作用上呈现为"滴漏模型"。此外,组织伦理气氛对个体行为变量的作用在一般员工和高管人员之间存在调节差异(王晓辰与应莺,2018;梁阜与牛晨晨,2020)。

那么,组织伦理气氛对离职的影响如何?国外相关研究发现,不同类型的组织伦理气氛对员工的离职意向或离职行为均存在显著影响,该影响还会通过员工工作态度进行传递(Schwepker,2001;Mulki et al.,2008)。积极的组织伦理气氛有助于提高员工的组织承诺(Kelley & Dorsch,1991)、组织依附能力(Sims & Keon,1997)、工作满意度(Deshpande,1996;Deconinck,2010)以及组织认同(James & Deconinck,2011)等,进而降低员工离职心理或行为的倾向性。国内学者利用中国情境下的经验数据和典型案例进行了相关研究。杨春江等(2014)从理论上分析了组织伦理气氛对员工主动离职的影响,并利用344名企业员工的数据进行实证检验,发现规则型、关怀型组织伦理气氛会通过提升个体—组织依附程度对员工离职产生显著的负向影响,而自利型组织伦理气氛则不利于员工嵌入组织,对员工离职具有显著的正向影响。相关结论在针对外派回任员工的经验分析中也得到了证实(许欣等,2018)。莫申江等(2015)在构建组织伦理系统与员工离职作用机制的基础上,利用劳动密集型企业开展了经典案例研究,发现伦理型领导与伦理问责共同影响员工的离职意愿和离职行为。

2.2.4 文献述评

已有研究在劳动者离职领域取得了丰硕的成果。在理论上建构了劳动者离职模型,并提出了"新离职理论"的设想,在实际应用中多角度分析了劳动者离职问题；对组织伦理气氛、工作嵌入进行了多维构念及测量，并将其纳入劳动者的组织行为分析；探讨了工作嵌入的前向决定因素和后向效应以及劳动者离职决定研究的方法。这些研究为本书工作的开展奠定了很好的研究基础，但一方面农民工离职研究还存在较大的空间，需要进一步探索；另一方面关于组织伦理气氛、工作嵌入与离职的关系研究尚不多见。整体而言，已有研究至少存在以下几个特点。

第一，已有研究多是从单一因素层解释农民工离职的原因，可能难以准确把握农民工的离职决策脉络。农民工是否离职往往受到个体、组织和外部环境等的共同影响甚至交叉互动影响，不同层面因素之间具有多元互动关系，单一层面的分析可能难以深入农民工离职决策的"黑箱"。同时，已有研究关于组织伦理气氛、工作嵌入与离职的关系未作深入分析，对三者关系的探讨大多停留在相关性描述层面，欠缺针对组织伦理气氛和工作嵌入的具体结构维度建立比较细致的内在联系。

第二，已有研究主要采用传统的回归分析方法，很少根据变量的嵌套结构对数据进行分层处理，导致模型估计时容易产生统计错误。组织伦理气氛和工作嵌入是分属两个不同层次的嵌套变量，以往研究将两者作为同一层级变量进行处理，采用传统回归分析方法，甚至不考虑农民工的个体特征，所得结论可能存在一定的估计偏倚。

第三，已有研究多是以泛化的企业一般职员或高技能型员工作为研究对象，缺乏针对农民工等低技能型特定职业群体的专门研究。农民工是城市产业工人阶级的中坚力量，不考虑这一特殊职业群体的研究结论不仅难以检验工作嵌入理论的普遍适用性，还容易导致相关结论在用人单位人力资源管理实践以及农民工就业管理的政策指导上出现偏差。

鉴于以上几点，本书尝试从以下几个方面进行补充。

第一，将农民工和企业组织同时纳入社会结构中研究农民工的离职决策脉络，突破以往研究围绕单一层面因素的单一化分析思路。本书基于"个人—组织"关系，从两个不同层面视角揭示农民工离职决策机理，不仅分析组织伦理气氛和工作嵌入对农民工离职的影响，还分析组织伦理气氛、工作嵌入与农民工离职的影响机理，并建立它们之间比较细致的结构化路径关系。

第二，将跨层次分析思想应用于农民工离职研究，采用阶层回归方法处理不同层级变量之间的关系，确保实证结果更加真实可靠。本书利用分层数据建立阶层线性回归模型分析跨层次变量间的影响关系，在检验组织伦理气氛、工作嵌入与农民工离职的影响机理上克服传统回归分析方法的统计局限。

第三，将研究视角转向农民工这一特殊群体，丰富相关理论的现实解释，弥补已有研究。本书以企业农民工为研究对象，不仅从企业层面分析组织伦理气氛对农民工离职的影响，还从个体层面分析工作嵌入对离职的预测效应在特定职业群体中的稳健性及特殊性，并进一步分析组织伦理气氛、工作嵌入与农民工离职之间的影响机理，以针对农民工的专门研究对现有文献进行有力补充。

第3章 农民工职业流动决策的理论框架

本章是本书的理论分析部分。首先,企业层面的理论分析,运用结构紧张理论和数理模型分析组织伦理气氛对农民工职业流动的影响;其次,个体层面的理论分析,运用工作嵌入理论和数理模型分析工作嵌入对农民工职业流动的影响;再次,机理分析,运用社会认知理论、工作嵌入理论和数理模型分析组织伦理气氛、工作嵌入与农民工职业流动的影响机理;最后,根据理论分析建立理论框架。

3.1 组织伦理气氛对农民工职业流动的影响:企业层面理论分析

农民工过高的离职率不仅不利于其自身的市民化,还会给用工企业带来直接经济损失以及增加用工企业后续的员工招聘、培训成本。个体的去留考虑往往会受所处环境的影响,一般而言,处于组织中的农民工不能完全按照自己的意识或感受行事,其心理倾向或行为会受到组织规定或组织角色期望的影响。

3.1.1 理论模型

组织伦理气氛是组织内部对伦理程序与政策所感知到的一致性认知与行为意向,是组织成员对于什么是符合伦理的行为以及如何解决伦理问题的共同体验(Victor & Cullen,1988)。在现实中,不同组织伦理气氛类型并存于企业组织,且每个组织主导的伦理气氛特征不尽相同。不同类型的伦理气氛决定了伦理判断标准和决策时关注的利益倾向不同，并通过组织的伦理依据、伦理行为的奖惩制度以及处理伦理问题的方式得以体现，最终导致组织及其成员的非伦理行为差异（Wimbush & Shepard，1994）。

农民工及其职业行为具有一些自身特点，这些特点可能决定他们的离职考虑会与企业一般性职员或者知识型员工不同。一方面，农民工人力资本水平偏低以及社会关系质量不高，这不仅使他们在职业阶层变动上的优势非常有限（赵维姗与曹广忠，2017），还可能导致他们难以按特定要求完成工作任务，即便努力工作后依然难以获得更好的预期，因此容易表现出"压抑"甚至抱怨的负面情绪（尚越与石智雷，2020），长此以往则可能催生离职想法或发生离职行为。另一方面，相比企业一般性职员或者知识型员工，农民工不具有"智力"因素优势，"智力"因素决定的离职成本较低，他们的职业行为可能更多地会考虑非智力因素的影响，如对用工企业的价值观、社会责任等比较敏感，当用工企业倡导的价值观或行事风格与其自我价值标准相距甚远时，农民工选择离开的可能性会较大。

结构紧张理论认为，个体在社会结构中存在角色差异，使一部分人无法按照社会认可的方式完成任务或达成目标，进而滋生挫败感或紧张情绪（Merton，1938）。在结构紧张的状态下，个体会产生非理性的信念和行为，最终可能离开其所依附的社会结构（Smelser，1962）。在该理论中，社会认可的方式是指符合社会公认价值观和行为规范的"正当行为"，而不是指实际意义上的"正确的行为"；社会结构指对每一个人都会发生作用的实体；而结构紧张是指个体渴望达成目标的期望值与社会结构提供的目标"手段"失衡的状态。农民工自身具备的一些特征决定了他们与其他职业群体所构成的社会结构存在某些角色差异，且农民工往往属于弱势的一方，容易出现结构紧张，甚至动员成集体行动（Smelser，1962）。同时，即便是在农民工内部，所有人也并非具有同质的获得社会结构"鉴赏"的能力，此时结构紧张也会发生。根据结构紧张理论的观点，用工企业主导的组织伦理气氛类型不同，会导致农民工进行"正当行为"的依据不同,进而决定了农民工按照不同依据完成任务或达成目标时出现挫败感或紧张情绪的差异,最终影响农民工的去留选择,具体关系如图3-1所示。

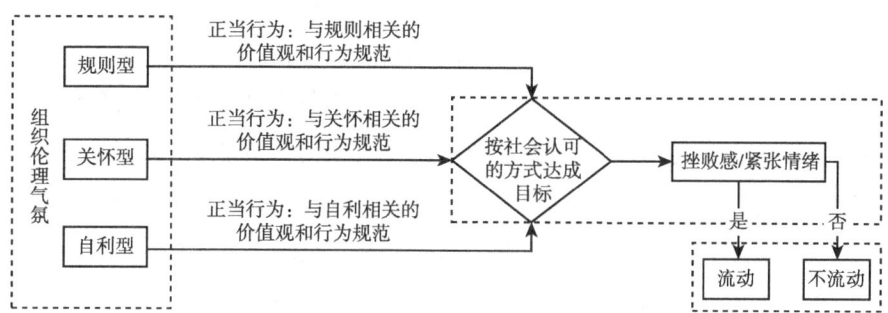

图3-1 组织伦理气氛对农民工职业流动的影响模型

根据图3-1,组织伦理气氛对农民工职业流动的影响可以从以下方面具体分析。

第一,如果用工企业主导规则型组织伦理气氛,则与"规则"相关的价值观和行为规范就被视为社会公认的"正当行为",农民工完成工作任务时有章可循,不易跑偏或出错,可以按照严格尺度完成任务或达成目标,同时完备的规章制度与规范化管理能够为农民工对伦理行为的认知以及如何解决伦理问题提供明确的指导,进而减少农民工因伦理困境而引致的挫败感或紧张情绪,同时有利于提升他们对组织的认同感,农民工也就不容易产生流动想法和发生流动行为。

第二,如果用工企业主导关怀型组织伦理气氛,则与"关怀"相关的价值观和行为规范就被视为社会公认的"正当行为",组织及其成员以仁爱、关怀为行事依据,农民工与其他相似员工或其他职业阶层员工之间相互关心、团结互助,往往能够顺利按照预期目标完成任务,即便遇到困难也能通过帮助他人或他人帮助顺利完成工作任务,这种氛围下农民工能够及时甚至高质量地达成工作目标,且容易产生"被同事或组织需要"的自豪感,有助于增强农民工的工作归属感和认同感,因此会大大降低农民工产生挫败感或紧张情绪的可能,进而抑制农民工产生离职冲动和发生离职行为,对农民工具有较好的保留效果。

第三，如果用工企业主导自利型组织伦理气氛，则与"自利"相关的价值观和行为规范就被视为社会公认的"正当行为"，组织及其成员以追求自我利益最大化为行事依据，农民工或者其他职员都会将自身利益放在首位，而作为弱势群体的农民工因此难以获得他人的有效帮助，或者得到帮助的前提是需要付出相应的"代价"，致使其难以按照预期目标完成工作任务或达成目标，因而产生挫败感或紧张情绪的可能性也就较大，最终极有可能希望通过离开当前工作来摆脱挫败感或紧张情绪。此外，自利型组织伦理气氛会导致农民工与他人之间的交流和信任较少，组织成员容易出现违背公众伦理标准和社会期望的行为，使农民工认为通过正当方式达成工作目标的机会比较渺茫，在挫败感或紧张情绪的驱使下极易做出离职反应。

3.1.2 数理分析

中国新型城镇化的应有之义是稳定农民工就业，进而逐步推进农民工市民化（刘小年，2018），因此绝大多数用工企业需要直面的问题是：如何采取有效措施对农民工实现激励约束，降低农民工的离职率（王林与邓沙，2017；武康平与田欣，2020）。但由于主导文化的不同，用工企业在农民工保留上的激励约束难免存在差异，有些用工企业会采取积极的留人激励加大农民工职业流动的阻力，而有的用工企业则可能始终实行"来去自由"的宽松政策。而留人激励差异会在很大程度上取决于用工企业处理利益关系方面的"人格"特质，换言之，用工企业主导什么样的伦理气氛将会影响其留人激励偏向。

（1）农民工职业流动的"同伴效应"：用工企业留人激励的需求及必要性。

从现实情况来看，农民工就业通常存在工作"聚集"或居住"扎堆"的现象（刘启超，2020），而且往往倾向于通过集体方式进行职业行为或"抗议"（唐有财与符平，2015；汪华，2015），因此他们个人的想法或行为会相互影响并受到集体的感染。不失一般，农民工的职业流动想法或职业流动行为可能在很大程度上是受同质群体中他人想法或行为影响的结果,即农民工职业流动可能存在同群体内个体之间的相互认同与相互影响(周早弘,2009)。此外,农民工会倾向于通过形成集体的力量与用工企业进行"谈判",因此当个人的职业流动想法在其集体内进行传递影响时,农民工职业流动的想法或行动力就很有可能被放大,并经由集体形成"同伴效应"。

假设某用工企业中农民工数量为 $2N$,这 $2N$ 个农民工中一部分人没有职业流动意向,另一部分人有职业流动意向,其中没有职业流动意向的农民工数量为 $N1$,有职业流动意向的农民工数量为 $N2$,则 $N1 + N2 = 2N$。同时令 $T^a = (N2 - N1)/2N$,T^a 表征用工企业内农民工平均的职业流动意向程度,表示某时刻职业流动意向程度为 a 的农民工人数占比,a 可以视作农民工发生实际职业流动行为的临界点。

根据情绪社会分享属性,个体将自身情绪事件与他人倾诉和分享是非常常见的心理和行为倾向,并会随时间发生变化(Rime et al.,1992)。从这个角度来看,对于倾向于"集体行动"的农民工而言,他们的职业流动心理更有可能会在类似群体中随着时间的推移具有普遍传播性,因而满足时间动力学规律。因此,利用 Lux(1995)的动力学规律描述,用工企业内农民工平均的职业流动意向程度会随着时间 t 发生变化,也就是说,有职业流动意向农民工($N2$)或没有职业流动意向农民工($N1$)的占比都会随时间发生转变。假定 $N2$ 农民工的职业流动意向程度随着时间的推移为 a 的转化概率为 $S(t)$;$N1$ 农民工的职业流动意向程度随着时间的推移为 a 的转化概率为 $R(t)$;所有农民工职业流动心理倾向转变的概率相同。

此时,可以得到 $N2$ 农民工向 $N1$ 农民工转变的净转化水平:

$$\frac{dN1}{dt} = S(t)N2 - R(t)N1 \qquad (3-1)$$

同时,得到 $N1$ 农民工向 $N2$ 农民工转变的净转化水平:

$$\frac{dN2}{dt} = R(t)N1 - S(t)N2 \qquad (3-2)$$

利用 $T^a = (N2 - N1)/2N$,可以得到农民工平均的职业流动意向程

度 T^a 随着时间的推移达到 a 的函数关系：

$$\frac{dT^a}{dt} = \frac{d(N2-N1)}{2Ndt} = \frac{1}{2N}\frac{dN2}{dt} - \frac{1}{2N}\frac{dN1}{dt} = \frac{1}{N}[R(t)N1 - S(t)N2] \quad (3-3)$$

根据 $N1+N2=2N$，$N2-N1=2NT^a$，可以将式（3-3）改写成：

$$\frac{dT^a}{dt} = R(t)(1+T^a) - S(t)(1-T^a) \quad (3-4)$$

情绪感染和情绪分享速度会在很大程度上取决于情绪强度（Rime，1998；Luminet，2000）。换言之，有职业流动意向农民工的职业流动心理程度较之没有职业流动意向的农民工更容易达到 a。因此进一步假定：

$$\frac{dS(t)}{S(t)} = \beta dT^a \quad (3-5)$$

$$\frac{dR(t)}{R(t)} = -\beta dT^a \quad (3-6)$$

式（3-5）表示 $N2$ 农民工的职业流动意向程度随着时间的推移为 a 的转化概率相对变化与 T^a 正向相关；式（3-6）表示 $N1$ 农民工的离职意向程度随着时间的推移为 a 的转化概率相对变化与 T^a 负向相关。

此时，利用式（3-4）、式（3-5）和式（3-6）构建时间动力学描述函数：

$$\frac{dT^a}{dt} = (1+T^a)ve^{-\beta x} - (1-T^a)ve^{\beta x} \quad (3-7)$$

其中，β 表示转化力度，v 表示转化速度。根据时间动力学函数特征的描述：第一，如果外部条件一定，则 $x=0$，组织内部处于一种动态平衡状态；第二，农民工个体的离职心理转化力度 β 取决于两个方面，即他人心理的社会分享感染 β_1 和群体内社会分享感染 β_2，如图 3-2 所示。此时，如果 $\beta=\beta_1+\beta_2<1$，$x=0$ 稳定，组织内部会趋于一种比较稳定的动态平衡，发生波动的概率较小并逐渐减弱甚至消失，农民工的离职意向程度随着时间的推移达到 a 的可能性较小。如果 $\beta=\beta_1+\beta_2>1$，$x=0$ 不稳定，组织内部将趋于一种不稳定的动态平衡，他人心理的社会分享感染和群体内社会分享感染会对农民工的离职心理产生累积助长作用,农民工的职业流动意向程度随着时间的推移达到 a 的可能性迅速增大,进而出现"同伴效应"。综上所述,农民工个体的职业流动会对他人和群体产生"感染",同时也会经由其他个体或群体的"感染"形成放大效应。

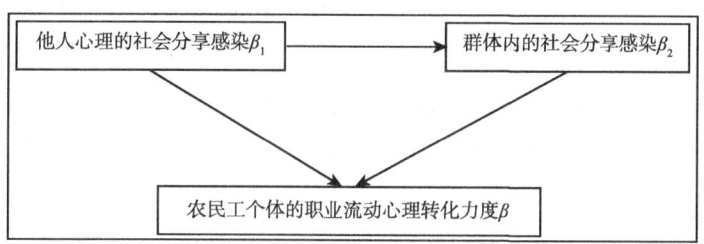

图 3-2 农民工个体职业流动心理转化力度来源

从企业人力资源管理实践上看,个人职业流动应该是一种常见的现象,但相比一般性职员,农民工由于集体行动特征在职业流动上容易出现"同伴效应",这就决定了用工企业对保留农民工的激励需求及其必要性。换言之,用工企业想要实现特定情况下的收益最大化,就不得不重视农民工离职问题,需要采取及强化留人激励措施降低由于农民工大量流失而造成的损失。为了防范或阻止农民工离职形成"同伴效应",用工企业一方面要抑制农民工个体的离职心理,另一方面要降低农民工群体的离职倾向性。为此,用工企业采取相应的留人激励措施对农民工实现离职约束就变得很有必要,具体而言,可以通过长期性投资、绩效奖励、跳槽惩罚等加强农民工的工作归属感以及增加农民工离职的成本,进而防止农民工流失造成重大损失以及阻止人力资源结构"断层"。

(2) 用工企业留人激励与农民工离职的博弈分析。

上述分析发现,农民工离职存在"同伴效应",用工企业很有必要采取留人激励措施应对农民工流失问题,如从奖惩制度、长期性培训投资、营造良好组织氛围等方面采取激励方法降低农民工的离职率。一般而言,绩效奖励是最基本的留人措施,而至于长期性培训投资等,用工企业一般不愿意为农民工这类群体提供。如果用工企业采取积极留人激励机制意味着要对农民工提供长期性培训投资以及营造良好组织氛围等,这样将会付出一定的成本,但也正因为如此,农民工会更愿意为企业更加积极努力地工作,用工企业也就可以获得农民工更加努力工作而创造的额外价值。如果用工企业采取消极的留人激励方式,任由农民工去留,用工企业则不必对农民工提供长期性培训投资以及营造良好组织氛围等,同时也无法获得农民工更加努力工作而带来的多余价值。因此,如果从一个采取积极留人激励措施的用工企业离职,农民工将会损失较大的既有效用;但如果从一个采取消极留人激励措施的用工企业离职,农民工虽然要承担离职换工的不确定性风险,但其原有效用的损失相对较小。值得注意的是,组织伦理气氛以组织"人格"的形式稳定存在,描述了组织内部处理利益关系的观念和方式,因此势必会影响用工企业在农民工激励上的积极程度。理论和现实都表明,农民工存在通过离职换工以期获得更大个人效用的倾向;而用工企业则希望能够留住农民工,避免由于农民工的大量流失而造成损失,进而实现收益最大化。可见,用工企业与农民工之间存在一种长期重复博弈关系。本部分借鉴张小琴与姚洪兴(2007)、郑龙章(2009)、雷鹏飞与赵凡(2020)等的研究,建立博弈模型,分析组织伦理气氛与农民工离职的关系。

①单阶段静态博弈分析。

用工企业与农民工之间的博弈关系在现实中会受众多因素的影响,如社会经济环境、劳动力市场供求、用工企业经营状况以及农民工自身因素等。为了方便分析,首先作出如下基本假设:

假设1:博弈中只有用工企业和农民工两个局中人,双方都是完全"理性的经济人",亦即用工企业的决策目标在于追求收益最大化,农民工的决策目标在于实现个人效用最大化;

假设2:用工企业会对农民工采取留人激励约束,但有积极和消极之分,相比消极留人激励,积极留人激励则会增加对农民工的绩效奖励,愿意为农民工长期性培训投资以及营造良好组织气氛付出成本,以及加大农民工离职违约的惩罚力度;

第3章 农民工职业流动决策的理论框架

假设3：农民工具有作为一个基本人的情感，会对用工企业为其提供长期性培训投资以及营造良好组织气氛产生正向反馈（更加积极努力工作）；

假设4：组织伦理气氛视为用工企业的特定"人格"，会影响用工企业的留人激励取向，亦即决定用工企业采取更加积极还是消极的留人激励；

假设5：用工企业和农民工这两个局中人在选择策略时，把对方的策略当作给定，不考虑自身决策对他人决策的影响，用工企业的策略集 $S_E = $（积极留人激励，消极留人激励），农民工的策略集 $S_M = $（离职，不离职）；

假设6：用工企业和农民工在做出决策之前都不知对方的行动，两者的行动在时间上保持一致。

在上述假设下，假定用工企业支付给农民工的基本报酬为 W；农民工工作为企业带来的经济收益为 R；用工企业根据经济收益 R 给农民工进行适当奖励，由此农民工获得的绩效奖励为 $kR(0<k<1)$；用工企业如果为农民工提供长期性培训投资以及营造良好组织氛围等将会给农民工带来的效用为 T，而用工企业需要付出的成本为 C，农民工由于情感因素会对用工企业的长期性培训投资以及营造良好组织氛围产生正向反馈，从而更加努力工作，为此农民工将付出努力成本为 $F(0<F<T)$，而用工企业因为农民工努力工作可以获得的额外收益为 $G(0<G<C)$；农民工对离职后的预期收益效用评价为 S；农民工流动给用工企业带来的损失为 L；用工企业对农民工流动的违约惩罚为 J。

由此给出博弈问题的支付矩阵如图3-3所示。

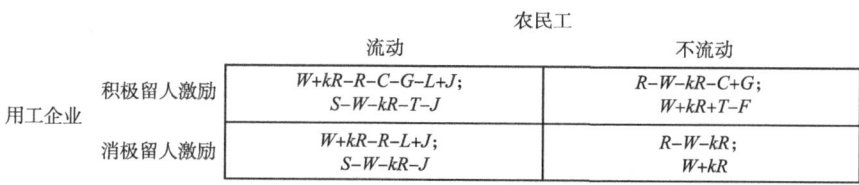

图3-3 博弈问题的支付矩阵

此种局势不存在纯纳什均衡，因为无论哪种结局都会有局中人通过改变策略来增加收益或效用的机会，但存在混合策略纳什均衡。因此假设用工企业采取积极留人激励策略的概率为 p，而农民工选择职业流动的概率为 q，则用工企业的混合策略为 $(p, 1-p)$，农民工的混合策略为 $(q, 1-q)$。

在用工企业采取积极留人激励的概率为 p 的情况下，农民工选择职业流动的效用为：

$$U_{TS} = p(S - W - kR - T - J) + (1-p)(S - W - kR - J) \qquad (3-8)$$

农民工选择不职业流动的效用为：

$$U_{TC} = p(W + kR + T - F) + (1-p)(W + kR) \qquad (3-9)$$

令 $U_{TS} = U_{TC}$ 可得：

$$p^* = \frac{S - 2W - 2kR - J}{2T - F} \qquad (3-10)$$

当 $p > p^*$ 时，农民工的最优选择是职业流动；当 $p < p^*$ 时，农民工的最优选择是不职业流动。由此可以发现，农民工对职业流动后的收益效用评估 S 会主要决定其选择职业流动与否；用工企业增加支付给农民工的基本报酬 W、绩效奖励 kR 以及对农民工的职业流动违约惩罚 J 可以在一定程度上降低农民工选择职业流动的概率；由于用工企业的长期性培训投资以及营造良好的组织氛围，农民工会更加努力工作，由此需要付出成本 F，但同时会带来更多的效用 T，因此他们并不会选择职业流动，反而更倾向于留职，这种现象在企业中与实际情况也是相符的。

农民工选择职业流动的概率为 q 的情况下，用工企业采取积极留人激励的收益为：

$$U_{SP} = q(W + kR - R - C - G - L + J) + (1-q)(R - W - kR - C + G) \qquad (3-11)$$

用工企业采取消极留人激励的收益为：

$$U_{SN} = q(W + kR - R - L + J) + (1-q)(R - W - kR) \qquad (3-12)$$

令 $U_{SP} = U_{SN}$ 可以得到农民工职业流动的概率临界点：

$$q^* = 1 - \frac{C - G}{kR} \qquad (3-13)$$

当 $q > q^*$ 时，用工企业的最优选择是采取积极留人激励；当 $q < q^*$ 时，用工企业的最优选择是采取消极留人激励。从式（3-13）可以看出，用工企业为农民工提供长期性投资及营造良好组织氛围所付出的成本 C 越大以及支付给农民工的绩效奖励 kR 越大，农民工选择流动的概率 q^* 就越小。因此，用工企业增加对农民工的绩效奖励、为农民工提供长期性投资及营造良好组织氛围会对农民工产生保留效果。

②演化博弈的动态复制系统。

基于一般现实情境，进一步假设用工企业和农民工都是有限信息条件下的有限"理性经济人"，他们之间是一种长期重复博弈关系，各阶段的收益或效用参数没有对其构成共同知识。用工企业和农民工博弈的状态 S_{EM} 表示为：

$$S_{EM} = \{(p, 1-p), (1-q, q)\} \tag{3-14}$$

因此，S_{EM} 可以用二维区域 $[0,1] \times [0,1]$ 内的一点 (p,q) 来描述，点 (p,q) 则反映出用工企业和农民工之间的博弈演化是动态变化的。此时，用工企业混合策略下的平均收益为：

$$\overline{U}_S = pU_{SP} + (1-p)U_{SN} \tag{3-15}$$

农民工混合策略下的平均效用为：

$$\overline{U}_T = qU_{TS} + (1-q)U_{TC} \tag{3-16}$$

假设用工企业和农民工通过模仿学习以往的博弈来调整各自在积极留人激励和离职上的选择概率，则可以分别构造用工企业和农民工的复制动态方程如下：

$$\frac{dp}{dt} = p(U_{SP} - \overline{U}_S) = p(1-p)[q(-kR) - (-kR + C - G)] \tag{3-17}$$

$$\frac{dq}{dt} = q(U_{TS} - \overline{U}_T) = q(1-q)[p(2T - F) - (S - 2W - 2kR - J)] \tag{3-18}$$

令 $dp/dt = 0$，$dq/dt = 0$，不难发现由式（3-17）和式（3-18）组成的动态复制系统有 5 个均衡点，即 A(0,0)，B(0,1)，C(1,0)，D(1,1)，E(P,Q)。其中，$0 < P < 1$，$0 < Q < 1$，而且可以得到：

$$P = \frac{S - 2W - 2kR - J}{2T - F} \quad (3-19)$$

$$Q = 1 - \frac{C - G}{kR} \quad (3-20)$$

此时，由式（3-17）和式（3-18）组成的二维连续动力系统的 Jacobin 矩阵为：

$$J = \begin{bmatrix} (1-2p)[q(-kR) - \\ (-kR + C - G)] & p(1-p)(-kR) \\ q(1-q)(2T-F) & (1-2q)[p(2T-F) - \\ (S - 2W - 2kR - J)] \end{bmatrix} \quad (3-21)$$

相应的特征方程为：

$$\begin{vmatrix} (1-2p)[q(-kR) - \\ (-kR + C - G)] - \lambda & p(1-p)(-kR) \\ q(1-q)(2T-F) & (1-2q)[p(2T-F) - \\ (S - 2W - 2kR - J)] - \lambda \end{vmatrix} = 0 \quad (3-22)$$

将 A（0, 0）代入式（3-21）及方程（3-22）考虑 A(0,0) 处的动态稳定性，结合 $0 < P < 1$, $0 < Q < 1$ 可以解得 $\lambda_2 < 0 < \lambda_1$，因此 A 点为鞍点，而非动态稳定点。同理，可以分别得到 B($\lambda_1 < 0 < \lambda_2$)、C($\lambda_1 < 0 < \lambda_2$)、D($\lambda_2 < 0 < \lambda_1$) 点也是鞍点。可见，用工企业和农民工分别通过动态博弈的策略调整会在 [0,1]×[0,1] 的闭区域内部获取最大收益和最大效用，而且策略的概率组合将逐渐趋近于均衡点 E(P,Q)，动态系统演化相如图 3-4 所示。

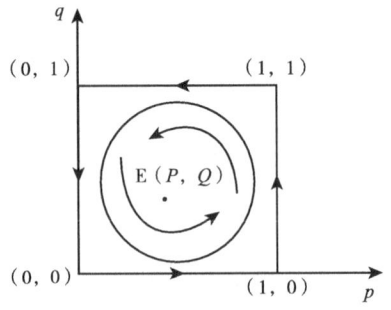

图 3-4 动态系统演化相

由图 3-4 可知，在重复博弈演化中，各阶段博弈的演化稳定策略并不相同，双方局中人都不断地在边际上对其策略进行调整从而使收益或效用达到最大，进而促使博弈最终达到一种动态平衡。事实上，在不完全信息博弈下，只具备有限理性的用工企业和农民工的策略选择概率 (P,Q) 并不能达到单阶段静态博弈的稳定组合 (p^*,q^*)，只不过是会经过策略调整不断向其逼近。

组织伦理气氛描述的是组织及其成员处理利益关系和解决伦理困境的价值标准、行为依据和道德规范等，主要通过关于伦理问题的处理方式和奖惩制度等来体现（Cullen et al.，2003）。显然，用工企业在留人激励上所采取的绩效奖励、长期性培训投资、营造良好组织氛围以及离职违约惩罚等措施属于组织内部处理利益关系或解决伦理问题的内容。换言之，不同组织伦理气氛类型将导致用工企业的留人激励政策存在差异，具体表现如下。

第一，规则型组织伦理气氛为处理利益关系和解决伦理问题提供明确指导，用工企业会按照市场标准或行业规范对农民工实行绩效奖励，也会适当为农民工提供一些长期性投资，并且拥有严格的离职违约制度，进而形成制度化的留人激励机制，且可以被农民工所接受。

第二，关怀型组织伦理气氛强调处理利益关系和解决伦理问题时团结互助，不仅考虑自身利益，还要考虑他人和集体利益，因此用工企业和农民工之间所共享的利益较多且紧密，用工企业为了防范利益受损会建立更加积极的留人激励机制，会给予农民工更多的绩效奖励，为农民工持续提供更多的长期性投资以及设置较高的离职违约罚金，同时关怀型组织伦理气氛正好吻合了为农民工营造良好组织氛围的内容。

第三，自利型组织伦理气氛注重组织及成员的自我利益最大，为了获得更多自身利益，成员之间容易出现恶意竞争，容易作出"伤害"对方甚至组织的行为，一旦对工作产生任何不满意都可能立刻着手准备离职，而用工企业为此可能要付出相当大的代价，因此会拒绝向农民工提供长期性投资，同时降低绩效奖励；此外，自利型组织伦理气氛由于鼓励个人追求最大利益，用工企业当然也就不会对离职者设定过高的违约处罚,而且该类组织伦理气氛与社会公众认可的组织氛围存在一定的冲突。

基于前面博弈分析结果,进一步分析组织伦理气氛对农民工职业流动的影响如下。

第一,用工企业如果主导规则型组织伦理气氛,则具有制度化的留人激励政策,会按照市场标准给予农民工一定的绩效激励 kR,付出一定的成本 C 为农民工提供长期性投资,由此给农民工带来一定的额外效用 T,同时通过严格制度阻挠农民工流动,如此会在一定程度上降低农民工选择流动的概率。因此,规则型组织伦理气氛对农民工具有一定的离职约束。

第二,用工企业如果主导关怀型组织伦理气氛,则会倾向于实行积极的留人激励政策,会增加对农民工的绩效激励 kR,付出更多成本 C 为农民工提供更多的长期性投资和营造良好组织氛围,当然也会加大阻挠农民工离职的违约处罚 J,加上以关怀、仁爱为标签的组织氛围会引导农民工获得更多的额外效用 T,如此将大大降低农民工选择流动的概率。因此,关怀型组织伦理气氛会对农民工具有较好的保留作用。

第三,相比之下,用工企业如果主导自利型组织伦理气氛,则会倾向于实行消极的留人激励政策甚至不激励,采取"来去自由"的宽松管理政策,对农民工的绩效激励 kR 较少,不愿意为农民工提供长期性投资,当然也不会对离职农民工实施违约处罚或者说处罚较少,加上以自利为标签的组织氛围本身就不利于农民工非经济效用的获得,农民工选择流动的概率较大。因此,自利型组织伦理气氛不利于用工企业在实践中留住农民工。

综上所述,用工企业主导的组织伦理气氛类型会影响其留人激励偏向积极还是消极,进而在农民工与企业的博弈中影响农民工的效用水平。假设农民工在当前企业获得的效用为 U_0,当 U_0 小于某一临界效用 U^* 时,农民工选择流动的可能性较大,当 U_0 大于临界效用 U^* 时,则农民工选择流动的可能性较小。

3.2 工作嵌入对农民工职业流动的影响：个体层面理论分析

在很长的一段时间里，中国经济增长的结构性转换使得用工企业和农民工普遍面临着用工与就业的严峻考验，导致"民工荒"和"民工慌"现象呈现周期性交替甚至叠加趋势（秦伟平与杨东涛，2013；李群等，2014）。在这个过程中，一部分农民工为适应产业结构调整而不断流动甚至失业或者暂时性返乡，但也有相当一部分农民工始终不"为之所动"，继续维持在原来的工作及生活环境（秦伟平与杨东涛，2013；李天成与孟繁邨，2020）。有学者根据这种事实得出的启示是：从留职的视角探讨农民工面对新就业局势的流动决策差异是一个值得关注的问题（秦伟平与赵曙明，2014；王林与邓沙，2017），而这一视角恰好符合工作嵌入理论的内容及其对离职的解释取向。

3.2.1 理论模型

传统离职理论模型认为员工离职的主要动因是态度因素，着重基于"利益最大化"原则，强调"员工贡献"与"组织诱因"间的平衡（Marchjg & Simon, 1958）。但随着研究的深入，学者指出态度变量只解释了员工离职的很小一部分（Maertzcp & Gampion, 1998；Griffeth et al., 2000）。Lee 和 Mitchell（1994）提出了多路径展开模型，认为员工并非根据主观期望判断进行决策，而是基于现实状况与个人价值观、发展趋势以及战略映像之间的匹配度存在多条决策路径。换句话说，离职决策虽然并非都会经历一个复杂的判断比对过程，但在去留选择上，员工会更倾向于保持现状，因为源自社会关系网络的束缚使员工深深地嵌于现状中，想要摆脱的难度较大（Lee & Mitchell, 1994）。正是受此启发，Mitchell 等（2001）基于映像理论和"场"理论，将阻碍个体离职的各种因素加以归纳,提出了工作嵌入的构念及其离职决定模型。根据Mitchell等(2001)的观点,工作嵌入在于强调将个体束缚于现状中的各种多重网络关系,具体概括为组织和社区维度中的匹配、联结和牺牲三个内容,它基于工作内外的客观因素分析员工继续维持现状的原因,从留职的角度解释员工流失问题。

由于工作嵌入概念启发于展开离职模型,工作嵌入理论模型的分析框架也就沿用了展开模型中的动机与检验机制。其中影响动机的关键因素主要来自两种力量:一是离职驱动力,即能够被员工辨识,促使其心境动摇并开始思考工作价值和意义的与离职相关的事件,而主要的驱动事件是外部备选工作匹配和"负面情感"(Lee & Mitchell,1994);二是留职约束力,即构成阻止员工离职的"嵌入关系"。上述两种力量的判断和对比最终决定员工的去留。因此,外部备选工作匹配和"负面情感"不一定会将员工推向离职(Holtom & Inderrieden,2006),而是需要经过与嵌入关系之间的检验进行决策。检验由相容检验和利益检验组成,相容检验强调决策方案与员工工作映像的相容性,利益检验在于考察决策方案之间的利益性,且前者优先,后者次之(Mitchell & Beach,1990)。如果某个方案与个体工作映像的吻合程度相对低或者对个体工作映像要求的违背超过了一个阈值,则难以通过相容性检验,员工则会对该方案进行"屏蔽";如果某个方案与个体工作映像的吻合程度相对高或者对个体工作映像要求的违背未超过该阈值,则进入利益检验部分,通过评价哪个方案更优来作出最终的去留选择。

根据工作嵌入理论,如果感知到外部备选工作匹配或者备选工作已经存在,农民工首先会通过相容检验对留职和备选工作进行映像相容性比较,如果留职对他们来说并不是完全不可以接受,则需要进入利益检验阶段。映像相容检验描述的是个体在离职过程中的心理思考过程,该过程在于判断离职动因与各种嵌入力量之间谁强谁弱。如果留职和备选工作都能满足农民工的工作映像要求,则两个方案都可以通过相容性检验,然后再进行利益检验,比较留职与备选工作匹配之间的利害关系。此时,如果利益检验依然表现出留职较佳,则农民工最终会选择继续维持留职现状,否则,农民工将作出流动选择,具体路径如图 3-5 所示。

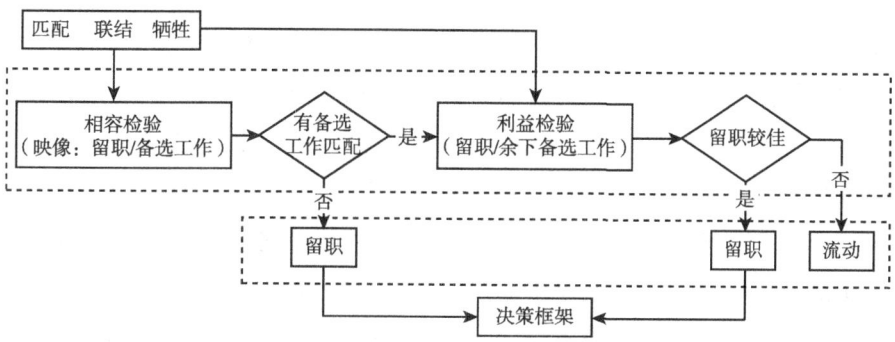

图 3-5 备选工作匹配下农民工工作嵌入的留职模型

针对图 3-5 进行具体分析:第一,农民工的工作映像要求与用工企业理念、文化以及社区生活环境等的匹配程度越高,则其继续维持留职现状就越容易通过相容性检验,而工作嵌入的匹配维度描述了农民工个人兴趣与价值观在组织结构和社区环境中的相容程度,反映的正是留职与农民工既有工作映像的相容性。第二,农民工工作嵌入的联结维度描述了其在组织和社区环境中的各种正式和非正式关系的数量及质量,既有农民工与上级、同事等的职内联系,也有来自家庭、婚姻、亲朋等的职外联系。这些联系编织的关系网络一方面反映了农民工对周围群体及周边环境的认同和归属,另一方面农民工能够通过关系网络获得来自他人比较充分的建议,从而对选择离职还是留职的判断具有更广阔的视野和更加全面的认识。显然,这种广泛而紧密的联结关系也会促使农民工继续维持留职现状,在相容检验和利益检验中的影响都较大。第三,农民工工作嵌入的牺牲维度会在利益检验阶段表现出较大影响,牺牲描述了农民工离职造成的所有预期成本,既包括薪酬福利、岗位晋升机会等职内因素,也包括社区环境、邻里融洽、亲朋交往等职外因素。农民工除了要评估备选工作的预期收益,还要考虑离开当前工作的即期成本。如果农民工能从当前工作中获得充分的经济和心理满足,则外部备选工作将很难在利益检验中胜出,因此农民工继续维持留职现状较佳,也就不会选择离职。

如果农民工离职的直接动因源自负面情感,如工作满意度低等,该情况下的相容检验实际上是惯例性映像检验,原因在于负面情感来自农民工对现状进行定期或不定期的思考,而这种对个体—组织关系的再审视往往是惯例的或者偶然的行为。农民工在惯例性审视过程中,如果发现工作与其个人映像不符合,就有可能产生流动想法。此时的相容检验阶段在于判断维持留职现状与农民工个人工作映像要求的符合程度。在相容检验中,维持留职现状虽然可能不完全符合农民工工作映像要求,但如果对农民工工作映像要求的违背未超过特定阈值,农民工也不会立刻离职,只不过是着手准备退出,因此也能通过相容性检验,然后进入利益检验阶段,倘若利益检验结果发现留职依然较佳,则农民工不会选择离职,具体路径如图3-6所示。

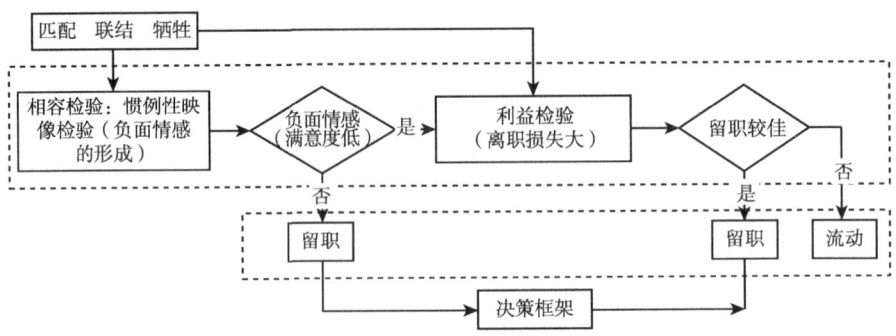

图3-6 负面情感下农民工工作嵌入的留职模型

针对图3-6进行具体分析。农民工的负面情感来源于维持留职现状对其工作映像某个特定方面的违背,这种不满情绪可能指向用工企业的管理理念、组织文化或价值观,也可能指向上级行事风格、同事间的相处模式与交际方式,还可能指向薪酬待遇和个人发展空间等。第一,农民工工作嵌入的匹配维度会在相容检验中发挥主要作用。如果农民工感知到与组织结构和社区环境的相容性较好、舒适程度较高,则会提高维持现状与农民工工作映像的符合程度,那么留职便更容易通过相容检验。第二，农民工工作嵌入的联结维度也会在相容检验中产生影响。农民工在组织结构和社区环境中构建的关系网络越多、联系越紧密，则有助于增强其归属感和认同意识，进而在一定程度上增加农民工对维持留职现状的积极评价。第三，农民工工作嵌入的牺牲维度会在利益检验中产生较强的影响。在利益检验中，农民工的去留选择将取决于离职成本和预期损失与其未来综合收益评价哪个占优。如果牺牲越多，农民工离职的成本和预期损失就越大，加上离职可能带来一些不确定性因素，那么维持现状就更容易在利益检验中占优，即留职较佳，农民工也就不会选择离职。

综上所述，工作嵌入理论从留职的视角描述了阻碍个体离职的各种力量因素集，这些因素集所构建的关系网络会通过相容检验和利益检验对外部备选工作和负面情感等离职动因进行平衡，最终影响农民工决定流动还是留职。根据工作嵌入理论的观点，农民工即便感知到了外部备选工作匹配机会或在工作上出现负面情感，工作嵌入的各维度关系网络也会对其进行约束，进而抑制他们的流动想法或流动行为。

3.2.2　数理分析

从现实情况来看，随着社会经济的进步与发展，企业员工已经不再一味地追求显性收益，而是会倾向于评估收益的效用，当下流行语"仓廪实而心意变"描述的正是这个事实。理论研究也表明，个人流动的一个重要目标在于对相对效用的追求（高慧萍等，2008）。不失一般，农民工（特别是新一代农民工）将会根据其在工作上获得的效用如何作为其最终的去留决策依据。

理论和实践都表明，农民工的职业流动通常不仅体现为工作的转换，还往往带有跨行业甚至跨区域的特征，即农民工的流动伴随工作组织的变换和生活社区的迁移（江金启与陈婧文，2016；颜银根，2020）。因此，农民工在以往工作上积累的专用性人力资本对其继续嵌入下一个工作的作用可能不明显。虽然农民工以往的社会资本会对其嵌入新居住社区具有一定作用,但工作变动所伴随的居住迁移会使该作用实际上较弱。相比之下,农民工深入地嵌于工作现状会促进其主动性技能的提升,有利于他们积累符合特定工作要求的专用性人力资本(顾永红,2014;李锡元与蔡瑶,2018;邓晰隆与叶子荣,2020)。从工作嵌入的匹配维度来看,农民工与工作的匹配程度越高,说明这是其偏好的工作,农民工会感知到越高的工作舒适感,会在工作中表现得更为积极、努力,用工企业也更加愿意对其提供更多的长期性投入,虽然短期内不能改变农民工的一般性人力资本,但非常有助于提升农民工的技能操作水平以及积累特定的工作经验和工作知识,这种良性互动使农民工能够获得更多的专业性技能资本。从工作嵌入的联结维度来看,农民工的工作联结程度越高,说明其与组织、社区之间编织的关系网越多、越密,使其能够从他人或周边环境获取更多开展工作的有利信息和思路(Romanelli & Schoonhoven,2001;Ardichvili et al.,2003)。同时,农民工的关系网络联系越多,其沟通与交流的渠道也就越多,越容易与外界建立信任和合作,因此更加容易获取工作所需的特定技能和资源,得到更多职业技能资本发展的机会(Colombatto & Melnik,2006)。

综上所述,工作嵌入会在一定程度上影响农民工个人的人力资本水平,具体表现为有助于农民工在特定工作上积累专用性人力资本。借鉴谢勇(2015)构建的农民工人力资本—工资模型,假设农民工 i 在工作 j 上的人力资本水平 K_{ij} 定义如下:

$$\mathrm{Ln}K_{ij} = f_1(E_i) + f_2(E_i, JE_{ij}, n_i) + h(JE_{ij}, n_i) \quad (3-23)$$

其中,$f_1(\cdot)$ 代表农民工的一般性人力资本,取决于农民工受教育水平 E_i;$f_2(\cdot)$ 代表农民工在工作 j 上的专用性人力资本,取决于农民工的一般性人力资本 E_i、农民工在工作 j 上的工作嵌入水平 JE_{ij} 以及农民工以往的工作变动水平 n_i;$h(\cdot)$ 代表农民工与工作 j 的匹配质量,取决于农民工在工作 j 上的工作嵌入水平 JE_{ij} 和农民工以往的工作变动水平 n_i。一般而言,农民工的一般性人力资本水平会增加其获得专用性人力资本的能力和机会(Becker,1962)。由于跨行业流动,农民工以往的工作变动水平对其在工作 j 上的专用性人力资本可能不具有积极作用,甚至会产生负面影响(Dolton & Kidd,1988),但有利于提升其与工作 j 的匹配质量(Jovanovic,1979)。而工作嵌入有利于农民工在工作 j 上积累专用性人力资本,且其匹配维度直接决定了农民工与工作 j 的相容性。综上可以得到:

$$\mathrm{Ln}K_{ij} = f(E_i, JE_{ij}, n_i) + h(JE_{ij}, n_i) \qquad (3-24)$$

$$\frac{\partial f(E_i, JE_{ij}, n_i)}{\partial JE_{ij}} > 0 \qquad (3-25)$$

$$\frac{\partial h(JE_{ij}, n_i)}{\partial JE_{ij}} > 0 \qquad (3-26)$$

$$\frac{\partial h(JE_{ij}, n_i)}{\partial n_i} > 0 \qquad (3-27)$$

此时,根据经典的工资方程,农民工在工作 j 上的工资水平 w_{ij} 可以写成:

$$w_{ij} = K_{ij} e^{\varepsilon_{ij}} \qquad (3-28)$$

其中 ε_{ij} 表示随机扰动项,将式(3-24)代入式(3-28)并取对数得到:

$$\mathrm{Ln}w_{ij} = f(E_i, JE_{ij}, n_i) + h(JE_{ij}, n_i) + \varepsilon_{ij} \qquad (3-29)$$

进一步借鉴 Bayer 等(2009)、Zhang 和 Zhao(2013)以及 Xing 和 Zhang(2017)的研究,假设农民工 i 在工作 j 上面临如下效用最大化问题:

$$\begin{cases} U_{\max} = X_{ij}^{\alpha_X} Y_{ij}^{\alpha_Y} \exp(\beta_z \mathrm{Ln}Z_j + N_{ij} + \eta_{ij}) \\ \mathrm{s.\,t.} \quad X_{ij} + p_j Y_{ij} = w_{ij} \end{cases} \qquad (3-30)$$

其中,X_{ij} 代表农民工在工作 j 上的不变价格支出集,价格对任意 i 都一样,归一化为 1;Y_{ij} 代表农民工在工作 j 上的可变价格支出集,其价格 p_j 与工作 j 的特征相关;α_X 和 α_Y 分别表示农民工在 X_{ij} 和 Y_{ij} 上的分配比例($\alpha_X + \alpha_Y > 0$),两者均大于零;Z_j 表征用工企业(工作)的特征;N_{ij} 表示农民工对工作 j 的心理感知(非货币性衡量集);η_{ij} 表示其他不可观测因素。

根据柯布—道格拉斯效用函数形式,可以得到两类支出集的需求：

$$X_{ij}^* = \frac{\alpha_X w_{ij}}{\alpha_X + \alpha_Y} \quad (3-31)$$

$$Y_{ij}^* = \frac{\alpha_Y}{\alpha_X + \alpha_Y} \frac{w_{ij}}{p_j} \quad (3-32)$$

将式（3-31）和式（3-32）代入式（3-30）获得农民工的间接效用函数：

$$U_{ij}^* = H p_j^{-\alpha_Y} w_{ij}^{(\alpha_X + \alpha_Y)} \exp(\beta_z \mathrm{Ln} Z_j + N_{ij} + \eta_{ij}) \quad (3-33)$$

$$H \equiv \left(\frac{\alpha_X}{\alpha_X + \alpha_Y}\right)^{\alpha_X} \left(\frac{\alpha_Y}{\alpha_X + \alpha_Y}\right)^{\alpha_Y} \quad (3-34)$$

此时，对式（3-33）按照 $1/H$ 重新缩放，并取对数处理，将农民工的间接效用函数改写成：

$$V_{ij} = -\alpha_Y \mathrm{Ln} p_j + (\alpha_X + \alpha_Y) \mathrm{Ln} w_{ij} + \beta_z \mathrm{Ln} Z_j + N_{ij} + \eta_{ij} \quad (3-35)$$

将式（3-29）代入式（3-35）可以得到：

$$\begin{aligned} V_{ij} = & -\alpha_Y \mathrm{Ln} p_j + (\alpha_X + \alpha_Y)[f(E_i, JE_{ij}, n_i) + h(JE_{ij}, n_i)] \\ & + \beta_z \mathrm{Ln} Z_j + N_{ij} + \eta_{ij} + \varepsilon_{ij} \end{aligned} \quad (3-36)$$

从式（3-36）可知，农民工在某个工作上的工作嵌入水平会影响其在该工作上获得的间接效用。为了方便观察工作嵌入对农民工在该工作上的间接效用的总体影响，进一步对式（3-36）求 JE_{ij} 的偏导数得到：

$$\frac{\partial V_{ij}}{\partial JE_{ij}} = (\alpha_X + \alpha_Y)\left[\frac{\partial f(E_i, JE_{ij}, n_i)}{\partial JE_{ij}} + \frac{\partial h(JE_{ij}, n_i)}{\partial JE_{ij}}\right] \quad (3-37)$$

因为 $\alpha_X + \alpha_Y > 0$ 恒成立，所以结合式（3-25）和式（3-26）可知 $\partial V_{ij}/\partial JE_{ij} > 0$，说明农民工在某个工作上的工作嵌入水平会对其在该工作上获得的间接效用产生正向效应。

综上所述，农民工在某个工作上的嵌入程度越高，则其在该工作上所获得的效用也越大，因此其越倾向于保持现状，选择离职的可能性也就越小。换言之，工作嵌入会产生农民工离职的阻力，对农民工具有保留作用。

3.3 组织伦理气氛、工作嵌入与农民工职业流动：机理分析

个体层面和企业层面的因素都会对农民工的去留选择产生影响，但依然不可忽视的是，两个层面因素对农民工去留选择产生影响的同时可能存在某些关系。前面基于企业层面分析了组织伦理气氛对农民工职业流动的影响，以及基于个体层面分析了工作嵌入对农民工职业流动的影响。那么，不同层面因素对农民工职业流动的影响中又存在怎样的联系？本部分将分析组织伦理气氛、工作嵌入与农民工离职的内在影响关系。具体而言，组织伦理气氛对农民工职业流动的影响是否会通过工作嵌入进行传递？工作嵌入对农民工职业流动的影响又是否会因组织伦理气氛而发生变化？

3.3.1 理论分析

(1) 组织伦理气氛的调节效应。

著名社会心理学家库尔特·勒温将个人的生活事件经验和未来的思想愿望所构成的系统称为"心理场"，认为一个人生活阅历越丰富，则其心理场的范围就越大，层次也越多。随后，勒温借助心理场研究个体的需要、紧张、意志等心理动力要素，提出了心理生活空间（Life Space，LS）的概念，并将其定义为在某一时刻影响个体行为的各种事实的总体，该总体包含了个体自身及其所处环境。按照心理生活空间的定义，个人的行为会随个人自身及其所处环境这两方面因素的变化而变化，也就是说，一个人的行为会根据其生活空间的变化而进行调整。需要指出的是，同其他格式塔心理学家一样，勒温也把个体行为纳入心理学研究内容，提出了个体行为函数公式：$B=f(P,E)$，其中 B 代表个体的行为，f 表示函数关系，P 是对个体本身的描述，E 代表可以对心理

场进行解释的全部环境。该行为函数的解释是，同一个体在不同环境条件下会产生不同的行为；不同的个体对同一环境条件会作出不同的行为反应；甚至相同的个体，如果情境条件发生了改变，则其对同一个环境也会产生不同的行为，这种描述显然与客观实际比较符合。换言之，决定个人行为的不是个人本身，也不是环境，而是两者相互作用所构成的函数。基于这种考虑，勒温进一步提出了组织氛围的构念，并将组织氛围理解为一种"社会相互作用的背景"，认为不管主观上是否愿意或者认识到，处于组织中的个体都会受其影响。这也就意味着，组织的某种特定氛围会对个体之间的相互作用及其经由群体构成的网络或体系产生影响。

在勒温行为函数的基础上，后续学者进行了拓展研究，提出了多种相似理论，其中社会认知理论在实际应用中比较常见，普遍被运用于分析类似问题出现在相关研究文献中。社会认知理论塑造了一个被称作"三元交互决定论"的系统，是一个被广泛接受且经过实证检验的个人行为模型，其三元系统描述了个人因素、社会结构因素以及行为因素等之间的动态相互作用（Mischel，1973）。社会结构的内部因素能在一定程度上影响个体行为意向，并通过与社会情境的交互作用对行为及其倾向性产生影响（Schunk，1999）。根据社会认知理论，个体层面因素和组织情境对个体离职决策的作用并非孤立的，两者难以单独为离职决定提供全面的解释（Henle，2005）。这似乎意味着，工作嵌入或者组织伦理气氛都难以单独地对农民工离职进行系统解释，应当考虑它们相互交织的复杂影响。事实上，即便是工作嵌入水平无明显差异的农民工，其在不同组织伦理气氛下的离职心理状态或行为决策可能截然不同。

按照社会认知理论的观点，组织伦理气氛作为用工企业的某种特质，是农民工个体决策的主要空间，不仅会对农民工的工作嵌入产生影响，同时还会对工作嵌入对农民工流动的作用产生影响。其具体表现为：良好的组织伦理气氛不仅可以减少农民工对备选工作方案的感知以及抑制负面情感的形成，还能够通过提升农民工工作嵌入的匹配、联结和牺牲维度，增加维持留职现状在相容检验和利益检验中的优势，进而加大农民工流动的阻力；相比之下，自利型组织伦理气氛与农民工的自我映像容易在伦理层面发生冲突，对农民工备选工作方案的屏蔽以及负面情感的抑制不会具有明显作用，同时不利于农民工深入地嵌于工作，会减弱农民工维持留职现状在相容检验和利益检验中的优势，进而削弱工作嵌入对农民工的保留作用。

(2) 工作嵌入的中介效应。

组织伦理气氛描述了组织内部处理利益关系和解决伦理困境的依据，规则型伦理气氛要求按照明确的"规则"处理利益关系和解决伦理困境，关怀型伦理气氛强调处理利益关系和解决伦理困境时兼顾自身、他人以及集体的利益，而自利型伦理气氛则倾向于追求自身利益最大。根据 Mitchell 等（2001）的构念，工作嵌入描述的是个体离职的网络阻力，其匹配维度强调指个体在组织以及社区环境中的相容性和舒适程度；联结维度强调个体与他人、组织、社区之间形成的正式或非正式关系的数量和强度；牺牲维度则指个体离开所在组织或社区将面临的损失，包括物质层面、社会层面和心理层面的损失。研究表明，组织伦理气氛是稳定存在于企业组织当中的，其塑造主要取决于领导层面，不会随员工行为或流动而发生实质性改变（刘松博等，2013；管春英与汪群，2016），而且在特定工作上组织伦理气氛往往出现在农民工工作嵌入之前，因此农民工工作嵌入对组织伦理气氛的影响有限，但企业主导不同的组织伦理气氛类型会对员工工作嵌入产生不同影响（杨春江等，2014）。

工作嵌入理论的映像原理描述的是如何以直觉的方式来思考非日常性决策问题，弥补传统观念仅仅凭借"理性比较期望利益最大化"进行决策的局限，认为个体拥有自我独特的价值映像，其与组织文化、氛围的相容程度影响着个体的行为决策（Beach & Mitchell，1987）。个体自我概念或价值映像与组织环境在伦理层面达成一致或发生冲突时势必会对个体的心理状态以及行为产生深刻影响（Ambrose et al.，2008），因此组织伦理行为准则与个体价值映像的相容性将增强或减弱个体—组织关系，最终影响离职决策（Beach & Mitchell，1987）。已有研究表明，组织伦理气氛对员工在组织中的依附程度存在直接或间接的显著影响（Mulki et al.，2008；杨春江等，2014）。农民工虽然普遍被配置在用工企业较低层级的工作岗位，但他们是具备自我价值映像以及价值判断能力的个体，由此可以认为，组织伦理气氛会对农民工工作嵌入产生影响，具体从以下几个方面体现。

第一，工作嵌入的匹配维度反映了农民工感知到的个人兴趣、价值观与组织及社区的相容性和舒适程度。组织伦理气氛是组织价值观与伦理判断标准的体现，当组织的伦理氛围与农民工的自我价值映像相容时，农民工会感受到较高的匹配感。具体而言，如果用工企业主导的组织伦理气氛符合农民工对工作伦理价值观的要求，农民工与用工企业之间的匹配程度会提高（Sims & Keon，1997）。当然，农民工也会更偏爱于积极的组织伦理气氛（Valentine & Barneet，2003），因此类似规则型、关怀型等积极组织伦理气氛将有利于提高农民工的匹配感知，进而增强农民工与用工企业甚至生活环境的关系，使其深入地嵌于其中，难以脱身。

第二，工作嵌入的联结维度反映了农民工与组织结构及社区环境之间关系网络的多重性及紧密程度。当组织的伦理氛围与农民工的自我价值映像相容时，农民工会主动通过群体间的信息分享和人际互动等方式构建更多的关系网络以及提升关系质量。同时，积极的组织伦理气氛对农民工建立高质量关系网络具有正向影响（刘文彬，2009），有助于增强农民工与他人、其他群体、用工企业以及居住社区之间的多重联系。

第三，工作嵌入的牺牲维度反映了农民工离开组织结构及社区环境所造成的所有损失，牺牲越大，则农民工离职的阻力就越大。离职不仅意味着农民工要放弃现有的组织伦理氛围以及关系网络等，还会面临将来进入一个消极伦理环境的风险。因此，当用工企业主导的组织伦理气氛与农民工的自我价值映像越相容，农民工离职所导致的牺牲会越大。相反，如果用工企业主导的组织伦理气氛不被大众所接受、不符合公众利益且与农民工的价值映像违背甚多，则农民工将会减弱对用工企业甚至生活社区的网络关系和归属感，离职牺牲也将更少。

鉴于此，结合 3.1 节和 3.2 节的分析不难发现，组织伦理气氛不仅会对农民工离职流动产生直接效应，还会通过影响工作嵌入对农民工流动产生间接效应。

3.3.2 数理模型

（1）组织伦理气氛的调节效应。

理论分析表明，用工企业作为农民工与工作情境之间主要的"相互作用背景"，其主导的组织伦理气氛将影响农民工工作嵌入对其离职的约束。沿用 3.2.2 小节的数理函数，假设农民工在某个工作上的间接效用 V_{ij} 依然满足柯布—道格拉斯形式，具体求解过程参见 3.2.2 小节。如无特殊说明，本部分公式中的字母含义同 3.2.2 小节。

$$V_{ij} = -\alpha_Y \mathrm{Ln} p_j + (\alpha_X + \alpha_Y)\mathrm{Ln} w_{ij} + \beta_z \mathrm{Ln} Z_j + N_{ij} + \eta_{ij} \quad (3-38)$$

根据 Rosen – Roback 框架，个人可以很容易地根据外界信息得出其消费集的价格，进而对其支出比例进行相应调整（Roback，1982）。同时结合社会认知理论可以认为，农民工在其不变价格支出集和可变价格支出集之间的分配会受到用工企业组织伦理气氛的影响。事实上，相比良性的组织伦理气氛，自利型组织伦理气氛鼓励自身利益最大化，容易导致组织成员之间恶意竞争甚至互相拆台，致使农民工需要付出更高的伦理困境"代价"，如处理人际关系或获取市场信息的费用更多。因此，进一步假定农民工对两类支出集的分配比例 α_X 和 α_Y 是用工企业组织伦理气氛（EC_j）的函数，为方便起见，对其施加一个简单的线性关系：

$$\alpha_X = \theta_X EC_j \quad (3-39)$$
$$\alpha_Y = \theta_Y EC_j \quad (3-40)$$

θ_X 和 θ_Y 表示组织伦理气氛对农民工两类支出集分配比例的影响，此时结合式（3 – 29）、式（3 – 39）和式（3 – 40），将农民工的间接效用函数改写成：

$$V_{ij} = \begin{cases} -\theta_Y EC_j \mathrm{Ln} p_j + (\theta_X EC_j + \theta_Y EC_j)[f(E_i, JE_{ij}, n_i) + h(JE_{ij}, n_i)] \\ +\beta_z \mathrm{Ln} Z_j + N_{ij} + \eta_{ij} + \varepsilon_{ij} \end{cases}$$

$$(3-41)$$

由式（3-41）可知，农民工在某个工作上的间接效用不仅受到用工企业组织伦理气氛（EC_j）的影响，还受到工作嵌入（JE_{ij}）的影响，同时也受到组织伦理气氛与工作嵌入的协同影响（$EC_j \times JE_{ij}$）。为方便观察，将式（3-41）对 JE_{ij} 求偏导：

$$\frac{\partial V_{ij}}{\partial JE_{ij}} = (\theta_X + \theta_Y) EC_j \left[\frac{\partial f(E_i, JE_{ij}, n_i)}{\partial JE_{ij}} + \frac{\partial h(JE_{ij}, n_i)}{\partial JE_{ij}} \right] \qquad (3-42)$$

由式（3-42）可知，农民工在某个工作上的工作嵌入对其间接效用的影响效应受制于组织伦理气氛。而农民工在该工作上获得的间接效用越大，则其选择流动的可能性就越小。因此式（3-42）可以理解为，组织伦理气氛会对工作嵌入对农民工流动的影响产生调节作用。结合式（3-25）和式（3-26）可知，当 $\theta_X + \theta_Y > 0$ 时，则组织伦理气氛在工作嵌入对农民工流动的影响中具有强化性调节效应，即增强工作嵌入对农民工的保留效果；当 $\theta_X + \theta_Y < 0$ 时，则组织伦理气氛在工作嵌入对农民工流动的影响中具有弱化性调节效应，即减弱工作嵌入对农民工的保留效果。

（2）工作嵌入的中介效应。

前面基于结构紧张理论的分析发现，不同类型的组织伦理气氛会通过达成工作目标时引致的紧张情绪对农民工流动产生影响；基于工作嵌入理论发现工作嵌入会加大农民工离职流动的阻力，使其倾向于维持留职现状，且组织伦理气氛会对农民工工作嵌入产生影响；基于社会认知理论发现组织伦理气氛与工作嵌入会对农民工流动产生协同影响。为了方便分析，假设农民工在某个工作上的间接效用（U_{TC}）只由组织伦理气氛（EC）和工作嵌入（JE）决定，构建一个简单的效用函数：

$$U_{TC} = h(EC, JE) \qquad (3-43)$$

由于工作嵌入（JE）会受组织伦理气氛（EC）的影响，因此建立工作嵌入函数：

$$JE = g(EC) \qquad (3-44)$$

同时，组织伦理气氛和工作嵌入会对农民工流动产生协同影响，因此利用式（3-43）和式（3-44）将农民工的间接效用函数改写成：

$$U_{TC} = EC \times f(JE_{EC}) \tag{3-45}$$

在实际中,农民工一旦进入某个工作,不会立刻考虑离职的问题。也就是说,农民工产生离职想法或者发生实际离职行为通常需要经历一个酝酿的过程。这个过程中农民工会对组织伦理气氛进行感知以及试图嵌入组织结构和社区环境中。进一步对效用函数 $U_{TC}(\cdot)$ 进行微分条件假定:第一,不同类型的组织伦理气氛在农民工进入用工企业之前已经稳定存在,且农民工一旦进入某个工作就会和该工作之间存在联系,即假定 $JE>0$ 和 $EC>0$;第二,农民工对组织伦理气氛感知以及工作嵌入的效用会随着时间而增加;第三,假定组织伦理气氛和工作嵌入水平对农民工间接效用函数 $U_{TC}(\cdot)$ 的边际影响呈递减趋势。将假定条件描述为:

$$\frac{\partial U_{TC}}{\partial JE} > 0, \frac{\partial^2 U_{TC}}{\partial JE^2} < 0, \frac{\partial U_{TC}}{\partial EC} > 0, \frac{\partial^2 U_{TC}}{\partial EC^2} < 0 \tag{3-46}$$

在假定条件下对式(3-45)求全微分可以得到:

$$dU_{TC} = \frac{\partial U_{TC}}{\partial EC} \times dEC + \frac{\partial U_{TC}}{\partial JE} \times dJE \tag{3-47}$$

将式(3-47)进行导数形式变换得到:

$$\frac{\partial U_{TC}}{\partial EC} = f + EC\left(\frac{\partial f}{\partial JE} \times \frac{\partial JE}{\partial EC}\right) = f + \left(\frac{\partial U_{TC}}{\partial JE} \times \frac{\partial JE}{\partial EC}\right) \tag{3-48}$$

将式(3-47)两边同时乘以 $1/U_{TC}$ 可以得到:

$$\frac{dU_{TC}}{U_{TC}} = \frac{1}{U_{TC}} \times \frac{\partial U_{TC}}{\partial EC} \times dEC + \frac{1}{U_{TC}} \times \frac{\partial U_{TC}}{\partial JE} \times dJE \tag{3-49}$$

此时,对式(3-49)右边的分式分别乘以 EC/EC 和 JE/JE 可以得到:

$$\frac{dU_{TC}}{U_{TC}} = \frac{\partial U_{TC}}{U_{TC}} \times \frac{EC}{\partial EC} \times \frac{dEC}{EC} + \frac{\partial U_{TC}}{U_{TC}} \times \frac{JE}{\partial JE} \times \frac{dJE}{JE} \tag{3-50}$$

将式(3-50)改写成:

$$\frac{dU_{TC}}{U_{TC}} = \zeta_{EC}\frac{dEC}{EC} + \zeta_{JE}\frac{dJE}{JE} \tag{3-51}$$

其中,dU_{TC}/U_{TC}、dEC/EC 和 dJE/JE 分别表示农民工间接效用、

组织伦理气氛以及工作嵌入的变化率;$\xi_{EC} = [(\partial U_{TC}/\partial EC) \times (EC/U_{TC})]$,表示组织伦理气氛对农民工间接效用的弹性;$\xi_{JE} = [(\partial U_{TC}/\partial JE) \times (JE/U_{TC})]$,表示工作嵌入对农民工间接效用的弹性。

对式(3-48)两边同时乘以 EC/U_{TC},并对其右边括号内公式乘以 JE/JE,得到:

$$\zeta_{EC} = 1 + \zeta_{JE}\left(\frac{\partial JE}{\partial EC} \times \frac{EC}{JE}\right) \tag{3-52}$$

此时,将式(3-52)代入式(3-51)可以得到:

$$\frac{\mathrm{d}U_{TC}}{U_{TC}} = \zeta_{JE}\frac{\mathrm{d}JE}{JE} + \frac{\mathrm{d}EC}{EC}\left[1 + \zeta_{JE}\left(\frac{\partial JE}{\partial EC} \times \frac{EC}{JE}\right)\right]$$

$$= \frac{\mathrm{d}EC}{EC} + \zeta_{JE}\left(\frac{\mathrm{d}JE}{JE} + \frac{\mathrm{d}EC}{EC} \times \frac{\partial JE}{\partial EC} \times \frac{EC}{JE}\right) \tag{3-53}$$

由式(3-53)可知,组织伦理气氛(EC)不仅对农民工在工作上的间接效用具有直接影响($\mathrm{d}EC/EC$),还会通过工作嵌入(JE)对农民工的间接效用产生间接影响$[(\mathrm{d}EC/EC) \times (\partial JE/\partial EC) \times (EC/JE)]$。

综上所述,假定用工企业主导的组织伦理气氛对农民工产生的间接效用为 U_{EC},当 U_{EC} 低于或者高于某个临界值 U_T 时,农民工将会进行去留抉择,并且通过工作嵌入间接影响农民工最终做出流动还是留职的选择,亦即工作嵌入在组织伦理气氛对农民工流动的影响中具有中介效应。

3.4 理论框架

综上所述,根据结构紧张理论,组织伦理气氛会对农民工职业流动产生影响;根据工作嵌入理论,组织伦理气氛会对农民工工作嵌入产生影响,同时工作嵌入会对农民工流动产生影响,且工作嵌入中介于组织伦理气氛对农民工流动的影响;根据社会认知理论,组织伦理气氛会调节工作嵌入对农民工流动的影响。理论逻辑框架如图3-7所示。

第3章 农民工职业流动决策的理论框架

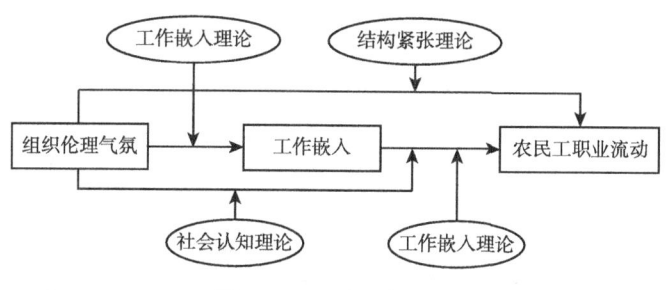

图3-7 理论逻辑框架

理论分析和数理分析发现：企业层面，根据结构紧张理论，用工企业主导的组织伦理气氛是农民工进行"正当行为"的伦理依据，不同组织伦理气氛类型会导致农民工进行"正当行为"的依据不同，进而决定了农民工按照社会认可的方式完成任务或达成目标时出现挫败感或紧张情绪的差异，最终影响农民工的去留选择；另外，农民工流动的"同伴效应"决定了用工企业的留人激励约束需求及必要性，而用工企业主导的组织伦理气氛不同将导致其留人激励存在差异，促使农民工在比较离职效用和留职效用后进行去留抉择。个体层面，根据工作嵌入理论，农民工感知到外部备选工作和产生负面情感时，会将其与"留职现状"进行相容检验和利益检验，如果发现留职较佳，则会继续维持留职现状，否则，将做出流动选择；另外，农民工跨区域、跨行业的换工特征使人力资本对其工作嵌入不具有实质性影响，但工作嵌入有利于农民工积累人力资本（专用性人力资本），进而通过比较留职效用和离职效用进行去留抉择。机理方面，根据社会认知理论，农民工的流动决策受组织伦理气氛和工作嵌入的交互影响，工作嵌入的保留作用会随组织伦理气氛的变化而变化，即组织伦理气氛调节了工作嵌入对农民工流动的关系；根据工作嵌入理论，组织伦理气氛与农民工自我概念和价值映像在伦理层面相容或冲突时，将影响农民工的工作嵌入情况，进而影响其流动决策，即工作嵌入中介于组织伦理气氛对农民工职业流动的关系。农民工职业流动决策框架如图3-8所示。

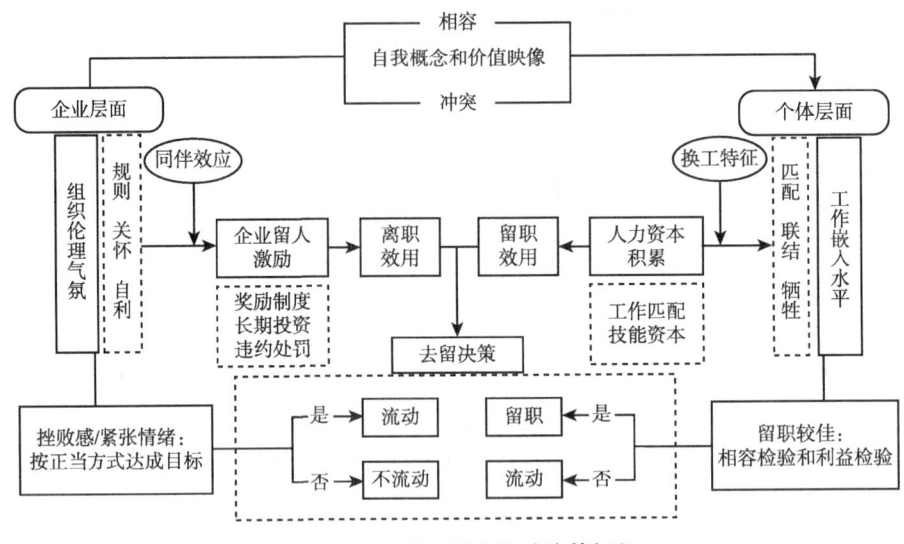

图 3-8　农民工职业流动决策框架

根据决策框架，假定农民工的去留决策只取决于同一期限内效用现值的总和，将农民工 i 在工作 j 上面临的间接效用 U_{ij} 表示为：

$$U_{ij} = U(EC_j, JE_{ij}, Z_j, \theta_{ij}) \tag{3-54}$$

其中，EC_j 表示农民工在工作 j 上的组织伦理气氛指标；JE_{ij} 表示农民工 i 在工作 j 上的工作嵌入指标；Z_j 表示影响农民工去留决策的其他企业层面因素；θ_{ij} 表示影响农民工去留决策的其他个体层面因素。则农民工 i 在工作 j 上的总效用现值 SU_{ij} 可以表示为：

$$SU_{ij} = \int_0^T \sum_{T=1}^T U_{ij}(EC_j, JE_{ij}, Z_j, \theta_{ij}) e^{-rT} dT \tag{3-55}$$

其中，T 表示农民工在工作 j 上的后续工作时间（期数），r 表示效用折现率。效用折现率 r 每一期保持不变的情况下，式（3-55）可换算为：

$$SU_{ij} = \frac{1}{r} U_{ij}(EC_j, JE_{ij}, Z_j, \theta_{ij})(1 - e^{-rT}) \tag{3-56}$$

因此农民工 i 在工作 j 上的总效用现值函数可以写成：

$$SU_{ij} = SU(r, T, EC_j, JE_{ij}, Z_j, \theta_{ij}) \tag{3-57}$$

在随机设定的情况下，如果农民工在某个工作上的总效用现值 SU_{ij}

大于某个临界值 SU_{ij}^*，则农民工不会选择流动；如果农民工在某个工作上的总效用现值 SU_{ij} 小于临界值 SU_{ij}^*，那么农民工将选择流动。

3.5 本章小结

本章在理论上基于不同层面视角分析了农民工职业流动决策机理及其内在关系。首先是企业层面，运用结构紧张理论和数理模型分析了组织伦理气氛对农民工流动的影响，发现不同组织伦理气氛类型会对农民工流动产生不同影响，规则型、关怀型组织伦理气氛有助于保留农民工，而自利型组织伦理气氛则不利于农民工的保留；其次是个体层面，运用工作嵌入理论和数理模型分析了工作嵌入对农民工流动的影响，发现工作嵌入会对农民工流动形成阻力，促使农民工维持留职现状，对农民工具有积极的保留作用；再次是机理方面，运用社会认知理论、工作嵌入理论和数理模型分析了组织伦理气氛、工作嵌入与农民工流动之间的影响机理，发现组织伦理气氛会调节工作嵌入对农民工流动的影响，工作嵌入中介于组织伦理气氛对农民工流动的影响；最后，根据理论分析建立了农民工职业流动决策框架。

第 4 章 数据来源、变量测量与描述性分析

本章主要介绍数据获取方案、测量核心变量以及分析农民工职业流动状况。首先，说明调查问卷设计的基本思路、主要内容、数据来源以及采集方式；其次，对农民工个体层面特征和企业总体层面特征进行描述统计；再次，基于调研数据利用相应测量工具对组织伦理气氛、工作嵌入以及农民工流动等潜在关键变量进行测量，同时进行测量有效性分析，并对潜变量进行共同方法偏差检验；最后，在变量测量基础上对农民工流动意向和流动行为进行描述性分析。

4.1 问卷设计及数据来源

4.1.1 问卷设计的思路

为了满足研究需要，本书的一项重要前提工作是要对企业农民工进行实际调研，获取所需数据。因此，本书首先设计了调查问卷进行数据采集，调查问卷设计的基本思路如下。

（1）在调阅和借鉴已有关于劳动者离职以及农民工换工流动的相关研究成果的基础上，梳理出可能影响农民工职业流动决策的相关因素，并结合本书的研究目标和研究内容，初步确定问卷的主要问题及选项，设计调查问卷初稿。

（2）征求个别相关研究领域专家学者的意见，邀请和咨询本校教

师及课题组成员开展师门研讨会和小组讨论，对调查问卷的题项设置进行论证、修改、完善和敲定，尽可能确保题项的全面性以及语言表达的准确性和清晰度。

（3）利用初始调研问卷在珠三角地区进行小规模的预调研。预调研企业包括正崴集团东坑分厂、松山湖产业园区电子厂、富士康东莞分公司、深圳市恩荣信息服务有限公司。根据预调研反馈的问题对调查问卷再次进行修订完善，尽量提高被调查者对问卷的普遍接受程度。同时，利用预调研采集的数据对组织伦理气氛、工作嵌入和流动意向等潜变量的测量有效性进行信度和效度检验，根据农民工的具体特征对测量量表进行修订，避免测量题项间的交叉模糊，以确保测量题项在不同层次聚合的可信度和共识度，最终确定用以获取原始数据资料的调查问卷版本，以此深入用工企业开展问卷调查。

4.1.2　问卷设计的主要内容

基于本书的研究目标和研究内容，借鉴有关劳动者离职特别是农民工离职的相关研究文献，调阅整理有关影响农民工职业流动决策的个体层面特征和企业层面特征，并针对这些特征信息设置题项及选项。需要说明的是，虽然本书在数据调研时有目的性地针对用工企业的底层员工，但也难以完全"屏蔽"城市员工，因此在问卷中设置了户口类型的题项，用以删除个别城市员工作答的问卷。

4.1.2.1　农民工个体层面特征信息

（1）农民工的个人特征。

农民工性别：性别设置为一个二值变量，若是男性则赋值为1，若是女性则赋值为0。农民工的流动心理状态和流动决策行为可能存在性别差异，面对工作上的不如意，男性往往容易意气用事，而女性则更倾向于忍耐，抗压能力和情绪控制及调节都较好。

农民工年龄：被调查者填答的实际年龄（周岁）。农民工的年龄会影响其流动决策，年轻者比较意气风发，敢于冒险，容易冲动，离职的可能性较大；年长者通常希望稳定，顾虑较多，相对保守，容易安于现状，离职的可能性较小。

农民工的婚姻状况：被调查者根据实际情况自我选择，设置为一个二值变量，若选择已婚则赋值为1，若选择未婚则赋值为0。已婚农民工需要承担家庭责任，特别是经济负担，倾向于稳定；而未婚农民工在工作场上则相对"自由"，且没有外在"包袱"，容易发生离职换工。

农民工的受教育程度：被调查者接受过的最高的受教育阶段，具体赋值为：小学及以下赋值为1；初中赋值为2；高中（包括职业高中）赋值为3；专科（包括中专、技校和大专）赋值为4。农民工的受教育程度会影响其离职决策，相比低学历者，受教育程度较高的农民工，他们具有更高的职业体验需求，并且拥有较高的人力资本水平，对职业信息的捕捉比较敏锐，自信能够找到下一个工作甚至更好的职业平台，因此容易产生离职动机和发生离职行为。

农民工是否独生子女：被调查者根据实际情况做出的自我回答，设置为一个二值变量，若"是"则赋值为1，若"否"则赋值为0。相比家中兄弟姐妹多的人而言，独生子女要承担更多、更大的家庭负担，可能倾向于稳定，即便收入较低或者工作强度较大也不太愿意去承受离职带来的不确定性。

农民工是否本地人：被调查者根据实际情况做出的自我回答，以城市为界线，设置为一个二值变量，若"是"则赋值为1，若"否"则赋值为0。相比外地人，本地人由于入职前就拥有更加充分的就业信息或社会网络，而且在利用社会关系上比较便捷，工作满意度会较高，因此不容易产生离职动机。

农民工的风险态度：用被调查者对在就业中属于哪种类型的自评进行衡量，保守型赋值为1；中间型赋值为2；冒险型赋值为3。越具有冒险偏好的农民工一般不太满足于现状，敢于尝试和挑战，希望且自信能通过换工获得更好的职业体验，其流动意向或发生流动行为的可能性较大。

农民工的网络熟练情况：调查农民工是否能够熟练使用网络，熟练则赋值为1，不熟练则赋值为0。随着信息化发展，网络已经普遍成为个人求职信息来源的重要途径。熟练使用网络的农民工能够及时把握适合自身的职业信息，如果出现更加满意的工作岗位，他们去应聘的可能性会较大。

农民工的社会交往情况：调查农民工平时与亲戚、同学、朋友之间接触和联系的密切程度，具体赋值是：非常不密切赋值为1，不密切赋值为2，一般赋值为3，密切赋值为4，非常密切赋值为5。社会交往会对农民工的工作流动产生一定影响。对于农民工而言，社会交往除了联络感情外，更多的是他们之间分享工作资源和获取职业信息的一个主要方式。事实上，农民工利用社会关系在就业中普遍存在"扎堆"现象。

（2）农民工的工作特征。

工作类型：调查农民工从事的是什么类型的工作，具体包括生产工作、服务工作、销售工作以及技术工作。工作类型的不同会决定工作内容不同，不同工作类型可能导致农民工的职业流动决策存在差异。

工作培训：调查用工企业是否为农民工提供过相关的工作技能培训，若"是"则赋值为1，若"否"则赋值为0。工作技能培训能提高农民工的工作胜任程度和适应性，而且会成为农民工对工作待遇的一种感知，可能影响农民工的去留决策。

工作加班：调查农民工是否被要求经常加班，若"是"则赋值为1，若"否"则赋值为0。经常加班会占用农民工过多的个人休闲时间，在一定程度上体现了工作强度，可能导致农民工难以承受而离开当前工作，但也需要视实际情况而论，如果他们被给予足够的加班补偿，则可能也不会选择离开。

月工资收入：调查农民工平均每个月的工资收入情况，3000元以下赋值为1，3000~5000元赋值为2，5000~8000元赋值为3，8000元以上赋值为4。工资收入是农民工就业最直接的福利，农民工的职业流动意向或行为通常会随工资水平的提高而降低。

日工作时长：调查农民工平均每天的工作时间，以小时计量。工作时长在时间数量上决定农民工的工作强度，会对农民工的离职决定产生影响。但实际上，这一影响的结果如何可能要看用工企业是否对超出农民工可接受工作时间的部分提供了比较满意的劳动补偿而定。

劳动合同：调查农民工是否与用工企业签订了书面劳动合同，若"是"则赋值为1，若"否"则赋值为0。劳动合同是用人单位与农民工之间达成工作协定的凭证，对农民工的工作状态以及离职选择可能具有一定的约束作用。

医疗保险：调查用工企业是否为农民工提供了基本医疗保险，若"是"则赋值为1，若"否"则赋值为0。医疗保险作为一项长期福利保障，可减轻农民工的经济负担，这应该可以视为用工企业用以留住农民工的一项重要措施。

入职年限：调查农民工在某个工作上已经持续了多长时间，1年以下赋值为1，1~3年赋值为2，3~5年赋值为3，5年以上赋值为4。从实际调查情况来看，农民工对某个工作的喜欢程度或者厌恶感都会随着时间而发生变化。

换工个数：调查农民工的历史换工次数，即自参加工作起已经换过几个工作，以个为单位计量。如果农民工一开始找到一个比较满意的工作，则其离职的可能性不大；如果农民工一开始没有找到一个比较满意的工作，则其可能需要在自身与工作之间不断匹配，直到满意为止。换言之，农民工换工次数的增加可能会在一定程度上提升他们与工作之间的匹配性。

工作嵌入：调查农民工与其工作组织及居住社区之间的密切程度。借鉴杨廷钫等（2013）提出的农民工工作嵌入量表题项，通过农民工对各个描述题项的评分进行加总均值获得。同时，根据农民工对相应题项的评分分别获得工作嵌入分维度的量化值。

4.1.2.2 企业层面特征信息

企业所属行业类型：调查用工企业所在的行业归属什么类型，具体包括餐饮住宿类、批发零售类、制造类以及服务销售类。与知识型员工不同，受限于人力资本水平，农民工进入职场前并不能清晰地对未来工作进行定位，不管是否喜欢或者能否胜任某行业的工作，很多人可能为了维持在城生计而随意抉择，因此农民工的离职发生率在不同类型行业中可能存在差异。

企业性质：调查农民工处在哪类性质的企业，国有企业赋值为1，合资或外资企业赋值为2，民营企业赋值为3。在不同性质的企业中，农民工的离职决策可能存在较大差异。在众多的民营企业中，农民工只能获得基本的短期福利，而且工作烦琐，劳动强度大，以至于他们与用工企业之间的劳动关系容易解除。相比民营企业，合资或外资企业可能为农民工提供更多的职业技能培训和长期福利，这对于保留农民工具有明显效果，国有企业在管理上更加规范，能提供更多的劳动保障，一般会与农民工达成比较稳定的工作协定，以至于农民工不容易发生流动。

企业员工规模：调查农民工所在企业的员工数量情况，100人以下赋值为1，100~300人赋值为2，300~500人赋值为3，500人以上赋值为4。用工企业的规模可能对农民工的离职决策存在影响。大规模企业塑造了成熟且大家认可的文化理念，积累了丰富的资源以及相对雄厚的经济实力，更有能力满足农民工不同的工作需求和职业待遇，通常是农民工希望与之建立和保持长久劳动关系的对象。

组织伦理气氛：调查用工企业的伦理准则情况。基于学界目前公认的测量思路和测量工具，直接采用库伦等（Cullen et al., 2003）修订后的量表题项，通过组织内部成员农民工对用工企业在规则、关怀和自利方面的题项感知评分的平均数分别获得规则型、关怀型、自利型组织伦理气氛的量化值。

4.1.3 数据来源

本书使用的数据来源于对企业底层员工的问卷调研。数据调研由沈阳农业大学经济管理学院和辽宁大学商学院的教师和研究生负责实施。本书的数据调研受到国家自然科学基金项目《组织伦理气氛、工作嵌入与农民工离职决策：影响机理与政策响应》的资助。调研样本来源区域主要是珠三角地区的广州、东莞和深圳，此外还包括东北地区老工业基地的沈阳和鞍山，以及中部地区的郑州和长沙。其主要考虑：第一，这些地区是农民工的主要集聚地，具有一定的代表性，其中广东省作为全国农民工第一输入大省，是本书数据调研的主要阵地；第二，不同区域用工企业的组织文化或组织氛围可能存在较大差异，上述自南向北分布的样本可以尽可能地涵盖不同组织伦理情境或不同文化理念的企业样本；第三，调研团队和项目组与上述地区的一些企业、工厂等数据来源地具有比较密切的合作关系，这些合作企业愿意配合及组织相关人员以方便课题组进行数据采集；第四，调研队伍在上述地区拥有比较丰富的亲戚关系、同学关系和朋友关系，利用这些关系相对比较容易联系到本书所需的样本。调研不限定特定的行业，但有所突出，且便于获得农民工样本，主要集中在制造业和传统服务业，但没有构成企业或组织关系的农民工（如建筑工）不在调研范围之内。

数据调研于 2017 年 6 月至 9 月开展，以纸质问卷形式进行，调研对象包括企业管理人员和底层员工。调研过程中，对企业基本信息的调研部分由企业高层管理人员或部门主管填写，针对底层员工的调查问卷通过企业高层管理人员或部门主管组织集中问答，或者直接发放给被调查对象填写。根据样本企业可预期获得的大致个体样本规模，采用配额调查的方法将分配给各企业的问卷数量控制在 40~50 份，这样不仅可以满足本书的跨层次分析要求，还可以减少组织被调查者填答问卷时的压力，确保数据调研的有效进行。通过这种方式总共在调研区域的 30

个用工企业中安排调研问卷共 1350 份，回收问卷 1272 份，问卷回收率为 94.22%。根据本书对农民工的界定，对回收的问卷进行审查时，删除填答有漏、填答存在明显前后矛盾的无效问卷，以及剔除户口性质为非农业户口的问卷，最终获得本书所涉及的所有变量信息完整的有效问卷 1130 份，问卷的有效回收率为 83.70%。从有效问卷的区域分布来看，珠三角地区的广州、东莞和深圳作为主要的调研区域，调研企业数量为 19 个，占到了样本企业总数量的 63.33%，农民工个体问卷数量为 711 份，占到了个体样本总数量的 62.92%，东北地区老工业基地的沈阳和鞍山以及中部地区的郑州和长沙共调研企业数量为 11 个，占样本企业总数量的 36.67%，农民工个体问卷数量为 419 份，占个体样本总数量的 37.08%。

为了满足本书对农民工职业流动行为分析的数据需要，调研团队在时隔 2 年后的 2019 年 6 月至 9 月对原先的样本企业进行了回访，通过实地走访、电话和网络等联系方式，对原先开展调研的 30 个样本企业的高层管理人员或部门主管进行了回访，咨询和调查原先的 1130 个农民工样本中谁已经离开了原来的样本企业。从回访的情况来看，已经自愿离开原先工作的农民工数量为 366 个，占有效个体样本总数量的 32.39%。需要说明的是，企业管理人员或者部门主管可能会对本单位员工的离职是否出于自愿的信息有所回避，因此通过电话的方式对已离职农民工进行了个别随机抽样回访，确认了他们的职业流动行为是出于自身决定的主动选择。

4.2　样本特征统计

本部分主要是利用实际调研数据对样本特征进行描述性统计，包括农民工个体层面信息和用工企业总体层面信息的统计，以便观察农民工个体层面特征和企业总体层面特征的样本分布情况。

4.2.1 农民工个体层面特征

4.2.1.1 农民工的个人特征

表4-1显示了农民工的个人特征统计分布情况。

(1) 农民工的性别：从性别统计结果看，男性为568人，占比为50.27%，女性为562人，占比为49.73%，男女比例基本相当，这一结果大致可以认为农民工样本在企业样本中的分布没有明显的性别差异。

(2) 农民工的年龄：从年龄的分段统计结果来看，年龄在26~35岁的农民工最多，为592人，在总数中的占比达到52.39%；其次为年龄在25岁以内的农民工，占比为23.19%；数量最少的是45岁以上的农民工，只有70人，在总数中的占比仅为6.19%。可以看出，样本企业中主要是"80后""90后"构成的新生代农民工，老一代农民工的占比较低。该分布情况的可能原因在于：新生代农民工在用工企业所需的工作技能学习上较老一代农民工具有优势，用工企业在招聘时也更倾向于新生代农民工。这种分布特征与同时期国家统计局发布的调查结果具有一定相似性[①]。

(3) 农民工的婚姻状况：从婚姻状况的统计结果看，已婚农民工为372人，占比为32.92%，未婚农民工为758人，占比达到67.08%，单身农民工占到了绝大多数。这种结果与农民工的年龄分布情况在一定程度上保持了一致。

(4) 农民工的受教育程度：从受教育程度的统计结果看，受教育程度为专科的农民工最多，为476人，占比为42.12%，受教育程度是高中的农民工为346人，占比为30.62%，受教育程度是初中的农民工为230人，占比为20.35%，受教育程度是小学及以下的农民工为78人，占比为6.90%。整体上，农民工受教育程度的分布由低到高呈递

---

① 《2018年全国农民工监测调查报告》显示，1980年及以后出生的新生代农民工占农民工总量的51.5%，在新生代农民工中，"80后"占50.4%；"90后"占43.2%。

增趋势。由于本书的个体样本来自企业,这就在很大程度上"屏蔽"了很多低学历的农民工,因此样本农民工的平均学历水平高于同时期国家统计局发布的调查结果①。

(5)农民工是否独生子女:从统计结果看,独生子女农民工为264人,占比为23.36%,非独生子女农民工为866人,占比为76.64%。中国农村社会长久以来就保留着养儿防老和以人多为主的传统思想观念,这就决定了在城农民工大多来自非独生子女家庭的现象并不足为奇。

(6)农民工是否本地人:从统计结果看,本地人为252人,占比为22.30%,非本地人为878人,占比为77.70%。由于本书的调研区域多是全国农民工的主要输入地,因此这种分布情况也符合样本地区的劳动力市场特征。

(7)农民工的风险态度:从统计结果看,风险态度表现为保守型的农民工为344人,占比为30.44%,风险态度表现为中间型的农民工为686人,占比为60.71%,风险态度表现为冒险型的农民工为100人,占比为8.85%。可见,绝大多数农民工在就业中不偏好冒险。

(8)农民工是否熟练使用网络:从统计结果看,能够熟练使用网络的农民工为866人,占比为76.64%,不能熟练使用网络的农民工为264人,占比为23.36%。可见,绝大多数农民工都能熟练运用网络资源,这种分布情况也可能与有效样本的农民工平均受教育程度以及新生代农民工占比较高有关,随着互联网技术的日益普及,手机等网络工具也将在农民工日常工作生活中不可或缺。

(9)农民工的社会交往情况:从统计结果看,社会交往表现为非常不密切的为64人,占比为5.66%,不密切的为120人,占比为10.62%,一般的为418人,占比为36.99%,密切的为404人,占比为35.75%,非常密切的为124人,占比为10.97%。整体而言,将近半数的农民工在城工作时与亲戚、同学、朋友之间的交往比较密切,这与农

---

① 《2018年全国农民工监测调查报告》显示,农民工的平均学历水平为初中,在全部农民工中,初中文化程度占55.8%。

民工之间的工作帮扶、居住结群密不可分。

表 4-1　　　　　　　　　农民工的个人特征

指标	组别	频数	比例(%)	指标	组别	频数	比例(%)
性别	男性	568	50.27	本地人	是	252	22.30
	女性	562	49.73		否	878	77.70
年龄	≤25岁	262	23.19	风险态度	保守型	344	30.44
	26~35岁	592	52.39		中间型	686	60.71
	36~45岁	206	18.23		冒险型	100	8.85
	≥46岁	70	6.19	网络熟练情况	熟练	866	76.64
婚姻状况	已婚	372	32.92		不熟练	264	23.36
	未婚	758	67.08	社会交往	非常不密切	64	5.66
受教育程度	小学及以下	78	6.90		不密切	120	10.62
	初中	230	20.35		一般	418	36.99
	高中	346	30.62		密切	404	35.75
	专科	476	42.12				
独生子女	是	264	23.36				
	否	866	76.64		非常密切	124	10.97

注：结果来自对调研数据的整理及统计。

4.2.1.2　农民工的工作特征

表 4-2 显示了农民工的工作特征统计分布情况。需要说明的是，此处统计的是农民工在调查时点当前工作上的一些特征。

(1) 工作类型：从统计结果看，从事生产类工作的农民工为 308 人，占比为 27.26%，从事服务类工作的农民工为 228 人，占比为 20.18%，从事销售类工作的农民工最多，为 462 人，占比为 40.88%，从事技术类工作的农民工最少，为 132 人，占比为 11.68%。这种分布情况产生的可能原因是，受限于人力资本水平，农民工主要集中在一线生产环节和销售服务岗位。

(2) 工作培训：从统计结果看，接受过用工企业工作培训的农民工为 876 人，占比为 77.52%，没有接受过工作培训的农民工为 254 人，占比为 22.48%。可见，超过七成的农民工接受过用工企业提供的工作培训。在当前"民工荒"和"离职潮"趋势下，用工企业为农民工提供更多培训应当是其直面"招工难"问题的一项应对措施。

（3）工作加班：从统计结果看，经常加班的农民工为 566 人，占比为 50.09%，不经常加班的农民工为 564 人，占比为 49.91%。可见，半数农民工在工作中需要经常加班。

（4）月工资收入：从统计结果看，月工资收入在 3000 元以下的农民工为 258 人，占比为 22.83%，月工资收入在 3000~5000 元的农民工超过半数，为 578 人，占比为 51.15%，月工资收入在 5000~8000 元的农民工为 218 人，占比为 19.29%，月工资收入在 8000 元以上的农民工为 76 人，占比为 6.73%。可见，超过一半的农民工的月工资收入落在 3000 元至 5000 元的区间段，这一分布情况与同时期国家统计局发布的调查结果基本相似[①]。

（5）日工作时长：从统计结果看，每天工作时间在 8 小时以内的农民工最多，为 588 人，占比为 52.04%，每天工作时间在 9~11 小时的农民工为 380 人，占比为 33.62%，每天工作时间在 12 小时以上的农民工为 162 人，占比为 14.34%。可见，半数以上农民工每天的工作时长没有超过 8 小时，但也有将近 15% 的农民工每天的工作时间达到了 12 小时，这可能与他们需要经常加班有关。

（6）劳动合同：从统计结果看，与用人单位签订了书面劳动合同的农民工为 974 人，占比为 86.19%，没有签订书面劳动合同的农民工为 156 人，占比为 13.81%。可见，超过八成的农民工与用人单位之间通过书面合同的形式达成了工作协定。

（7）医疗保险：从统计结果看，享受用人单位医疗保险的农民工为 936 人，占比为 82.83%，不享有用人单位医疗保险的农民工为 194 人，占比为 17.17%。可见，用人单位基本能在一定程度上为农民工提供医疗支出上的帮扶。

---

① 《2018 年全国农民工监测调查报告》显示，农民工的平均月收入为 3721 元。

(8) 入职年限：从统计结果看，入职当前工作的时间在 1 年以下的农民工为 134 人，占比为 11.86%，入职当前工作的时间在 1～3 年的农民工最多，为 444 人，占比为 39.29%，入职当前工作的时间在 3～5 年的农民工为 212 人，占比为 18.76%，入职当前工作的时间在 5 年以上的农民工为 340 人，占比为 30.09%。

表 4-2　　　　　　　　　　农民工的工作特征

指标	组别	频数	比例（%）	指标	组别	频数	比例（%）
工作类型	生产类	308	27.26	日工作时长	≤8 小时	588	52.04
	服务类	228	20.18		9～11 小时	380	33.62
	销售类	462	40.88		≥12 小时	162	14.34
	技术类	132	11.68	劳动合同	是	974	86.19
工作培训	是	876	77.52		否	156	13.81
	否	254	22.48	医疗保险	是	936	82.83
工作加班	是	566	50.09		否	194	17.17
	否	564	49.91	入职年限	1 年以下	134	11.86
月工资收入	3000 元以下	258	22.83		1～3 年	444	39.29
	3000～5000 元	578	51.15		3～5 年	212	18.76
	5000～8000 元	218	19.29		5 年以上	340	30.09
	8000 元以上	76	6.73				

注：结果来自对调研数据的整理及统计。

4.2.1.3　农民工的工作回顾特征

前面描述的是农民工在调查时点当前工作上的一些基本特征。除此之外，本书还调查了农民工参加工作以来的部分历史工作信息，其中包含农民工在第一份工作、第二份工作以及最近一份工作上的一些回顾性信息。

(1) 初始入职时间：由图 4-1 可知，初始入职时间在 1981～1990 年的农民工为 30 人，占比为 2.56%，初始入职时间在 1991～2000 年的农民工为 148 人，占比为 13.10%，初始入职时间在 2001～2010 年的农民工最多，为 551 人，占比为 48.76%，初始入职时间在 2011～2017 年的农民工为 401 人，占比为 35.49%。可以看出，在所得样本中，超过 85% 的农民工是在 2000 年之后开始参加工作的，这与"80 后""90 后"新生代样本占比较多有关，也在一定程度上反映出目前新生代农民工正在成为主力军的事实。

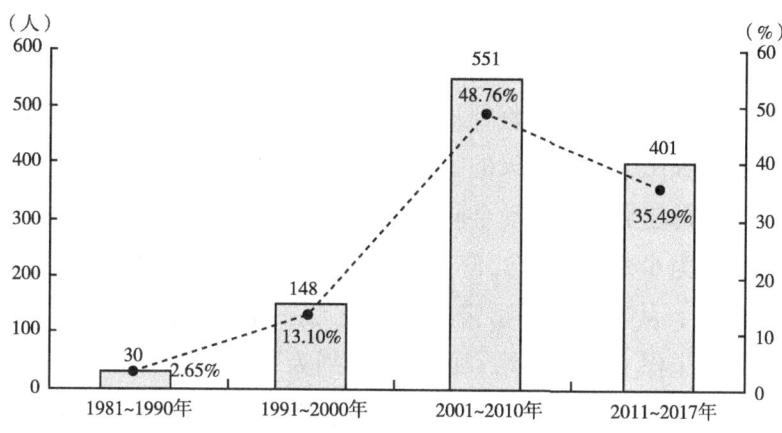

图 4-1　农民工初始入职时间分布

（2）换工个数：由图 4-2 可知，目前尚未发生过换工的农民工为 154 人，占比为 13.63%，有过 1 次换工的农民工为 305 人，占比为 26.99%，有过 2 次、3 次换工的农民工均为 240 人，占比均为 21.24%，有过 4 次换工的农民工为 79 人，占比为 6.99%，有过 5 次换

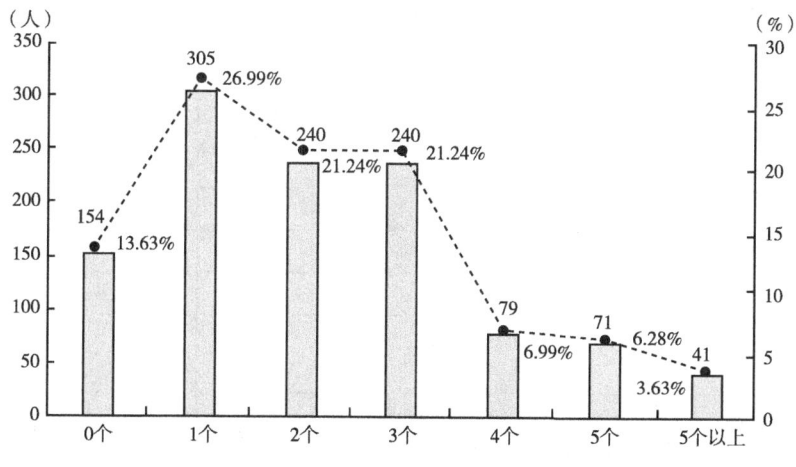

图 4-2　农民工换工个数的分布情况

工的农民工为71人，占比为6.28%，换工个数达到5次以上的农民工为41人，占比为3.63%。此外，样本分析还发现，近2年内有过换工的农民工占比46.73%。可以看出，在所得样本中，86.37%的农民工已经发生过换工，且将近10%的农民工至少发生过5次工作变动，农民工的换工频率较大。

（3）流动特征：利用已经至少发生过3次工作变动且信息完整的个体样本对农民工的流动特征进行统计，如表4-3所示。从日工作时长项来看，农民工平均每天的工作时间为8~9个小时，且随着换工流动呈现缩短的趋势；从劳动合同项来看，第一份工作上具有劳动合同的农民工比例为68%，在第二份工作和最近一份工作比例上分别上升到85%和92%；从工作培训项来看，农民工在第一份工作、第二份工作和最近一份工作上接受过培训的比例分别为57%、77%和86%，农民工接受工作培训的比例随着换工流动而提高；从工作加班项来看，农民工经常加班的比例随着换工流动大致呈现出先降后升的趋势，但整体上有所下降；从医疗保险项来看，农民工享有用人单位医疗保险的比例随着换工流动有所提高；从月工资收入项来看，农民工的工资收入随着换工流动而提升，这种现象不仅源于农民工自身人力资本水平的提升，还可能得益于经济发展水平以及最低工资标准的提升。

表4-3　　　　　　　　　　农民工的流动特征

指标	指标解释	第一份工作	第二份工作	最近一份工作
日工作时长	每天工作小时数	9.55	9.72	8.33
劳动合同	是否与用人单位签订劳动合同：是=1，否=0	0.68	0.85	0.92
工作培训	是否有过工作培训：是=1，否=0	0.57	0.77	0.86
工作加班	是否经常加班：是=1，否=0	0.62	0.41	0.54
医疗保险	用人单位是否提供医疗保险：是=1，否=0	0.77	0.76	0.89
月工资收入	3000元以下=1，3000~5000元=2，5000~8000元=3，8000元以上=4	1.28	2.63	3.21

注：结果来自对调研数据的整理及统计。

4.2.2 企业总体层面特征

表4-4显示的是调查时点农民工所在当前用工企业的一些基本信息,即对样本企业特征的统计。

(1) 企业所属行业类型:从统计结果看,属于住宿餐饮类行业的企业数量为5个,占比为16.67%,该行业的农民工数量为201人,占比为17.79%;属于批发零售类行业的企业数量为5个,占比为16.67%,该行业的农民工数量为209人,占比为18.49%;属于制造类行业的企业数量为14个,占比为46.66%,该行业的农民工数量为520人,占比为46.02%;属于服务销售类行业的企业数量为6个,占比为20.00%,该行业的农民工数量为200人,占比为17.70%。由此可以看出,调查区域内样本企业所属的行业领域主要是制造业,而在住宿餐饮、批发零售以及服务销售领域的分布情况基本相似,且均未超过20%,这与目前农民工主要集聚在制造领域的总体状况相似,也与样本来源相关。

(2) 企业性质:从统计结果看,国有企业数量为3个,占比为10.00%,来自该类企业的农民工数量为124人,占比为10.97%;合资和外资企业数量为17个,占比为56.67%,来自该类企业的农民工数量为656人,占比为58.06%;民营企业数量为10个,占比为33.33%,来自该类企业的农民工数量为350人,占比为30.97%。由此可以看出,调查区域内样本企业是合资或外资形式的超过半数,这与样本地特别是珠三角地区的企业组成结构基本相似。

(3) 企业员工规模:从统计结果看,员工数量规模在100人以下的企业为8个,占比为26.67%,来自该类用工企业的农民工数量为283人,占比为25.04%;员工数量规模在100~300人的企业为9个,占比为30.00%,来自该类用工企业的农民工数量为346人,占比为30.62%;员工数量规模在300~500人的企业为5个,占比为16.66%,来自该类用工企业的农民工数量为227人,占比为20.09%;员工数量规模在 500 人以上的企业为 8 个,占比为 26.67%,来自该类用工企业的农民工数量为 274 人,占比为 24.25%。由此可以看出,调查区域内中等规模企业相对小规模、大规模企业略微偏少,且不同规模等级上用工企业和农民工的分布情况基本相似。

表 4-4　　　　　　　　　　企业总体层面特征

指标	组别	企业总体（N=30）		农民工个体（N=1130）	
		频数	比例（%）	频数	比例（%）
企业所属行业类型	住宿餐饮类	5	16.67	201	17.79
	批发零售类	5	16.67	209	18.49
	制造类	14	46.66	520	46.02
	服务销售类	6	20.00	200	17.70
企业性质	国有企业	3	10.00	124	10.97
	合资和外资企业	17	56.67	656	58.06
	民营企业	10	33.33	350	30.97
企业员工规模	100 人以下	8	26.67	283	25.04
	100~300 人	9	30.00	346	30.62
	300~500 人	5	16.66	227	20.09
	500 人以上	8	26.67	274	24.25

注：结果来自对调研数据的整理及统计。

4.3　核心变量的测量

本部分在于利用相应测量工具对潜变量进行测量及分析,首先,直接利用库伦等（Cullen et al., 2003）修订后的测量量表对组织伦理气氛进行测量,并对测量的有效性进行检验,包括个体层面的信度与效度分析、验证性因素分析、组间平均数信度分析以及组内共识分析；其次,借鉴杨廷钫等（2013）提出的本土化测量量表对农民工工作嵌入及其结构维度（组织嵌入和社区嵌入）进行测量,并对测量的有效性进行检验,包括信度与效度分析、验证性因素分析；再次,直接利用

Mobley（1977）提出的量表测量农民工的职业流动意向，并对测量的有效性进行检验，包括信度与效度分析、验证性因素分析，同时对农民工的职业流动行为进行量化；最后，对组织伦理气氛、工作嵌入与农民工职业流动意向这三个潜变量进行共同方法偏差检验。

4.3.1　组织伦理气氛的测量分析

（1）测量量表。

维克多等（Victor et al.，1987）在提出区分组织伦理气氛类型的同时，开发了组织伦理气氛的测量量表。最初进行理论和实证研究时，维克多等（1987）开发的问卷量表设置了共 36 个指标项目，每一种组织伦理气氛类型都有 4 个描述性指标，并在后续试调查和研究之后得到修正。该组织伦理气氛量表经多次试测后被同一组研究者库伦等（Cullen et al.，2003）所修订，修订后的量表被学者们广泛使用，成为学界用以量化组织伦理气氛的通用性工具。由此，本书直接采用库伦等（2003）修订后的量表对组织伦理气氛进行测量，选取规则、关怀和自利这三个组织伦理气氛类型构成的 11 个题项，通过农民工对企业组织在规则、关怀以及自利导向的伦理气氛的感知进行测量。各个测量题项利用农民工自我报告的方式采用李克特 7 点式计分，非常不同意 =1、不同意 =2、有点不同意 =3、不能确定 =4、有点同意 =5、同意 =6、非常同意 =7，量表如表 4 - 5 所示。

表 4 - 5　　　　　　　　组织伦理气氛的测量量表

类型	编码	测量题项	赋值						
规则型	GZ1	员工遵守公司的规章、规则很重要	1	2	3	4	5	6	7
	GZ2	每个员工都被要求严格遵守公司的规章、规则和程序	1	2	3	4	5	6	7
	GZ3	在公司内，只有遵守公司规则的人才会取得职业成功	1	2	3	4	5	6	7
	GZ4	公司内每位员工都严格遵守公司的规则	1	2	3	4	5	6	7

续表

类型	编码	测量题项	赋值						
关怀型	GH1	公司重视所有员工的整体利益	1	2	3	4	5	6	7
	GH2	追求对于每位员工都有利的情况，是公司努力的方向	1	2	3	4	5	6	7
	GH3	公司希望每位员工总是做对顾客和大众有利的事情	1	2	3	4	5	6	7
	GH4	公司的员工总是先考虑对公司其他人最有利的情况	1	2	3	4	5	6	7
自利型	ZL1	公司内，员工都把个人利益看得很重	1	2	3	4	5	6	7
	ZL2	公司内，员工个人的道德和价值判断是不被重视的	1	2	3	4	5	6	7
	ZL3	公司希望员工为了公司的利益行事可不计结果	1	2	3	4	5	6	7

本部分将利用调研数据，运用 SPSS 20.0 软件、AMOS 23.0 软件以及 HLM 6.08 软件对组织伦理气氛量表测量的有效性进行分析。根据组织伦理气氛的定义和测量工具，本书所指的组织伦理气氛是一个表征企业层面特征的变量，并通过企业内部成员（农民工个体）的感知而获得。因此，首先需要分析个体层面的信度和效度，检验农民工个体对测量题项回答的一致性；其次分析组间平均数信度，检验农民工对题项感知的平均数代替组织伦理气氛的可靠性；最后分析组内共识，检验各个企业农民工回答题项时的共识程度。

(2) 个体层面信度与效度分析。

个体层面信度分析在于判断测量题项的可信程度，一般利用 Cronbach's α 系数进行判断，效度分析则在于判断测量题项在内容和结构上的有效程度。

表 4-6 显示的是组织伦理气氛类型潜变量的信度检验结果。从表 4-6 中可知，规则型组织伦理气氛潜变量的 Cronbach's α 系数为 0.728，Bartlett 球体检验近似卡方值为 2363.083，$p < 0.001$；关怀型组织伦理气氛潜变量的 Cronbach's α 系数为 0.857，Bartlett 球体检验近似卡方值为 4652.189，$p < 0.001$；自利型组织伦理气氛潜变量的 Cronbach's α 系

第4章 数据来源、变量测量与描述性分析

数为 0.752，Bartlett 球体检验近似卡方值为 2708.233，$p < 0.001$。检验结果表明，潜变量的 Cronbach's α 系数均大于 0.7，组织伦理气氛的类型潜变量所设置的测量题项在个体层面具有较高的内部一致性信度水平。

表 4-6　　　　　　　　　　个体层面信度检验结果

潜在变量	Cronbach's α 系数	Bartlett's 球体检验	
规则型组织伦理气氛	0.728	近似卡方值	2363.083
		显著性概率（Sig.）	0.000
关怀型组织伦理气氛	0.857	近似卡方值	4652.189
		显著性概率（Sig.）	0.000
自利型组织伦理气氛	0.752	近似卡方值	2708.233
		显著性概率（Sig.）	0.000

注：结果由 SPSS 20.0 软件输出。

表 4-7 显示的是组织伦理气氛量表的效度检验结果，包括测量题项的因子载荷、T 值以及平均变异抽取量（Average Variance Extracted，AVE）。从表 4-7 中可知，各题项的因子载荷 T 值均通过了显著性检验（一般 T 值大于 2 视为显著），而且计算组织伦理气氛三种类型维度变量的平均变异抽取量（AVE 值）分别为 0.595、0.818 和 0.812，即各个潜变量与其测量题项间共享的变异均大于临界值 0.5，说明同一潜变量下的测量题项在个体层面能有效反映出同一个构念，具有良好的聚合效度水平。

表 4-7　　　　　　　　　　个体层面效度检验结果

变量维度	编码	测量题项	载荷	T 值	AVE
规则型	GZ1	员工遵守公司的规章、规则很重要	0.887	36.225	0.595
	GZ2	每个员工都被要求严格遵守公司的规章、规则和程序	0.958	41.605	
	GZ3	在公司内，只有遵守公司规则的人才会取得职业成功	0.571	21.042	
	GZ4	公司内每位员工都严格遵守公司的规则	0.591	22.186	

续表

变量维度	编码	测量题项	载荷	T值	AVE
关怀型	GH1	公司重视所有员工的整体利益	0.905	48.841	0.818
	GH2	追求对于每位员工都有利的情况，是公司努力的方向	0.949	56.795	
	GH3	公司希望每位员工总是做对顾客和大众有利的事情	0.941	55.608	
	GH4	公司的员工总是先考虑对公司其他人最有利的情况	0.816	38.845	
自利型	ZL1	公司内，员工都把个人利益看得很重	0.880	42.587	0.812
	ZL2	公司内，员工个人的道德和价值判断是不被重视的	0.896	44.477	
	ZL3	公司希望员工为了公司的利益行事可不计结果	0.927	48.560	

注：数据来自 AMOS 23.0 软件运行结果。

(3) 验证性因素分析。

进一步建立验证性因素分析模型检验组织伦理气氛测量题项的合理性，根据验证性因素模型的拟合指标对实际测度指标数据的匹配程度进行判断。根据以往研究成果，常用的拟合指标及其判断标准是：第一，卡方值与自由度之比（χ^2/df），其值越小表示实际测度指标数据的适配度越好，在 AMOS 分析软件中，该值介于 1~3 时可视为实际数据的契合度可以接受（Carmines & McIver，1981）；第二，渐进残差均方和平方根（RMSEA），其值小于 0.08 时表示模型适配程度较好；第三，良适性适配指数（GFI），其值越大表示模型能够解释的实际数据的差异越大，即模型的适配度越高，通用的判断标准是大于 0.9；第四，调整后良适性适配指数（AGFI），判断模型适配的标准与 GFI 指数一样，一般要求 AGFI 值大于 0.9。

利用 AMOS 23.0 软件建立验证性因素分析模型，输出拟合路径如图 4-3 所示。

第4章 数据来源、变量测量与描述性分析

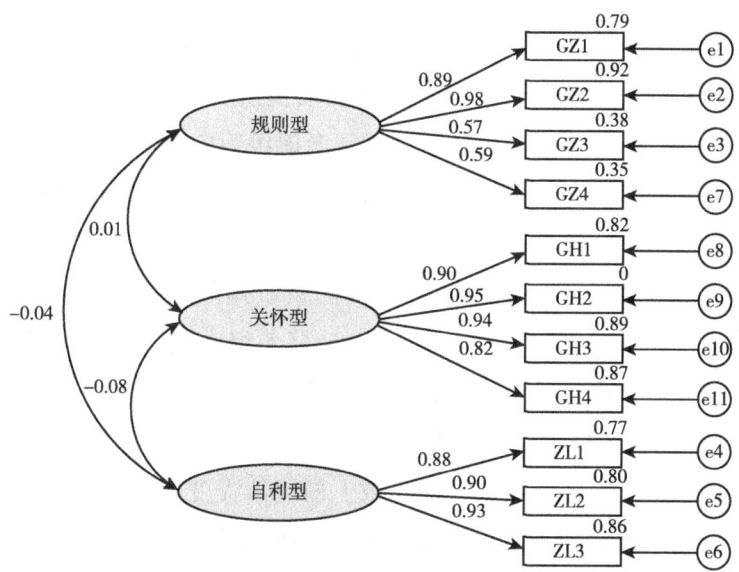

图4-3 验证性因素分析拟合模型

图4-3比较直观地展示了验证性因素分析模型的拟合情况,图中结果报告了各个潜变量之间的相关系数以及测量题项在潜变量上的标准化载荷值,测量题项载荷值同表4-7一致,同时测量题项的因子载荷绝大多数在0.8以上,且在统计上十分显著,说明具有良好的结构效度水平。

表4-8显示的是验证性因素分析模型的拟合指标,从表4-8中可知,各项指标基本达到了理想标准,说明模型的拟合效果比较好。

表4-8 验证性因素分析模型拟合指标

χ^2	df	χ^2/df	GFI	AGFI	NFI	CFI	RMSEA
50.548	41	1.233	0.917	0.866	0.953	0.956	0.011

注:数据来自AMOS 23.0软件运行结果。

(4) 组间平均数信度分析。

在多层研究中,有一种特殊变量称为脉络变量(Contextual Variable),需要通过个体层面解释变量聚合成总体层解释变量获得,而该聚合是指构成组织层次的构念变量由来自个体层次组织成员所回答变量的

结果计算而来。换言之,通过组织成员所回答题项的结果经计算平均数来代表组织变量分数,表示组织成员对该组织变量构念具有相同的看法,亦即这个组织变量构念是所有组织成员所共享(Shared)的意思。要探讨这种聚合方式的有效性,则必须考虑组织内部成员回答研究变量的组内变异与组织之间各平均数的组间变异问题,即个体层次变量聚合成总体层次变量的效度和信度。

组间平均数信度[ICC(2)]是指测量数据的一致性程度,延伸自组内相关系数(ICC),原理在于首先计算各组内成员在某个题项上的得分,然后以组内成员的平均数作为该组分数,进而计算题项的组间变异数(通常视为方差),再除以题项各组间平均数的变异数。ICC(2)反映的是所有组织在组内成员平均数上的可信程度,其值越大,说明用组织成员的平均数代表组织的分数越可以被信赖,在文献上一般以0.7作为判断标准。

表4-9显示的是利用农民工感知到的题项得分平均数代替组织伦理气氛得分的信度检验结果,从表4-9中可知,三种组织伦理气氛类型的组内相关系数(ICC)在0.2以上,说明农民工对测量题项的感知具有相关性,且组间平均数信度ICC(2)均大于0.8,达到了可信标准,说明可以将农民工感知到的题项得分平均数作为组织伦理气氛变量值。

表4-9 组间平均数信度检验结果

组织伦理气氛类型维度	组间变异	组内变异	ICC	ICC(2)
规则型	0.2241	0.7297	0.2350	0.869
关怀型	0.4161	0.9106	0.3136	0.853
自利型	0.3667	0.7652	0.3240	0.829

注:结果由HLM 6.08软件输出。

(5)组内共识分析。

组内共识指标(r_{wg})是指同一组织中,所有组织成员针对单一题项测量分数的共识程度(Agreement),其值越大,代表组内成员的分数彼此之间越相似,类似于传统测量理论中的效度。最早出现r_{wg}的研究将r_{wg}视为信度指标,并以0.7作为判断标准(George,1990)。之后,

提出和发展 r_{wg} 的同一组学者于 1993 年将信度指标修正为共识指标，所以后续研究通常沿用 0.7 作为共识指标的理想水准。共识指标的计算公式为：

$$r_{wg} = 1 - \frac{S^2}{\sigma_{EU}^2} \qquad (4-1)$$

其中，S^2 表示组内的成员回答某一题项得分的变异数，σ_{EU}^2 为假设组内所有成员回答这一题项在没有共识情况下的概率分布，一般假定其分布形态是均等分配（Uniform Distribution）的。假设在没有共识情况下的概率分布为均等分配，也就是假定在某一题项的各选项上的作答人数一样多，因此从统计量上看，σ_{EU}^2 表示所有组织成员都没有共识时的变异数。

通常，一个研究构念会由多个观测变量（题项）进行反映，因此衡量一组研究变量的共识指标计算公式为：

$$r_{wg(J)} = \frac{J\left(1 - \frac{\overline{S}^2}{\sigma_{EU}^2}\right)}{J\left(1 - \frac{\overline{S}^2}{\sigma_{EU}^2}\right) + \frac{\overline{S}^2}{\sigma_{EU}^2}} \qquad (4-2)$$

其中，J 表示题项个数，$\overline{S}^2$ 为 J 个题项变异数的平均值，$r_{wg(J)}$ 即为组织内的成员针对 J 个题项作答的共识程度。通过式（4-2）不难发现，每一个组织都会有 J 个题项的共识指标。

根据上述共识指标的计算原理，本部分以实际调研中来自企业编号为 ID1 的数据为例展示共识指标的计算过程。在 ID1 中，农民工数量为 32，根据调研数据统计农民工在组织伦理气氛的各测量题项上作答分配的平均数、标准差和变异数如表 4-10 所示。在假设无共识作答为均等分配的情况下，由于组织伦理气氛量表采用李克特 7 点计分，则 32 个农民工平均分布在各个题项的 7 个选项上，每个选项会有 4.571 人，由于每个题项的选择项均是 1~7，因此均等分配时各个题项的平均数、标准差和变异数都相等，此时计算平均数为 $4\left[\left(4.571 \times \sum_{x=1}^{7} x\right) \div 32\right]$，标准差为 2.032，变异数为 4.129 $\left[\dfrac{4.571 \times \sum_{x=1}^{7}(x-4)^2}{32-1}\right]$。因此，根据式（4-2）可以计算出该企业农民工在规则型、关怀型和自利型组织伦理气氛上的共识指标 $r_{wg(J)}$，结果如表4-10所示。

表4-10　　　　　组织伦理气氛的共识指标（ID1）

类型	题项编码	农民工数	测量值			均等分配		$r_{wg(J)}$
			平均数	标准差	变异数	平均数	变异数	
规则型	GZ1	32	5.625	1.561	2.437	4	4.129	0.819
	GZ2	32	5.750	1.270	1.613	4	4.129	
	GZ3	32	5.313	1.635	2.673	4	4.129	
	GZ4	32	5.563	1.014	1.028	4	4.129	
关怀型	GH1	32	3.625	1.571	2.467	4	4.129	0.789
	GH2	32	3.813	1.379	1.901	4	4.129	
	GH3	32	3.500	1.694	2.869	4	4.129	
	GH4	32	3.875	1.143	1.307	4	4.129	
自利型	ZL1	32	3.813	1.203	1.447	4	4.129	0.805
	ZL2	32	4.438	1.684	2.836	4	4.129	
	ZL3	32	4.563	1.966	3.865	4	4.129	

注：结果根据调研数据进行统计和计算得来。

同理，其他样本企业农民工对组织伦理气氛量表的共识指标也可以利用调研数据进行一一计算，汇总结果如表4-11所示。

表4-11　　　　　　共识指标计算结果

企业编号	个体数	均等分配的选项人数	均等分配的变异数	$R_{wg(J1)}$ 规则型	$R_{wg(J2)}$ 关怀型	$R_{wg(J3)}$ 自利型
ID1	32	4.571	4.129	0.819	0.789	0.805
ID2	36	5.143	4.114	0.880	0.875	0.843
ID3	32	4.571	4.129	0.838	0.885	0.808
ID4	32	4.571	4.129	0.897	0.867	0.807
ID5	26	3.714	4.160	0.901	0.810	0.801
ID6	39	5.571	4.105	0.860	0.824	0.773
ID7	32	4.571	4.129	0.878	0.850	0.804
ID8	34	4.857	4.121	0.965	0.878	0.778
ID9	46	6.571	4.089	0.946	0.831	0.708

续表

企业编号	个体数	均等分配的选项人数	均等分配的变异数	$R_{wg(J)}$ 规则型	$R_{wg(J)}$ 关怀型	$R_{wg(J)}$ 自利型
ID10	44	6.286	4.093	0.935	0.798	0.734
ID11	27	3.857	4.154	0.898	0.809	0.797
ID12	34	4.857	4.121	0.877	0.933	0.877
ID13	39	5.571	4.105	0.944	0.824	0.754
ID14	46	6.571	4.089	0.864	0.850	0.828
ID15	46	6.571	4.089	0.934	0.816	0.789
ID16	40	5.714	4.103	0.895	0.931	0.898
ID17	46	6.571	4.089	0.888	0.965	0.948
ID18	48	6.857	4.085	0.887	0.836	0.806
ID19	32	4.571	4.129	0.890	0.834	0.811
ID20	24	3.429	4.174	0.880	0.861	0.830
ID21	32	4.571	4.129	0.838	0.885	0.806
ID22	40	5.714	4.103	0.886	0.921	0.879
ID23	47	6.714	4.087	0.885	0.835	0.808
ID24	39	5.571	4.105	0.860	0.823	0.772
ID25	32	4.571	4.129	0.882	0.852	0.810
ID26	34	4.857	4.121	0.955	0.867	0.768
ID27	46	6.571	4.089	0.846	0.838	0.729
ID28	46	6.571	4.089	0.937	0.800	0.738
ID29	33	4.714	4.125	0.939	0.826	0.778
ID30	46	6.571	4.089	0.867	0.851	0.825

注：结果根据调研数据进行统计和计算得来。

由表4-11可知，农民工感知到的规则型、关怀型和自利型组织伦理气氛在30个样本企业中的$r_{wg(J)}$值均大于0.7。其中，规则型组织伦理气氛的$r_{wg(J)}$值最小为0.819，最大为0.965，关怀型组织伦理气氛的$r_{wg(J)}$值最小为0.789，最大为0.965，自利型组织伦理气氛的$r_{wg(J)}$值最小为0.708，最大为0.948。结果表明，各样本企业中的农民工对组织伦理气氛类型测量题项的回答具有较高的共识性。

综上所述，在不同企业中，农民工在规则、关怀以及自利方面的伦理准则知觉或体验具有较高的一致性，而同一企业农民工对这些伦理准则的感知又具有共识性，因此规则型、关怀型以及自利型组织伦理气氛普遍并存于企业组织，且可以通过农民工的感知获得。

4.3.2　工作嵌入的测量分析

(1) 测量量表

Mitchell 等（2001）对工作嵌入进行了多维构念的同时，还根据个体与组织、社区的依附关系开发了由 40 个题项构成的工作嵌入测量量表，该量表作为工作嵌入的基础性测量工具，具有良好的信度和效度水平，被后续研究广泛使用和证实。Lee 等（2004）对 Mitchell 等（2001）的量表进行了修订，分别测量组织嵌入和社区嵌入。Cunningham 和 Crossley（2007）进一步简化了 Mitchell 等（2001）的量表，认为工作嵌入既可整体测量也可组合测量。梁小威（2005）在翻译 Mitchell 等（2001）量表的基础上对其进行了修正，设计和检验了针对中国企业员工的工作嵌入量表。之后，杨廷钫等（2013）基于 Mitchell 等（2001）的量表，设计了针对农民工的 32 题项量表，经检验，其有效性与 Mitchell 等（2001）量表具有一致性。杨廷钫等（2013）设计的量表是在 Mitchell 等（2001）量表上经过修订和检验形成，可进行整体测量和组合测量，且充分融合了中国情境下的农民工特征。

本书借鉴杨廷钫等（2013）提出的比较成熟的本土化量表测量农民工工作嵌入，经预调研和正式调研的反馈情况与有效性检验，对原始量表（见附录）进行了适当修订：第一，修改部分测量题项的表述，且确保题项表述简单易懂，容易被农民工所理解；第二，尽量规避题项间的交叉模糊，如删除了题项"虽然是外地人，但我与许多本地人成为朋友"，避免与题项"在现在居住的地方，我有许多亲密的朋友"的交叉；第三，删除个别不适用的题项，如删除了"我在组织中得到的晋升机会非常多"这一不太适用于低技能劳动者的条目，且与其他题项有所交叉，以及删除了"在生活的社区里，我可以找到合适的婚姻机会"这一不适用于已婚农民工的条目。最终形成如表4-12所示的农民工工作嵌入测量量表。

在如表4-12所示的农民工工作嵌入测量量表中,根据工作嵌入的结构性构念,组织匹配、组织联结和组织牺牲构成了组织嵌入,而社区匹配、社区联结和社区牺牲构成了社区嵌入。各个测量题项均利用农民工自我报告的方式采用李克特5点式计分,非常不同意=1、不同意=2、不同意也不反对=3、同意=4、非常同意=5。

表4-12　　　　　　　　农民工工作嵌入的测量量表

构念维度	编码	测量题项	赋值				
组织匹配	ZZ1	我对职业成长和发展感觉良好	1	2	3	4	5
	ZZ2	这家单位的管理方式比较人性化	1	2	3	4	5
	ZZ3	在这家单位工作,我可以实现我的职业目标	1	2	3	4	5
	ZZ4	我能通过工作学到很多有用的技能和知识	1	2	3	4	5
	ZZ5	这是我很喜欢的工作	1	2	3	4	5
	ZZ6	在单位中,我感觉自己是有价值的	1	2	3	4	5
	ZZ7	单位很照顾员工的利益	1	2	3	4	5
组织联结	ZZ8	我与同事经常联系,建立了良好的人际关系	1	2	3	4	5
	ZZ9	单位同事非常信任我	1	2	3	4	5
	ZZ10	单位为我提供了与外界接触的机会和平台	1	2	3	4	5
	ZZ11	我认可上级的领导风格和方式	1	2	3	4	5
	ZZ12	单位同事或上级领导非常尊重我	1	2	3	4	5
	ZZ13	我可以从同事那里得到许多工作上有益的指导和帮助	1	2	3	4	5
组织牺牲	ZZ14	在单位中我能得到与工作能力相当的回报	1	2	3	4	5
	ZZ15	我在本单位有良好的发展前景,换另一家不一定如此	1	2	3	4	5
	ZZ16	单位给我的工资待遇是非常不错的	1	2	3	4	5
社区匹配	SQ1	我非常喜欢所在社区的生活氛围	1	2	3	4	5
	SQ2	我觉得我与居住的社区非常匹配	1	2	3	4	5
	SQ3	我觉得现在住的地方就像家一样	1	2	3	4	5
	SQ4	社区能够提供我非常喜欢的休闲活动	1	2	3	4	5
	SQ5	我可以接受目前社区中的生活成本或生活开支	1	2	3	4	5
	SQ6	我的居住条件是不错的	1	2	3	4	5

续表

构念维度	编码	测量题项	赋值				
社区联结	SQ7	在现在居住的地方，我有许多亲密的朋友	1	2	3	4	5
	SQ8	周边有许多朋友可以提供各种有用的信息	1	2	3	4	5
	SQ9	遇到困难时，周围会有许多朋友来帮助我	1	2	3	4	5
社区牺牲	SQ10	在这里生活比家乡更能增长见识和才干	1	2	3	4	5
	SQ11	现在感觉老家的生活已经不太适合我了	1	2	3	4	5
	SQ12	我享有与本地社区居民相同的社会福利，如医疗、养老福利	1	2	3	4	5
	SQ13	离开现在生活的地方是非常困难的一件事情	1	2	3	4	5

（2）信度与效度分析。

本部分利用调研数据，运用 SPSS 20.0 软件以及 AMOS 23.0 软件对农民工工作嵌入量表进行信度与效度分析。

表 4-13 显示的是工作嵌入及其结构维度潜变量的信度检验结果。从表 4-13 中可知，工作嵌入潜变量的 Cronbach's α 系数为 0.847，Bartlett 球体检验近似卡方值为 11021.108，$p < 0.001$；组织嵌入潜变量的 Cronbach's α 系数为 0.852，Bartlett 球体检验近似卡方值为 5942.084，$p < 0.001$；社区嵌入潜变量的 Cronbach's α 系数为 0.742，Bartlett 球体检验近似卡方值为 3126.401，$p < 0.001$。检验结果表明，工作嵌入及其结构维度潜变量的 Cronbach's α 系数均大于 0.7，其对应的测量题项具有较高的内部一致性信度水平。

表 4-13　　　　　　　　　　信度检验结果

潜在变量	Cronbach's α 系数	Bartlett's 球体检验	
工作嵌入	0.847	近似卡方值	11021.108
		显著性概率（Sig.）	0.000
组织嵌入	0.852	近似卡方值	5942.084
		显著性概率（Sig.）	0.000
社区嵌入	0.742	近似卡方值	3126.401
		显著性概率（Sig.）	0.000

注：结果由 SPSS 20.0 软件输出。

表4-14显示的是工作嵌入量表的效度检验结果,包括测量题项的因子载荷、T值以及平均变异抽取量(Average Variance Extracted, AVE)。限于篇幅,效度分析部分只汇报工作嵌入分维度的检验结果。

表4-14 效度检验结果

变量维度	编码	测量题项	载荷	T值	AVE
组织嵌入	ZZ1	我对职业成长和发展感觉良好	0.921	17.224	0.611
	ZZ2	这家单位的管理方式比较人性化	0.930	17.231	
	ZZ3	在这家单位工作,我可以实现我的职业目标	0.908	16.986	
	ZZ4	我能通过工作学到很多有用的技能和知识	0.695	13.617	
	ZZ5	这是我很喜欢的工作	0.873	16.524	
	ZZ6	在单位中,我感觉自己是有价值的	0.755	14.472	
	ZZ7	单位很照顾员工的利益	0.723	13.944	
	ZZ8	我与同事经常联系,建立了良好的人际关系	0.740	13.938	
	ZZ9	单位同事非常信任我	0.812	15.105	
	ZZ10	单位为我提供了与外界接触的机会和平台	0.603	11.675	
	ZZ11	我认可上级的领导风格和方式	0.702	13.268	
	ZZ12	单位同事或上级领导非常尊重我	0.956	17.233	
	ZZ13	我可以从同事那里得到许多工作上有益的指导和帮助	0.854	15.880	
	ZZ14	在单位中我能得到与工作能力相当的回报	0.714	13.514	
	ZZ15	我在本单位有良好的发展前景,换另一家不一定如此	0.736	14.122	
	ZZ16	单位给我的工资待遇是非常不错的	0.638	12.246	
社区嵌入	SQ1	我非常喜欢所在社区的生活氛围	0.725	8.054	0.693
	SQ2	我觉得我与居住的社区非常匹配	0.698	7.835	
	SQ3	我觉得现在住的地方就像家一样	0.768	8.638	
	SQ4	社区能够提供我非常喜欢的休闲活动	0.747	8.414	
	SQ5	我可以接受目前社区中的生活成本或生活开支	0.927	10.089	
	SQ6	我的居住条件是不错的	0.924	10.054	
	SQ7	在现在居住的地方,我有许多亲密的朋友	0.825	7.674	
	SQ8	周边有许多朋友可以提供各种有用的信息	0.969	10.805	

续表

变量维度	编码	测量题项	载荷	T值	AVE
社区嵌入	SQ9	遇到困难时，周围会有许多朋友来帮助我	0.885	9.628	0.693
	SQ10	在这里生活比家乡更能增长见识和才干	0.846	9.332	
	SQ11	现在感觉老家的生活已经不太适合我了	0.745	8.394	
	SQ12	我享有与本地社区居民相同的社会福利，如医疗、养老福利	0.886	9.701	
	SQ13	离开现在生活的地方是非常困难的一件事情	0.828	9.279	

注：数据来自 AMOS 23.0 软件运行结果，限于篇幅，只汇报了工作嵌入分维度的检验结果。

从表4-14可知，各题项的因子载荷 T 值均通过了显著性检验（一般 T 值大于2视为显著），而且计算组织嵌入和社区嵌入这两个结构性潜变量的平均变异抽取量（AVE）分别为0.611和0.693，即潜变量与其测量题项间共享的变异均大于临界值0.5，说明同一变量下的测量题项均能有效反映出同一个构念，具有良好的聚合效度水平。

(3) 验证性因素分析。

进一步建立验证性因素分析模型检验工作嵌入测量量表的结构效度，根据验证性因素模型的拟合指标对实际测度指标数据的匹配程度进行判断。常用的拟合指标及其判断标准同4.3.1小节。利用 AMOS 23.0 软件建立验证性因素分析模型，导入数据输出拟合路径如图4-4所示。限于篇幅，只展示工作嵌入分维度的验证性因素分析拟合模型。

图4-4比较直观地展示了验证性因素分析模型的拟合情况，图中结果报告了结构变量之间的相关系数以及测量题项在各结构变量上的标准化载荷值，题项载荷值同表4-14一致，测量题项的因子载荷基本大于0.7，且在统计上十分显著，说明具有良好的结构效度水平。

表4-15显示的是验证性因素分析模型拟合指标，从表4-15中可知，各项指标基本达到了理想标准，说明模型的拟合效果比较好。

第4章 数据来源、变量测量与描述性分析

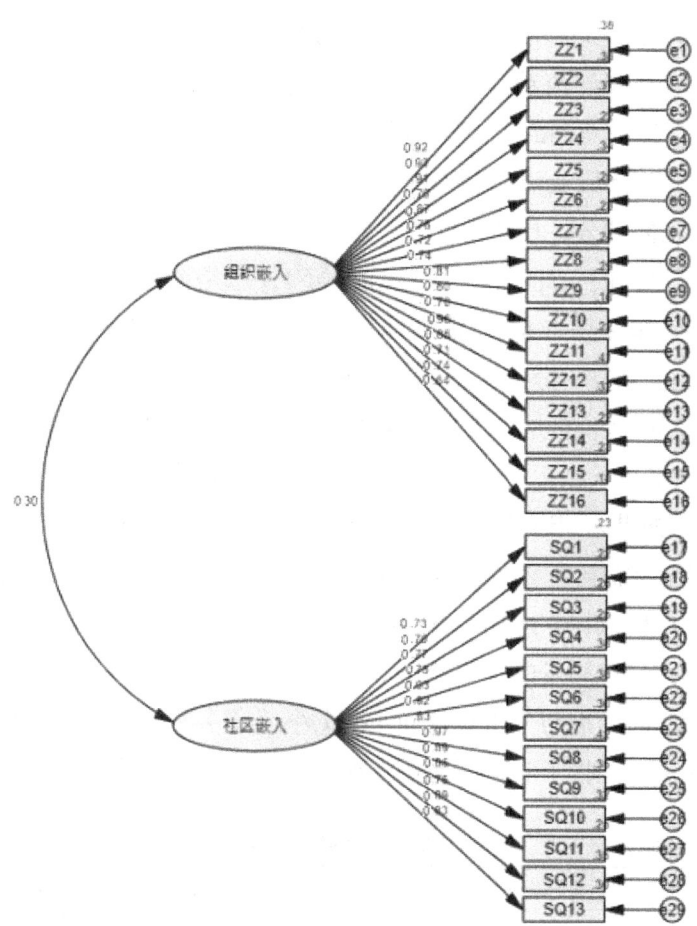

图4-4 验证性因素分析拟合模型示意图

表4-15　　　　　　验证性因素分析模型拟合指标

χ^2	df	χ^2/df	GFI	AGFI	NFI	CFI	RMSEA
514.626	376	1.369	0.918	0.906	0.908	0.913	0.017

注：数据来自 AMOS 23.0 软件运行结果。

4.3.3 农民工职业流动的测量分析

（1）农民工职业流动意向的测量及分析。

职业流动意向着重指农民工发生实际流动行为前的心理状况，表示

103

农民工离职的倾向程度，很多研究也用职业流动意向作为预测职业流动行为的代理变量。流动话题通常具有一定的敏感性，为了避免单个题项衡量农民工离职意向的偏差，本书利用 Mobley（1977）提出的 5 题项量表测量农民工的职业流动意向。量表的测量题项按照程度关系采用李克特 5 点法正向计分，具体为：您是否考虑过辞去现在的工作（从未 =1，很少 =2，有时候 =3，经常 =4，总是 =5）；您是否想过寻求一份其他相同性质的工作（从未 =1，很少 =2，有时候 =3，经常 =4，总是 =5）；您是否想过寻求一份其他不同性质的工作（从未 =1，很少 =2，有时候 =3，经常 =4，总是 =5）；您认为现在的工作能力，找到新的合适工作的可能性（1 = 极不可能，2 = 不可能，3 = 很难说，4 = 有可能，5 = 很有可能）；如果您知道某个公司有适合您的招聘信息，您愿意去应聘的可能性（极不可能 =1，不可能 =2，很难说 =3，有可能 =4，很有可能 =5）。

利用调研数据，运用 SPSS 20.0 软件以及 AMOS 23.0 软件检验农民工离职意向量表测量的信度指标、效度指标以及验证性因素分析模型，具体指标判断标准与分析过程同 4.3.1 小节和 4.3.2 小节，不再赘述。

表 4 - 16 汇报了农民工职业流动意向测量量表的信度及效度指标。

表 4 - 16　　　　　　　　　信度与效度检验结果

编码	测量题项	载荷	T 值	信度	AVE
YX1	您是否考虑过辞去现在的工作	0.869	17.91	0.856	0.671
YX2	您是否想过寻求一份其他相同性质的工作	0.801	12.04		
YX3	您是否想过寻求一份其他不同性质的工作	0.799	11.81		
YX4	您认为现在的工作能力，找到新的合适工作的可能性	0.756	8.42		
YX5	如果您知道某个公司有适合您的招聘信息，您愿意去应聘的可能性	0.732	7.38		

注：数据来自 SPSS 20.0 软件和 AMOS 23.0 软件的输出结果。

由表 4 - 16 的检验结果可知，农民工职业流动意向的测量量表信度（Cronbach's α 系数）为 0.856，大于文献通常要求的 0.7，说明所采用的测量量表具有较高的内部一致性信度水平。同时，各测量题项的因子载荷系数在 0.7 以上，T 值均通过了显著性检验（一般 T 值大于 2 视为显著），而且平均变异抽取量（AVE）为 0.671，即农民工职业流动意向与其测量题项间共享的变异大于临界值 0.5，说明测量题项能有效反映出同一个构念，具有良好的聚合效度水平。

利用 AMOS 23.0 建立验证性因素分析模型，输出拟合模型如图 4-5 所示。拟合模型中测量题项的标准化载荷值均大于 0.7，同表 4-16 一致，且在统计上十分显著，说明具有良好的结构效度水平。

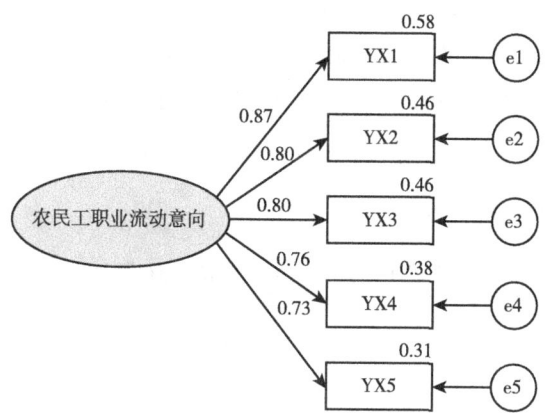

图 4-5 验证性因素分析拟合模型

表 4-17 显示了农民工职业流动意向验证性因素分析模型的拟合指标，从表 4-17 中可知，各项指标基本达到了理想标准，说明模型具有较佳的拟合效果。

表 4-17　　　　　　　　验证性因素分析模型拟合指标

χ^2	df	χ^2/df	GFI	AGFI	NFI	CFI	RMSEA
433.559	213	2.035	0.952	0.938	0.961	0.963	0.027

注：数据来自 AMOS 23.0 软件运行结果。

（2）农民工职业流动行为的量化。

职业流动行为指农民工与用工企业解除工作关系的实际行动，意味着雇佣关系的彻底终结。本书结合初次调查与后续回访情况观察农民工是否发生了离职行为，将职业流动行为定义为一个二值变量，如果回访时农民工已经离开原有用工企业则赋值为 1，如果回访时农民工还没有离开原有用工企业则赋值为 0。农民工流动的影响因素较多，有来自农民工个体层面的因素，如年龄、受教育程度、风险偏好、收入水平以及工作强度等，也有来自企业组织层面的因素，如企业规模、企业性质以及组织氛围等。后面将在描述农民工流动状况的基础之上，对农民工流动行为进行量化研究。

(3) 农民工职业流动意向和行为的交互分析。

从表4-18的交互描述结果来看，农民工职业流动意向与行为的交互分析通过了方差检验和非参数检验，说明农民工的职业流动意向程度在已离职和未离职这两个群组间存在显著差异。同时，相比未离职农民工，已离职农民工的离职意向均值更高，说明农民工的职业流动意向与其行为基本具有一致性，这就在一定程度上意味着职业流动意向可以作为农民工职业流动行为的先行"预测者"。

表4-18　　　　农民工流动意向与行为的交互描述

变量	已离职		未离职		F值	卡方值
	均值	标准差	均值	标准差		
离职意向	3.3115	0.6016	2.6435	0.5822	318.739***	408.257***

注：结果由SPSS 20.0软件输出，***表示在1%的统计水平上显著。

由图4-6描绘的核密度曲线可知，相比未离职农民工，已离职农民工的职业流动意向核密度曲线向右平移，且高职业流动意向农民工的比重明显增加，说明已离职农民工的职业流动意向程度明显高于未离职者。

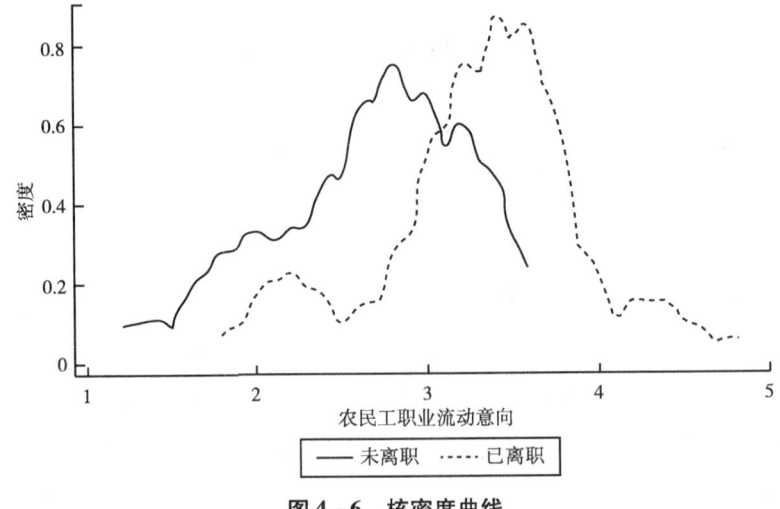

图4-6　核密度曲线

4.3.4 共同方法偏差检验

本书涉及多个潜变量,包括组织伦理气氛、工作嵌入以及农民工职业流动意向,且这些潜变量的测量题项是由同一个被调查者填写报告,因此不可避免地需要考虑可能存在的同源方差(Common Method Variance)问题。换言之,由于多个潜变量均来自同一被调查者填写的问卷,因此需要对可能存在的共同方法偏差(Common Method Bias)予以检验。根据以往文献经验,本部分采用两种方式检验共同方法偏差的影响。

第一,依据 Harman 单因子检验方法,利用所有潜变量的测量题项进行探索性因子分析。结果显示,旋转前共有 10 个主因子的特征根大于 1,而第一个主因子解释了 21.479% 的变异量,不仅小于 40% 的阈值,而且没有占到总变异解释(65.121%)的大部分。同时,表 4-19 显示 Harman 单因子模型的拟合情况并不理想,未达到可接受标准。检验结果表明,组织伦理气氛、工作嵌入与农民工离职意向的测量工具之间的共同方法偏差问题不严重。

第二,采用潜在公共方法因子检验方法,允许所有测量题项不仅可以负荷所属的理论因子,还可以负荷潜在公共方法因子,以此建立的模型如果明显优于理论模型,则说明存在比较严重的共同方法偏差问题。其中,理论模型中测量题项只依附于理论因子,与各测量量表一致。从表 4-19 的模型拟合结果来看,潜在公共方法因子模型的拟合情况并不明显优于理论模型。检验结果依然表明,组织伦理气氛、工作嵌入与农民工离职意向的测量工具受共同方法偏差的影响较弱。

表 4-19　　　　　　　　　　模型拟合指标

变量	χ^2/df	CFI	NFI	GFI	RMSEA
Harman 单因子模型	17.184	0.767	0.685	0.522	0.278
理论模型	2.142	0.941	0.933	0.872	0.069
潜在公共方法因子模型	2.068	0.846	0.824	0.849	0.081

注:数据来自 AMOS 23.0 软件运行结果。

4.4 农民工职业流动意向的描述性分析

前面分析发现，组织伦理气氛、工作嵌入与农民工职业流动意向这三个潜在变量的测量均有效，且受共同方法偏差的影响较弱。本部分首先分析农民工离职意向的基本状况，然后对组织伦理气氛、工作嵌入与农民工职业流动意向进行描述分析，以便观察它们之间的定性关系。

4.4.1 农民工职业流动意向状况

表4-20汇报了农民工职业流动意向的描述情况，从表4-20中可知，农民工的离职意向均值为2.8598，且在不同分组描述下的方差检验和非参数检验均达到了显著性水平，说明农民工职业流动意向由于不同的换工经历、区域、行业以及代际存在明显差异。

表4-20　　　　　　农民工职业流动意向描述

变量		N	均值	标准差	极小值	极大值	F值	卡方值
总体样本		1130	2.8598	0.6663	1.20	4.80		
换工经历	没有换工经历	154	3.1143	0.6097	2.00	4.40	9.563***	81.158***
	有过1次换工经历	305	2.8216	0.5909	1.20	4.20		
	有过1次以上换工经历	671	2.8199	0.7087	1.20	4.80		
区域分组	珠三角地区	711	2.9169	0.6589	1.20	4.80	12.014***	48.663***
	中部地区	171	2.8578	0.6671	1.20	4.80		
	东北地区	248	2.7836	0.6688	1.20	4.40		
行业分组	制造业	520	2.9815	0.7092	1.20	4.80	10.530***	128.725***
	住宿餐饮业	201	2.7134	0.6559	1.20	3.80		
	批发零售业	209	2.8402	0.5743	1.40	4.40		
	服务销售业	200	2.7150	0.6402	1.20	4.40		

续表

	变量	N	均值	标准差	极小值	极大值	F值	卡方值
代际分组	"80后"之前	228	2.6404	0.6590	1.20	4.20	17.343***	181.916***
	"80后"	486	2.8815	0.6476	1.20	4.80		
	"90后"	416	2.9548	0.6662	1.20	4.40		

注：结果由SPSS 20.0软件输出，***表示在1%的统计水平上显著；珠三角地区包括广州、东莞和深圳，中部地区包括长沙和郑州，东北地区包括沈阳和鞍山。

根据表4-20可知：

第一，农民工在首份工作上的职业流动意向程度最大，随着换工经历的增加，农民工职业流动意向程度会下降。没有换工经历农民工的职业流动意向均值为3.1143，远高于整体平均水平，有过1次换工经历农民工的职业流动意向均值下降到2.8216，而有过1次以上换工经历农民工的职业流动意向均值继续下降到2.8199，可见农民工的职业流动意向程度随换工经历的增加呈现出递减趋势。

第二，农民工的职业流动意向程度在区域上自南向北呈递减趋势。珠三角地区农民工的职业流动意向均值最大，为2.9169，中部地区农民工职业流动意向均值下降到2.8578，而东北地区农民工职业流动意向均值最小，为2.7836。

第三，制造业农民工的职业流动意向程度最大。制造业农民工的职业流动意向均值最大，为2.9815，而住宿餐饮业、批发零售业和服务销售业农民工的职业流动意向均值都在平均水平以下。

第四，相比老一代，新生代农民工的职业流动意向程度更大。"80后"之前的老一代农民工职业流动意向均值为2.6040，低于整体平均水平，而新生代农民工的职业流动意向均值高于平均水平，其中"90后"的职业流动意向均值最高，达到2.9548。

为了更加直观地展示农民工职业流动意向的基本状况，利用Stata 15.0输出农民工职业流动意向的核密度函数曲线如图4-7所示。

观察图4-7可知：第一，从换工经历分组来看，随着换工经历的增加，农民工职业流动意向的核密度曲线向左移动，没有换工经历农民工的职业流动意向比有过1次换工经历农民工的职业流动意向高，而有

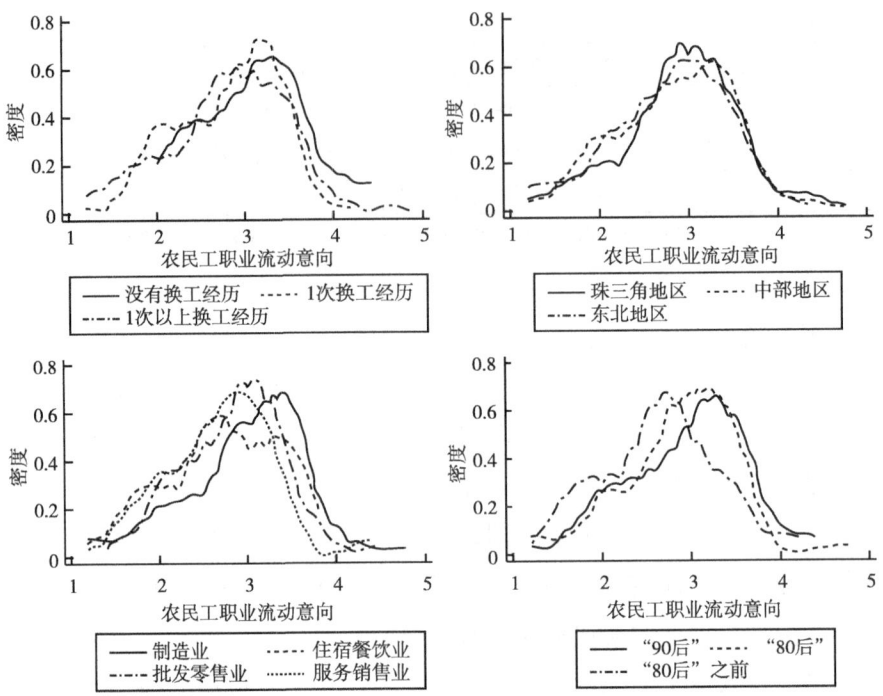

图4-7 农民工职业流动意向的核密度函数曲线

过1次换工经历农民工的职业流动意向比有过1次以上换工经历农民工的职业流动意向高,说明农民工在首份工作上的职业流动心理倾向程度较大,且职业流动意向程度会随换工经历而下降;第二,从区域分组来看,农民工职业流动意向的核密度曲线虽然在不同地区的移动趋势不明显,但也不难发现,高职业流动意向农民工在珠三角地区的占比较之其他地区多,而低职业流动意向农民工在其他地区的占比较之珠三角地区多,农民工的职业流动意向程度总体上自南向北递减;第三,从行业分组来看,农民工职业流动意向的核密度曲线大致随"制造业—批发零售业—服务销售业—住宿餐饮业"的顺序向左移动,说明制造行业农民工的职业流动意向较之其他行业高;第四,从代际分组来看,农民工职业流动意向的核密度曲线随代际变化呈现出明显的平移趋势,而且"90后"的职业流动意向比"80后"高,"80后"的职业流动意向比"80后"之前高,整体上以"80后""90后"为代表的新生代农民工的职业流动意向程度较老一代更高。

农民工职业流动意向程度可能由于其个体层面特征不同而存在差异。表4-21显示的是农民工个体层面特征与其职业流动意向的描述统计情况。

表4-21　个体层面特征与农民工职业流动意向的描述统计

指标	组别	均值	标准差	指标	组别	均值	标准差
性别	男性	2.89	0.69	工作培训	是	2.93	0.70
	女性	2.83	0.66		否	2.84	0.66
年龄	≤25岁	3.03	0.55	工作加班	是	2.84	0.69
	26~35岁	2.86	0.72		否	2.88	0.65
	36~45岁	2.77	0.63	月工资收入	3000元以下	2.77	0.72
	≥46岁	2.47	0.60		3000~5000元	2.91	0.63
婚姻状况	已婚	2.83	0.66		5000~8000元	2.99	0.69
	未婚	2.93	0.68		8000元以上	2.44	0.55
受教育程度	小学及以下	2.34	0.65	日工作时长	≤8小时	2.89	0.68
	初中	2.68	0.76		9~11小时	2.79	0.68
	高中	2.94	0.62		≥12小时	2.90	0.60
	专科	2.97	0.61	劳动合同	是	2.87	0.68
独生子女	是	2.85	0.67		否	2.77	0.62
	否	2.90	0.69	医疗保险	是	2.73	0.68
本地人	是	2.75	0.61		否	2.89	0.67
	否	2.89	0.69	入职年限	1年以下	2.82	0.68
风险态度	保守型	2.83	0.73		1~3年	2.94	0.66
	中间型	2.87	0.64		3~5年	2.88	0.68
	冒险型	2.89	0.71		5年以上	2.79	0.66

注：结果根据调研数据由Stata 15.0软件输出。

由表4-21可知，男性的职业流动意向均值为2.89，略高于女性的2.83，可能说明男性承担着家里的主要经济责任，更加希望通过换工获得更好的工作。随着分组年龄的增大，农民工职业流动意向均值逐渐减小，可见年轻者的职业流动意向普遍高于年长者，这可能是因为年轻人工龄短，他们大多希望通过工作流动来寻找较佳的职业匹配或体验。未婚者的平均职业流动意向高于已婚者，未婚者牵挂相对少，自由流动的空间较大，容易产生离职想法。相比非独生子女，独生子女的平均职业流动意向较弱。本地人的平均职业流动意向比外地人弱。冒险型农民工的职业流动意向程度较高。接受过工作培训的农民工平均职业流动意向较高,可能是缘于技能资本增加了他们的工作期望。经常加班的农民工平均职业流动意向较弱,可能的原因是他们可以获得相应的加班补偿。农民工的平均职业流动意向随月工资收入呈先升后降的趋势,月工资收入为3000元以下组的平均职业流动意向是2.77,月工资收入为5000~8000元组的平均职业流动意向上升到2.99,月工资收入为8000元以上组的平均职业流动意向迅速降至2.44,这可能反映了农民工并不是盲目地追求高收入,还会关注其他方面。农民工的平均职业流动意向随日工作时间呈先降后升的趋势,日工作时间在8小时以内组的平均职业流动意向是2.89,日工作时间为9~11小时组的平均职业流动意向下降至2.79,日工作时间达到12小时后平均职业流动意向上升至2.90。与用人单位签订劳动合同组的平均职业流动意向为2.87,高于未签订劳动合同组的2.77。享有医疗保险组的平均职业流动意向为2.73,低于不具有医疗保险组的2.89。农民工的平均职业流动意向随入职年限呈先升后降的趋势,入职1~3年组的平均职业流动意向最高,达到2.94,入职5年以上组的平均职业流动意向下降至2.79,可能的原因在于农民工并不是一入职就会产生离职想法,其离职冲动会在入职后一段时间最为强烈,但达到一定工作年限之后就会趋于稳定。

同时,用工企业的总体层面特征也可能会导致农民工职业流动意向程度差异。表4-22显示的是企业层面特征与农民工职业流动意向的描述统计情况。

表4-22　企业层面特征与农民工职业流动意向的描述统计

指标	组别	个体数	均值	标准差	最小值	最大值
企业性质	国有企业	124	2.62	0.57	1.40	3.80
	合资和外资企业	656	2.82	0.69	1.20	4.80
	民营企业	350	3.03	0.63	1.80	4.80
企业员工规模	100人以下	283	2.57	0.74	1.20	4.00
	100~300人	346	2.83	0.55	1.80	4.40
	300~500人	227	2.87	0.59	1.20	3.80
	500人以上	274	3.20	0.66	1.40	4.80

注:结果根据调研数据由Stata 15.0软件输出。

由表 4-22 可知，从企业性质项来看，民营企业农民工的职业流动意向均值最大，为 3.03，合资和外资企业次之，国有企业农民工的职业流动意向均值最小，说明民营企业里的农民工更可能产生离职的念头或想法。从企业员工规模项来看，农民工的职业流动意向均值随着企业员工规模的增加而增大，可能是源于农民工人力资本低下，他们中的大多数人难以满足大规模企业的职业技能要求，在工作中容易产生压力，希望通过离开来得以摆脱。

4.4.2 组织伦理气氛与农民工职业流动意向的描述分析

本部分利用测量数据，对组织伦理气氛与农民工职业流动意向这两个分属不同层面的变量进行企业群组的跨层次描述，以便观察组织伦理气氛与农民工职业流动意向之间的定性关系，通过 HLM 6.08 软件输出结果如图 4-8 所示。

图 4-8 比较直观地展示了组织伦理气氛与农民工职业流动意向之间的关系。观察图 4-8 可知，第一，规则型组织伦理气氛得分较低的企业中，农民工的职业流动意向稍高，规则型组织伦理气氛得分较高的企业中，农民工的职业流动意向稍微低；第二，在关怀型组织伦理气氛得分较低的企业中，农民工的职业流动意向较大，在关怀型组织伦理气氛得分较高的企业中，农民工的职业流动意向较小；第三，在自利型组织伦理气氛得分较低的企业中，农民工的职业流动意向较小，在自利型组织伦理气氛得分较高的企业中，农民工的职业流动意向较大。整体而言，规则型、关怀型组织伦理气氛与农民工职业流动意向负相关，而自利型组织伦理气氛则与农民工职业流动意向正相关。

另外，为了观察农民工对组织伦理气氛的感知情况与其职业流动意向之间的关系，利用测量数据对农民工个体层面的组织伦理气氛感知与其职业流动意向进行相关性描述，通过 SPSS 20.0 软件输出描述结果如表 4-23 所示。

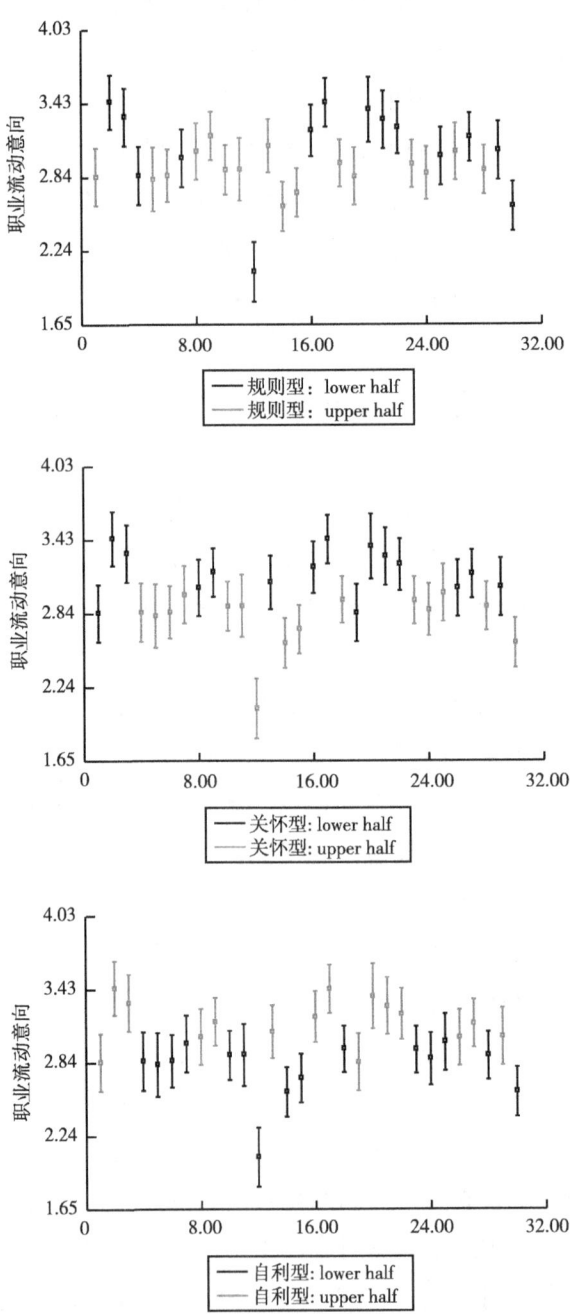

图4-8 组织伦理气氛与农民工职业流动意向的描述

表4-23 组织伦理气氛感知与农民工职业流动意向的相关性描述

	职业流动意向	规则感知	关怀感知	自利感知	卡方值
职业流动意向	1				
规则感知	-0.250**	1			879.559***
关怀感知	-0.369***	0.013	1		1038.510***
自利感知	0.345**	-0.044	-0.083*	1	717.207***
均值	2.8598	5.3007	3.8553	4.0876	
标准差	0.6663	1.2094	1.7298	1.7619	

注：结果由SPSS 20.0软件输出，*、**、*** 分别表示在10%、5%和1%的统计水平上显著。

由表4-23可知，组织伦理气氛感知与农民工职业流动意向的相关关系通过了非参数检验，规则感知与农民工职业流动意向显著负相关，关怀感知与农民工职业流动意向显著负相关，自利感知与农民工职业流动意向显著正相关。同时，农民工的规则感知均值最高，自利感知均值次之，而关怀感知均值最低，这在一定程度上反映出农民工在组织伦理政策方面的觉察更多的是规则，而对关怀的知觉有所欠缺。

4.4.3 工作嵌入与农民工职业流动意向的描述分析

为了定性观察工作嵌入与农民工职业流动意向之间的关系，利用测量数据对工作嵌入与农民工职业流动意向进行相关性描述，结果如表4-24所示。

表4-24 工作嵌入与农民工职业流动意向的相关性描述

	职业流动意向	工作嵌入	组织嵌入	社区嵌入	卡方值
职业流动意向	1				
工作嵌入	-0.349***	1			3929.993***
组织嵌入	-0.319***	0.645***	1		2810.796***
社区嵌入	-0.232***	0.354***	0.262***	1	1682.716***
均值	2.8598	3.4409	3.4870	3.3794	
标准差	0.6663	0.4302	0.5033	0.4456	

注：结果由SPSS 20.0软件输出，*** 表示在1%的统计水平上显著。

由表4-24可知，工作嵌入指标与农民工职业流动意向的相关关系通过了非参数检验，且工作嵌入指标与农民工职业流动意向显著负相关。此外，农民工工作嵌入的均值为3.4409，组织嵌入均值为3.4870，社区嵌入均值为 3.3794,组织嵌入程度稍高于社区嵌入程度。

进一步地,观察组织伦理气氛、工作嵌入与农民工职业流动意向之间的三元结构关系,即在不同组织伦理气氛中,工作嵌入与农民工职业流动意向的关系是否会发生变化。利用测量数据对组织伦理气氛、工作嵌入与农民工职业流动意向的结构关系进行描述,通过 HLM 6.08 软件输出描述结果如图 4-9 所示。

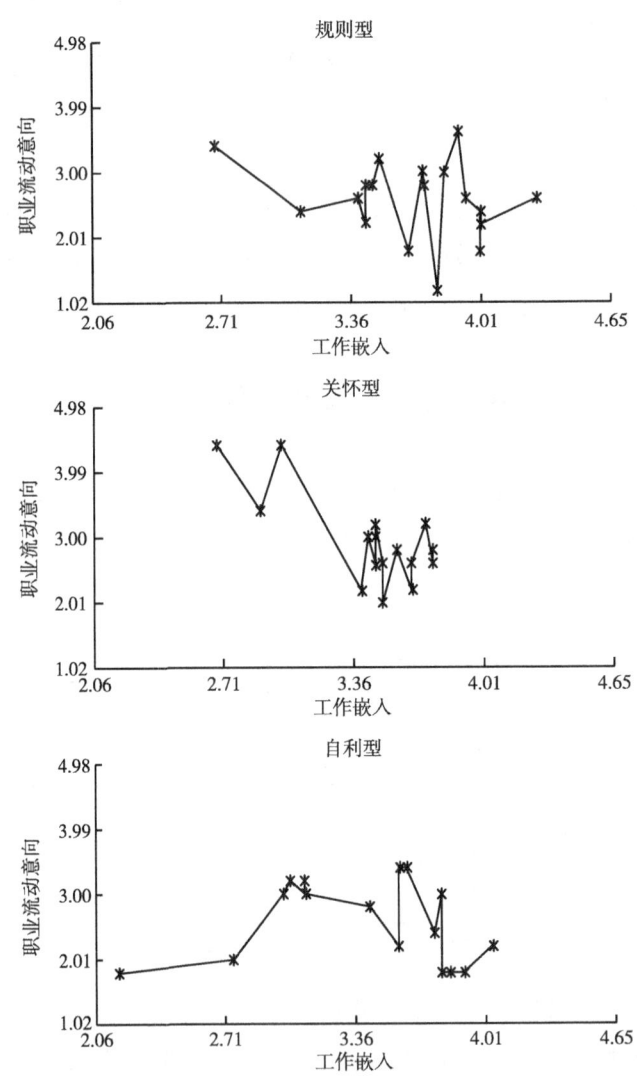

图 4-9 组织伦理气氛、工作嵌入与农民工职业流动意向的结构关系

观察图 4-9 可知,在以关怀为主导的组织伦理气氛中,工作嵌入水平提高会迅速拉低农民工的职业流动意向;在以规则为主导的组织伦理气氛中,随着工作嵌入水平的提高,农民工职业流动意向的下降趋势相对平缓;在以自利为主导的组织伦理气氛中,工作嵌入在降低农民工职业流动意向上的作用不明显,甚至有增强趋势。

4.5 农民工职业流动行为的描述性分析

本部分根据回访观察情况分析农民工职业流动行为的基本状况,并对组织伦理气氛、工作嵌入与农民工职业流动行为进行描述分析,以便观察它们之间的定性关系。

4.5.1 农民工职业流动行为状况

表 4-25 描述了农民工职业流动行为的基本情况,从表 4-25 中可知,农民工的整体离职率为 32.39%,且在不同分组描述下的方差检验和非参数检验均达到了显著性水平,说明农民工的离职率由于不同的换工经历、区域、行业以及代际存在明显差异,具体如下。

第一,农民工在首份工作上的离职率最高,随着换工经历的增加,农民工的离职率会下降。没有换工经历(首份工作)农民工的离职率为 35.71%,有过 1 次换工经历农民工的离职率为 35.08%,而有过 1 次以上换工经历农民工的离职率下降到 30.54%。

第二,农民工的离职率在区域上自南向北呈下降趋势。珠三角地区农民工的离职率最高,为 35.58%,中部地区农民工的离职率下降到 29.24%,而东北地区农民工的离职率最低,为 25.40%。

第三,制造业农民工的离职率较其他行业要高。制造业农民工的离职率达到 37.31%,而住宿餐饮业、批发零售业和服务销售业农民工的离职率都在平均水平以下。

第四，新生代农民工的离职率比老一代高。"80后"之前的老一代农民工的离职率为17.54%，"80后"的离职率上升到34.16%，而"90后"的离职率高达38.46%。

表4-25　　　　　　　　农民工职业流动行为描述

		N	未离职	已离职	离职率（%）	F值	卡方值
	总体样本	1130	764	366	32.39		
换工经历	没有换工经历	154	99	55	35.71	11.498***	22.997***
	有过1次换工经历	305	198	107	35.08		
	有过1次以上换工经历	671	464	204	30.54		
区域分组	珠三角地区	711	458	253	35.58	3.463**	6.903**
	中部地区	171	121	50	29.24		
	东北地区	248	185	63	25.40		
行业分组	制造业	520	326	194	37.31	3.581**	10.679**
	住宿餐饮业	201	145	56	27.86		
	批发零售业	209	149	60	28.71		
	服务销售业	200	144	56	28.00		
代际分组	"80后"之前	228	188	40	17.54	15.707***	30.643***
	"80后"	486	320	166	34.16		
	"90后"	416	256	160	38.46		

注：结果由SPSS 20.0软件输出，**、***分别表示在5%和1%的统计水平上显著；珠三角地区包括广州、东莞和深圳，中部地区包括长沙和郑州，东北地区包括沈阳和鞍山。

根据表4-25绘制图4-10，更加直观地展示了农民工职业流动行为的基本状况。总体上，农民工职业流动行为状况与其职业流动意向状况在分组统计上具有相似性。

农民工是否发生职业流动行为可能由于其个体层面特征不同而存在差异。汇总农民工个体层面特征与其职业流动行为的描述统计情况如表4-26所示。

第4章 数据来源、变量测量与描述性分析

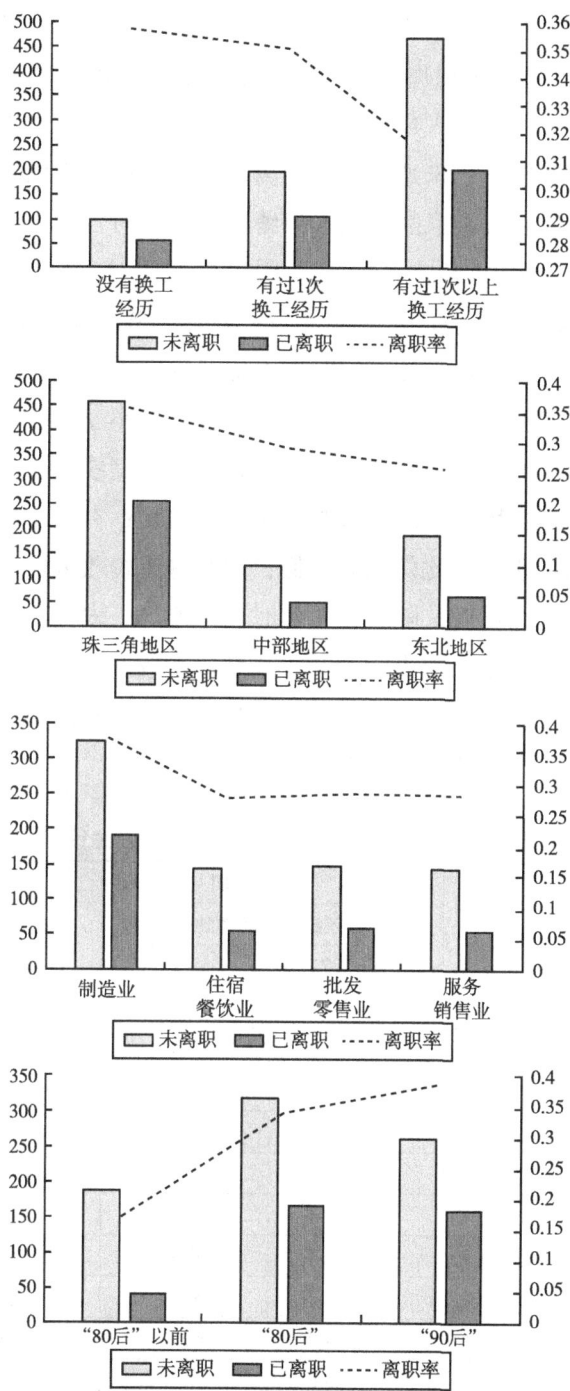

图4-10 农民工职业流动行为的条形分布

由表 4-26 可知，男性的离职人数占比大于女性，该结果可能与"男主外、女主内"思想决定的家庭、工作分工意识有关；随着年龄组的增大，农民工的离职人数占比急剧下降，说明年老者发生职业流动行为的可能性普遍较小；未婚农民工的离职人数占比大于已婚农民工，可能源于未婚者没有来自家庭方面的束缚，流动相对自由，这一情况也可能受到了样本分布的影响；初中学历者的离职人数占比最高，达到 39.13%，随着受教育程度水平的提高，农民工离职人数比例有所增大，可能因为教育人力资本会在一定程度上提升农民工的工作预期以及增强他们搜寻工作的信心；独生子女的离职人数比例小于非独生子女；本地人的离职人数比例小于外地人；风险偏好为中间型农民工的离职人数比例最低，冒险型农民工的离职人数比例有所增加；有过工作培训和工作加班农民工的离职人数比例相对较低；随着月工资收入的增加，农民工离职人数比例先增再降；随着日工作时长的增加，农民工离职人数比例先降再增；签订劳动合同农民工离职人数比例较之未签订者要高；享有医疗保险农民工的离职人数比例相对不享有者较高；随着入职年限的增加，农民工离职人数比例相应下降。

表 4-26　个体层面特征与农民工职业流动行为的描述统计

指标	组别	未离职		已离职	
		频数	组内比例（%）	频数	组内比例（%）
性别	男性	372	65.49	196	34.51
	女性	392	69.75	170	30.25
年龄	≤25 岁	160	61.07	102	38.93
	26~35 岁	386	65.20	206	34.80
	36~45 岁	148	71.84	58	28.16
	≥46 岁	70	100.00	0	0.00
婚姻状况	已婚	260	69.89	112	30.11
	未婚	504	66.49	254	33.51
受教育程度	小学及以下	62	79.49	16	20.51
	初中	140	60.87	90	39.13
	高中	240	69.36	106	30.64
	专科	322	67.65	154	32.35

续表

指标	组别	未离职		已离职	
		频数	组内比例（%）	频数	组内比例（%）
独生子女	是	208	78.79	56	21.21
	否	556	64.20	310	35.80
本地人	是	178	70.63	74	29.37
	否	586	66.74	292	33.26
风险态度	保守型	208	60.47	136	39.53
	中间型	490	71.43	196	28.57
	冒险型	66	66.00	34	34.00
工作培训	是	596	68.04	280	31.96
	否	168	66.14	86	33.86
工作加班	是	408	72.08	158	27.92
	否	356	63.12	208	36.88
月工资收入	3000 元以下	186	72.09	72	27.91
	3000~5000 元	404	69.90	174	30.10
	5000~8000 元	124	56.88	94	43.12
	8000 元以上	50	65.79	26	34.21
日工作时长	≤8 小时	368	62.59	220	37.41
	9~11 小时	286	75.26	94	24.74
	≥12 小时	110	67.90	52	32.10
劳动合同	是	650	66.74	324	33.26
	否	114	73.08	42	26.92
医疗保险	是	620	66.24	316	33.76
	否	144	74.23	50	25.77
入职年限	1 年以下	80	59.70	54	40.30
	1~3 年	286	64.41	158	35.59
	3~5 年	140	66.04	72	33.96
	5 年以上	258	75.88	82	24.12

注：结果根据调研数据由 Stata 15.0 软件输出。

同时，用工企业总体层面特征也可能导致农民工职业流动行为差异，汇总企业层面特征与农民工职业流动行为的描述统计情况如表 4-27 所示。

由表 4-27 可知，从企业性质项来看，民营企业农民工的离职人数比例最高，为38.86%，合资和外资企业次之，国有企业农民工的离职人数比例最低，可能是民营企业的管理理念、用人制度以及工作环境等相对滞后，致使农民工更容易发生离职行为。从企业员工规模项来看，中等规模企业中农民工的离职人数比例最高，达到46.70%，而小规模企业中农民工的离职人数比例相对较低，可能是源于小规模企业的岗位性质和技能水平与农民工比较匹配。

表4-27　企业层面特征与农民工职业流动行为的描述统计

指标	组别	个体数	未离职 频数	未离职 组内比例（%）	已离职 频数	已离职 组内比例（%）
企业性质	国有企业	124	96	77.42	28	22.58
企业性质	合资和外资企业	656	454	69.21	202	30.79
企业性质	民营企业	350	214	61.14	136	38.86
企业员工规模	100人以下	283	221	78.09	62	21.91
企业员工规模	100~300人	346	236	68.21	110	31.79
企业员工规模	300~500人	227	121	53.30	106	46.70
企业员工规模	500人以上	274	186	67.88	88	32.12

注：结果根据调研数据由Stata 15.0软件输出。

4.5.2　组织伦理气氛与农民工职业流动行为的描述分析

本部分利用测量数据，对组织伦理气氛与农民工职业流动行为发生概率这两个分属不同层面的变量进行企业群组的跨层次描述，以便观察组织伦理气氛与农民工职业流动行为之间的定性关系，通过HLM 6.08软件输出描述结果如图4-11所示。

图4-11比较直观地展示了组织伦理气氛与农民工职业流动行为发生率之间的关系。观察图4-11可知，第一，农民工职业流动行为发生率与组织伦理气氛的规则倾向之间不存在明显的一致性上升或下降趋势，从定性描述的角度无法对组织伦理气氛与农民工职业流动行为的关系作出明确判断；第二，农民工职业流动行为发生率随组织伦理气氛的

第4章 数据来源、变量测量与描述性分析

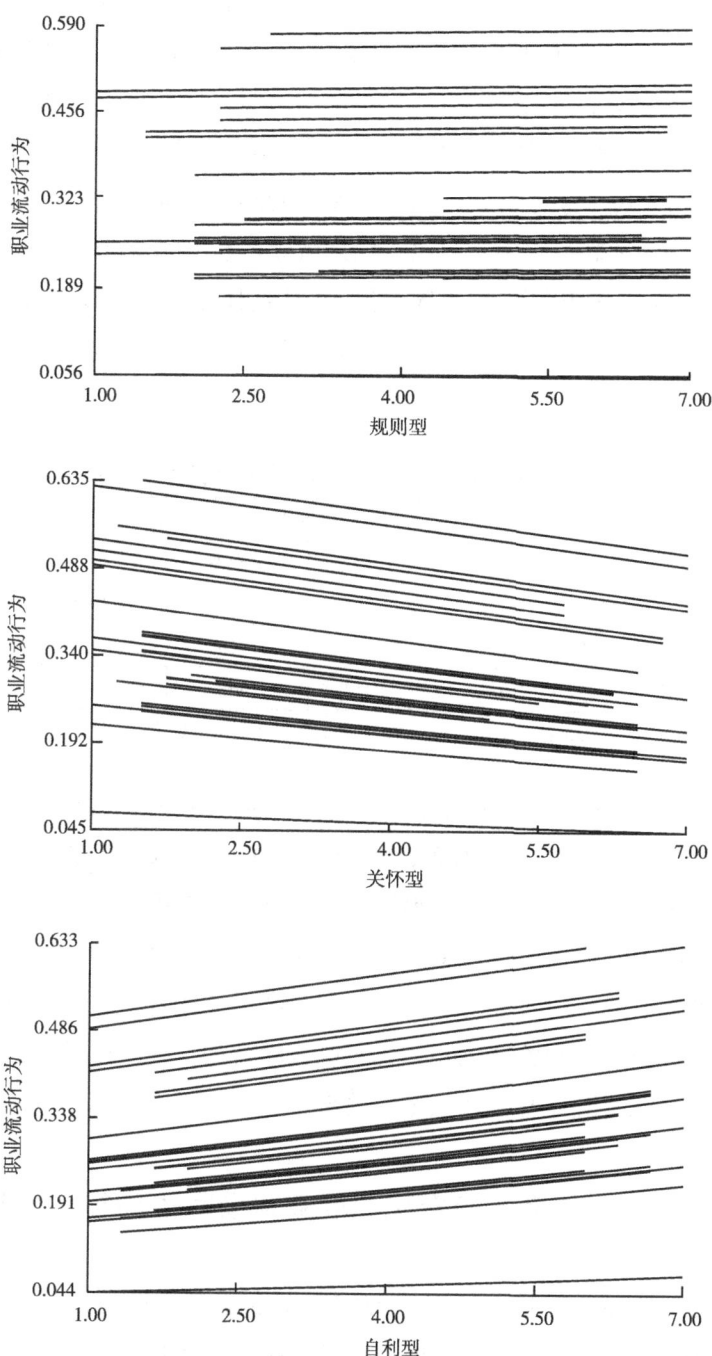

图 4-11 组织伦理气氛与农民工职业流动行为的描述

关怀倾向呈现出明显的下降趋势,且该趋势在各企业中具有一致性,可见关怀型组织伦理气氛与农民工职业流动行为发生率之间存在负向关系;第三,农民工职业流动行为发生率随组织伦理气氛的自利倾向呈现出明显的上升趋势,且该趋势在各企业中具有一致性,可见自利型组织伦理气氛与农民工职业流动行为发生率之间存在正向关系。

另外,为了观察农民工对组织伦理气氛的感知情况与其职业流动行为之间的关系,利用测量数据对农民工个体层面的组织伦理气氛感知与其职业流动行为进行交互描述,通过 SPSS 20.0 软件输出描述结果如表 4-28 所示。

表 4-28　组织伦理气氛感知与农民工职业流动行为的交互描述

变量	已离职		未离职		F 值	卡方值
	均值	标准差	均值	标准差		
规则感知	5.2842	1.2897	5.3086	1.1698	21.132***	45.940***
关怀感知	3.4754	1.6979	4.0373	1.7164	26.706***	52.818***
自利感知	4.4472	1.7371	3.9154	1.7487	22.986***	48.639***

注:结果由 SPSS 20.0 软件输出,*** 表示在 1% 的统计水平上显著。

由表 4-28 可知,组织伦理气氛感知指标与农民工职业流动行为的交互描述均通过了方差检验和非参数检验,已离职农民工的规则感知均值略小于未离职农民工的规则感知均值,已离职农民工的关怀感知均值远小于未离职农民工的感怀感知均值,而已离职农民工的自利感知均值大于未离职农民工的自利感知均值。这些结果意味着,农民工对组织伦理政策的规则感知和关怀感知与其职业流动行为存在负向关系,而自利感知则与其职业流动行为存在正向关系。

4.5.3　工作嵌入与农民工职业流动行为的描述分析

表 4-29 显示的是工作嵌入与农民工职业流动行为的交互描述结果,从表 4-29 中可知,工作嵌入及其结构维度指标与农民工职业流动行为的交互描述通过了方差检验和非参数检验,说明农民工工作嵌入水

平在两个群组间存在显著差异。同时，相比未离职农民工，已离职农民工的工作嵌入、组织嵌入和社区嵌入的均值更低。该结果表明工作嵌入、组织嵌入和社区嵌入均与农民工职业流动行为负向相关。

表4-29 工作嵌入与农民工职业流动行为的交互描述

变量	已离职		未离职		F值	卡方值
	均值	标准差	均值	标准差		
工作嵌入	3.3916	0.4704	3.4697	0.4085	8.746***	229.079***
组织嵌入	3.4344	0.5461	3.5122	0.4798	5.933**	191.107***
社区嵌入	3.3579	0.4604	3.3897	0.4383	4.522**	161.071***

注：结果由 SPSS 20.0 软件输出，**、*** 分别表示在5%和1%的统计水平上显著。

进一步地，从个体样本中筛选出第一次、第二次和最近一次工作变换的回顾性信息完整而且历史换工为主动型的农民工样本，构建农民工离职事件的历史纪录数据，利用生存函数描述工作嵌入与农民工多次职业流动行为的关系。

根据研究样本，一个农民工可能有多条职业流动记录，且每个人每一次职业流动的时间都不尽相同，因此以最早的农民工进入第一个工作的时间（1981年3月）作为起始观察点，以最晚的初次调查时间（2017年9月）作为最终观察点，期间任意一个农民工职业流动都可视为一个事件发生的标志或观察时间点，据此构建职业流动事件历史纪录数据，将620个原数据条目转换成事件导向的人—月合并数据如表4-30所示。

表4-30 生存时间的数据结构统计概要

事件记录样本	人—月	发生率	生存时间（月）				
			均值		分位数		
			系数	标准误	25%	50%	75%
总体	26420	0.0309	32.3378	0.8494	13	25	50
低工作嵌入	10519	0.0401	24.9265	1.0307	8	18	36
高工作嵌入	15901	0.0248	40.2557	1.2516	22	38	55

注：结果由 Stata 15.0 软件输出，以事件记录的工作嵌入平均值进行样本分割；在事件史分析中，如果事件没有发生或状态没有改变，则表示"存活"，生存时间是指农民工从进入某个工作到离开平均持续了多长时间；分位数对应的生存时间分别表示25%、50%、75%的农民工平均在入职后的第几个月内离职。

从表4-30可知，农民工平均在某一个工作上的生存（持续）时间约为32个月，相比高工作嵌入样本，低工作嵌入样本的职业流动发生率更高，在某个工作上的生存时间则更短。此外，25%的农民工在入职后的13个月内离职，50%的农民工在入职后的25个月内离职，75%的农民工在入职后的50个月内离职，生存时间均值大于中位数值，说明奇异值拉升了平均值，农民工在某一个工作上的持续时间呈偏态分布。

图4-12描绘的K-M生存函数更加形象地展示了农民工职业流动发生率的变化趋势及差异。图中的横轴为观察时间点（第几个月），以最早的农民工进入第一个工作的时点为观察起点（设为0），纵轴为累积生存比例，表示尚未发生过的农民工累积比例，在观察起点，没有农民工发生过离职，累计比例为1。显而易见，随着时间的推移，低工作嵌入农民工尚未发生过离职的累积比例急速下降，但高工作嵌入样本尚未发生过离职的累积比例则下降得相对迟缓。这说明工作嵌入与农民工在一定时期内的离职发生率之间存在负向关系。

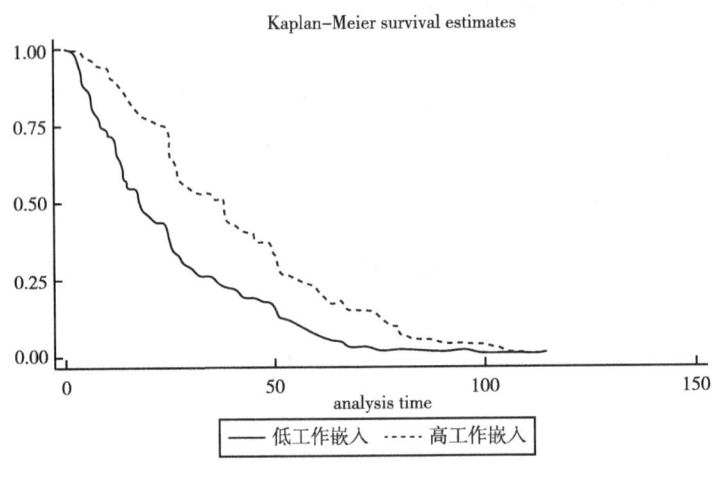

图4-12 K-M生存函数变化趋势

此外，观察组织伦理气氛、工作嵌入与农民工职业流动行为之间的三元结构关系，即在不同组织伦理气氛中，工作嵌入与农民工职业流动行为的关系是否会发生变化。利用测量数据对组织伦理气氛、工作嵌入与农民工职业流动行为的结构关系进行描述,通过 HLM 6.08 软件输出描述结果如图 4-13 所示。

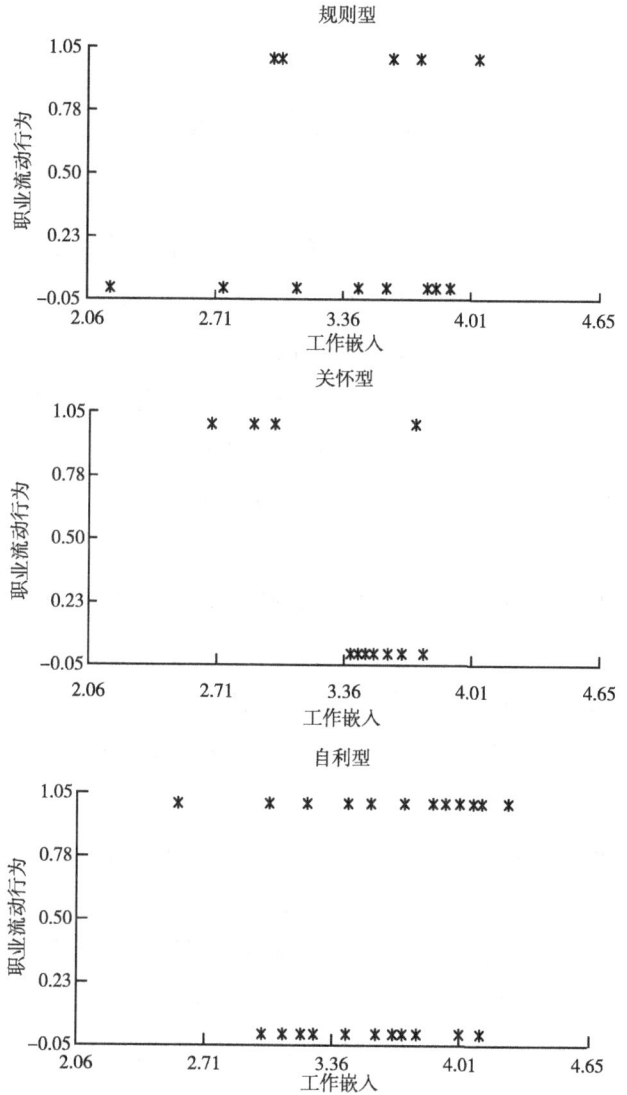

图 4-13 组织伦理气氛、工作嵌入与农民工职业流动行为的结构关系

观察图 4-13 可知,第一,在以规则为主导的组织伦理气氛中,随着工作嵌入水平的提高,离职农民工占比与未离职农民工占比无明显差异;第二,在以关怀为主导的组织伦理气氛中,工作嵌入水平的提高会

迅速降低离职农民工的占比；第三，在以自利为主导的组织伦理气氛中，随着工作嵌入水平的提高，离职农民工占比没有下降，甚至有增加的趋势。

4.6　本章小结

本章主要介绍数据获取方案、测量核心变量以及描述农民工职业流动状况。首先，说明调查问卷设计的基本思路、主要内容、数据来源以及采集方式；其次，对农民工个体层面特征和企业总体层面特征进行描述统计；再次，基于调研数据利用相应测量工具对组织伦理气氛、工作嵌入以及农民工职业流动等潜在关键变量进行测量分析，并对潜变量进行共同方法偏差检验；最后，在变量测量基础上对农民工职业流动意向和职业流动行为进行描述性分析。结果显示如下。

第一，通过问卷调查共获得来自30个企业的1130个农民工样本，利用样本的回顾性信息分析发现，86.37%的农民工已经更换过工作，其中有过1次换工的占比为26.99%，有过2次换工的占比为21.24%，至少有过3次换工的占比为38.14%，且在近2年内有过换工的占比为46.73%。

第二，农民工在规则、关怀和自利方面对用工企业伦理准则的感知均通过了个体层面的信效度检验，且具有较高的组间信度和组内共识，说明规则型、关怀型和自利型组织伦理气氛普遍并存于企业组织，并可以通过农民工个人感知获得，而且农民工对组织伦理气氛的感知以规则为主，自利次之，关怀感知程度相对偏低；农民工工作嵌入和职业流动意向的测量量表均具有良好的信度及效度，组织嵌入程度略高于社区嵌入；潜在测量变量之间受共同方法偏差的影响较弱。

第三，时隔2年后回访观察发现，农民工的整体离职率为32.39%，其中在首份工作上的离职率为35.71%，且已离职农民工的离职意向程度高于未离职者；从长期职业流动事件来看，农民工平均在某个工作上的持续时间为 32 个月，25% 的农民工在入职后的 13 个月内离职，50% 的农民工在入职后的 25 个月内离职，75% 的农民工在入职后的 50 个月内离职。

第四，农民工的职业流动意向程度和离职率都会随换工经历的增加而下降，且在区域上自南向北递减；制造业农民工的职业流动意向程度和离职率均高于其他行业；新生代农民工的职业流动意向程度和离职率较老一代更高。

第五，伦理气氛在企业层面的指标和个体层面的感知都会导致农民工的职业流动意向程度以及职业流动行为存在差异；工作嵌入及其结构维度均与农民工的职业流动意向以及职业流动行为负相关。

总体而言，农民工的换工频率较高；组织伦理气氛、工作嵌入以及农民工职业流动意向的测量工具具有良好的可靠性，且受共同方法偏差的影响较弱；农民工的职业流动意向与其职业流动行为基本保持了一致，个体层面特征和企业层面特征都可能导致农民工的职业流动意向以及职业流动行为存在差异。

第5章 组织伦理气氛对农民工职业流动的影响：企业层面实证分析

农民工身处用工企业的组织情境，在考察农民工职业流动决策时，需要考虑企业层面的相关维度。本章利用调研数据，建立计量模型，从实证角度分析组织伦理气氛对农民工职业流动的影响，考察组织伦理气氛对农民工职业流动的解释效应。首先，基于结构紧张理论、社会认知理论以及分层模型思想建立分析框架，并基于以往研究得出组织伦理气氛与农民工职业流动的量化关系，提出研究假设；其次，运用HLM随机截距模型分析组织伦理气氛对农民工职业流动意向的影响，进行稳健性检验，同时运用HLM随机斜率模型分析组织伦理气氛如何影响了农民工职业流动意向，并进一步讨论个体伦理气氛感知的影响；最后，运用HLM随机截距模型分析组织伦理气氛对农民工职业流动行为的影响，进行稳健性检验，同时运用HLM随机斜率模型分析组织伦理气氛如何影响了农民工职业流动行为，并进一步讨论个体伦理气氛感知的影响。

5.1 分析框架与研究假设

组织伦理气氛是组织气氛的一个特定维度，类似于组织的"人格"，作为一项客观属性稳定存在于组织当中，属于企业（组织）层级的特征，通过内部成员对组织环境的共同体验和感知进行衡量（Wimbush & Shepard, 1994）。正如前所述，学者们对组织伦理气氛类型的存在性进行了多方验证，发现稳定存在于企业中的伦理气氛类型有三种：

第5章 组织伦理气氛对农民工职业流动的影响：企业层面实证分析

规则型、关怀型和自利型，同时规则型、关怀型被视为良好的组织伦理气氛。根据结构紧张理论，用工企业主导的组织伦理气氛类型不同，会导致农民工"正当行为"的依据不同，进而决定了农民工按照不同依据完成任务或达成目标时出现挫败感或紧张情绪的差异，最终影响农民工作出离职还是留职的选择。当然，农民工个体层面的一些特征也会对其职业流动产生影响（田北海等，2013；周小刚等，2015；吴方卫与康姣姣，2019；赵卫红等，2020）。另外，社会认知理论提出了个体—情境互动的观点，强调个体与情境之间的交互作用，即个体的行为决策是由其自身特征与社会情境共同决定的。可见，农民工个体层面特征和组织情境对其职业流动决策的作用也并非孤立的。也就是说，个体层特征对农民工离职的影响始终被放置于企业组织情境中，当情境发生改变，这种影响也将随之发生变化。因此，组织伦理气氛虽然不会对农民工个体层面的某些特有属性及其决定的个人能力产生本质上的影响，但它作为一种特定的组织情境维度，会对农民工个体层面特征与职业流动的关系产生相应的作用。

组织伦理气氛属于企业层面的特征，其与农民工个体的职业流动是两个处在不同层次的变量，而且农民工嵌套于企业，这就使样本数据具有分层嵌套的结构性特征。分层数据结构在社会研究中比较常见，如若干个学生嵌套于若干个班级、若干个班级又嵌套于若干个学校所构成的三层数据，若干个家庭嵌套于若干个村庄的二层数据。这类数据通常使样本或变量具有层级间的结构性嵌套特征，且往往包含更多的信息，需要同时对不同层级数据进行分析。处理分层数据时，如果采用传统回归分析的方法则容易产生估计偏倚，原因在于分层数据不能满足传统回归分析所要求的先决条件中的方差齐次性和独立分布。为解决此问题，Mason等（1983）提出了处理分层数据的概念与方法，并在后续研究中得到普遍应用和发展，形成了成熟的阶层线性回归模型（HLM）（Bryk & Raudenbush，1988）。阶层线性回归模型的核心思想是将结果变量的变异分解成个体效果和群体效果两个部分：一部分是同一群体中的个体差异；另一部分是不同群体间的个体差异（Goldstein，1991）。通过变异分解，阶层线性回归模型还能揭示出高层级变量与低层级变量之间复杂的交织关系。

综上所述，本部分利用分层研究思想将样本分为两个层次：农民工个体层和企业总体层，选取规则型、关怀型和自利型这三种类型作为用工企业组织伦理气氛的类型维度，以农民工个体职业流动（操作为职业流动意向和职业流动行为）作为结果变量，考察组织伦理气氛对农民工职业流动的影响，建立跨层次分析框架如图5-1所示。

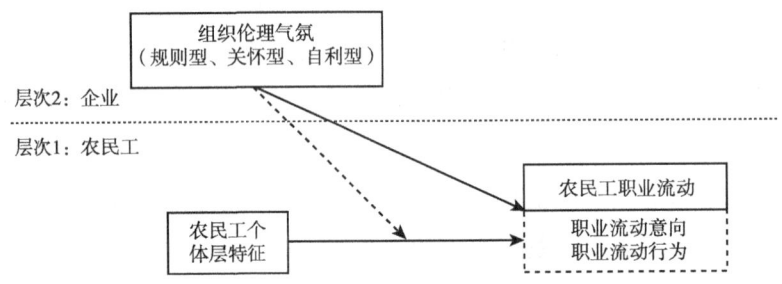

图5-1 组织伦理气氛对农民工职业流动影响的跨层次分析框架

国外相关研究发现，不同类型的组织伦理气氛对员工的离职意向或离职行为存在显著影响，该影响不仅可以作用于员工自身与工作之间的联系，还可以影响员工的工作态度（Schwepker，2001）。在良好的组织伦理气氛中，员工符合伦理的行为较多而且离职倾向也较弱（Sims et al.，2004；Mulki et al.，2008）。积极的组织伦理气氛有助于提高员工的工作满意度（Deconinck，2010）、组织认同（James & Deconinck，2011）以及组织承诺（Kelley & Dorsch，1991）等，进而降低员工的离职意向。国内学者利用中国情境下的经验数据和典型案例也得出了类似的结论。杨春江等（2014）从理论上分析了组织伦理气氛对员工主动离职的影响，并利用344名企业员工的数据进行实证检验，发现规则型、关怀型组织伦理气氛会对员工主动离职产生显著的负向影响，而自利型组织伦理气氛则产生显著的正向影响。这一结论在针对外派回任员工的经验分析中也得到了证实（许欣等，2018）。莫申江等（2015）在构建组织伦理系统与员工离职的作用机制的基础上，

第5章 组织伦理气氛对农民工职业流动的影响：企业层面实证分析

利用劳动密集型企业开展案例研究的结果表明，伦理型领导与伦理问责共同影响员工的离职意愿和离职行为。由此，本部分提出如下研究假设：

假设 H5-1：组织伦理气氛对农民工职业流动存在显著影响，规则型、关怀型组织伦理气氛对农民工的职业流动具有显著负向影响，自利型组织伦理气氛则对农民工的职业流动具有显著正向影响。

良好的组织伦理气氛在个体和组织的相互关系中具有积极的调节作用（Tim & Cheryl, 2000）。一般而言，受教育程度越高的员工通常希望且有能力通过流动获得更好的职业平台或更加和谐的工作环境。如果现有组织主导规则、关怀的伦理气氛，则完备的组织规则以及成员之间团结关怀的行事准则会不断符合于他们的工作期望，进而减弱其离职拉力；但如果现有组织主导自利的伦理气氛，则他们的工作预期与大家不按规矩办事或互不关心的目标达成方式格格不入，致使其离职的拉力会被放大。工资收入作为最直接的工作福利，对员工离职往往具有约束效应。良好的组织伦理气氛（以规则或关怀为主导）鼓励员工之间相互扶持以及拥有统一而规范的行事准则，比较符合个体工作期望以及完成工作目标的方式，因此会加大其离职阻力。风险偏好型员工一般具有冒险精神，对成功获得另一个工作比较自信，在工作上遇到"不如意"时容易产生不良情绪，进而滋生离职的想法。良好的组织伦理气氛促进员工相互"分忧解难"，使其遇到困难时能够及时得到帮助，有利于缓解其"冒险"冲动。由此，本部分进一步提出如下研究假设：

假设 H5-2：组织伦理气氛在农民工个体层面特征与其职业流动（职业流动意向和职业流动行为）之间具有调节作用。具体而言，良好的组织伦理气氛（以规则或关怀为主导）对受教育程度与农民工职业流动的正向关系具有削弱作用，自利型组织伦理气氛则具有强化作用；良好的组织伦理气氛有利于加强工资收入对农民工职业流动的负向作用，以及抑制风险偏好型农民工的职业流动。

5.2 变量说明与模型设定

本部分建立计量经济学模型分析组织伦理气氛对农民工职业流动的影响，由于研究对象是农民工，数据为具有层次特征的截面数据，因此采用阶层线性模型（HLM）进行数据的实证分析。

5.2.1 变量说明

（1）被解释变量。本部分的被解释变量是农民工个体层的职业流动意向和职业流动行为。职业流动意向的量化直接利用 Mobley（1977）提出的5题项量表，以题项均值作为量化值，前面4.3.3小节对量表测量的有效性已经给予分析。职业流动行为的量化根据跟踪回访观察时农民工是否离开原有用人单位进行赋值，如果回访时农民工已经离开原有工作单位则赋值为1，否则赋值为0。

（2）解释变量。本部分的解释变量是企业总体层的组织伦理气氛指标。对组织伦理气氛的测量直接采用 Cullen 等（2003）修订的量表，选取规则、关怀和自利这三个组织伦理气氛类型维度，通过农民工对用工企业在规则、关怀以及自利导向的伦理气氛的感知题项进行测量，以同一企业中农民工回答题项均值的平均数作为量化值，量表测量的有效性前面4.3.1小节已经给予分析。

（3）控制变量。为了降低估计误差，本部分还加入一些可能影响农民工职业流动的个体层、总体层因素作为控制变量。其主要考虑是：一方面，农民工的职业流动决策属于个体心理或行为倾向，不可避免地会受到来自自身和企业组织的因素的影响，如性别、年龄、受教育程度、风险态度、月工资收入、日工作时长、企业性质和企业员工规模等，其中特别要考虑的是工资收入和工作时长这两个对劳动者离职具有普遍性影响的因素；另一方面，同时纳入农民工个体层因素和企业总体

第5章 组织伦理气氛对农民工职业流动的影响：企业层面实证分析

层因素构成分层数据结构，以便更好地满足阶层线性回归模型分析的要求。本部分数据分析所涉及变量的解释和描述性统计情况见表5-1。

表5-1　　　　　　　　变量的解释及描述性统计

变量名称	变量赋值解释	均值	标准差	最小值	最大值
农民工个体层（N=1130）					
职业流动意向	测量量表题项均值	2.86	0.67	1.20	4.80
职业流动行为	跟踪回访时农民工是否离开原有用人单位：是=1，否=0	0.32	0.47	0	1
性别	男=1，女=0	0.50	0.50	0	1
年龄	农民工报告的实际年龄	31.42	7.78	16	58
婚姻状况	已婚=1，未婚=0	0.33	0.47	0	1
受教育程度	小学及以下=1，初中=2，高中=3，专科=4	3.08	0.95	1	4
独生子女	是=1，否=0	0.23	0.42	0	1
本地人	是=1，否=0	0.22	0.42	0	1
风险态度	保守型=1，中间型=2，冒险型=3	1.78	0.59	1	3
网络熟练情况	熟练=1，不熟练=0	0.77	0.42	0	1
社会交往	与亲戚、同学、朋友的联系：非常不密切=1；不密切=2；一般=3；密切=4；非常密切=5	3.36	1.00	1	5
工作培训	是否有过培训：是=1，否=0	0.78	0.42	0	1
工作加班	是否经常加班：是=1，否=0	0.50	0.50	0	1
月工资收入	3000元以下=1，3000~5000元=2，5000~8000元=3，8000元以上=4	2.10	0.83	1	4
日工作时长	每天工作小时数	9.19	1.64	5	14
劳动合同	与用人单位是否签订书面劳动合同：是=1，否=0	0.86	0.35	0	1
医疗保险	农民工是否享有用人单位提供的医疗保险：是=1，否=0	0.83	0.38	0	1
入职年限	1年以下=1，1~3年=2，3~5年=3，5年以上=4	2.67	1.03	1	4
换工个数	农民工从初始入职到调查时点期间的工作变换数	2.17	1.63	0	8

续表

变量名称	变量赋值解释	均值	标准差	最小值	最大值
企业总体层（N=30）					
规则型伦理气氛	量表测量题项均值在同一企业中的平均数	5.30	0.59	3.92	6.04
关怀型伦理气氛		3.86	0.74	2.24	5.99
自利型伦理气氛		4.09	0.70	2.29	5.64
企业性质	国有企业=1，合资和外资企业=2，民营企业=3	2.23	0.63	1	3
企业员工规模	100人以下=1，100~300人=2，300~500人=3，500人以上=4	2.43	1.17	1	4

注：结果根据调查数据整理和统计得来。

5.2.2 模型设定

由于组织伦理气氛与农民工职业流动之间具有明显的分层嵌套特征，因此本部分建立 HLM 阶层线性回归模型进行数据分析。

（1）随机效应的单因素方差分析（零模型）。

随机效应的单因素方差分析也称零模型（Null Model），是指各层次模型中均不纳入自变量，旨在考察各层次对结果变量是否具有影响。本部分首先以农民工职业流动指标为结果变量，不纳入农民工个体层次和企业层次的自变量，将农民工职业流动指标的总方差分解到农民工个体层和企业总体层，观察这两个层次的随机方差在总方差中的占比情况，以检验农民工的职业流动情况是否在不同层次存在显著差异。如果差异显著，则有必要采用阶层线性回归模型，引入自变量解释各层次的差异。由此，建立两层数据结构的零模型：

农民工个体层：

$$Y_{ij} = \beta_{0j} + r_{ij} \tag{5-1}$$

企业总体层：

$$\beta_{0j} = \gamma_{00} + u_{0j} \tag{5-2}$$

第5章 组织伦理气氛对农民工职业流动的影响：企业层面实证分析

组合模型：

$$Y_{ij} = \gamma_{00} + u_{0j} + r_{ij} \tag{5-3}$$

其中，Y_{ij}表示第j个企业的第i个农民工的职业流动指标（职业流动意向或职业流动行为），r_{ij}为农民工个体层的随机效应，μ_{0j}为企业总体层的随机效应，γ_{00}为农民工个体层的截距在企业总体层的固定效应。通过零模型估计结果提供的农民工个体层方差成分σ_0^2和企业总体层方差成分τ_0^2，则可计算出组内相关系数ρ。

$$\rho = \frac{\tau_0^2}{\tau_0^2 + \sigma_0^2} \tag{5-4}$$

组内相关系数表示企业总体层次的方差在总方差中的占比，其值越大，说明企业总体层次的变异解释农民工职业流动的变异越多，这也意味着，采用传统回归模型对农民工职业流动进行农民工个体层变量的回归结果将会产生更大的偏倚。

（2）随机截距模型和随机斜率模型。

在两层级的阶层线性回归模型中，农民工个体层次模型表明每个企业都有各自的截距和斜率，即每个企业中的农民工的回归参数是一致的；企业总体层次模型分别以个体层次模型的截距和斜率为因变量，将企业总体层特征纳入回归方程。随机截距模型（Random - intercept Models）表示只有农民工个体层的截距系数被视为是随机的，而各群体的回归斜率固定。本部分将采用随机截距模型考察组织伦理气氛对农民工职业流动的影响，设定随机截距模型形式为：

农民工个体层：

$$Y_{ij} = \beta_{0j} + \beta_{1j}X_{1ij} + \beta_{2j}X_{2ij} + \cdots + \beta_{pj}X_{pij} + r_{ij} \tag{5-5}$$

企业总体层：

$$\beta_{0j} = \gamma_{00} + \gamma_{01}W_{1j} + \gamma_{02}W_{2j} + \cdots + \gamma_{0q}W_{qj} + u_{0j} \tag{5-6}$$

$$\begin{cases} \beta_{1j} = \gamma_{10} \\ \beta_{2j} = \gamma_{20} \\ \quad \vdots \\ \beta_{pj} = \gamma_{p0} \end{cases} \tag{5-7}$$

组合模型：

$$Y_{ij} = \gamma_{00} + \gamma_{01}W_{1j} + \gamma_{02}W_{2j} + \cdots + \gamma_{0q}W_{qj} + \beta_{1j}X_{1ij} + \beta_{2j}X_{2ij} + \cdots \\ + \beta_{pj}X_{pij} + u_{0j} + r_{ij} \tag{5-8}$$

其中，Y_{ij} 表示结果变量农民工职业流动指标（职业流动意向或职业流动行为），X_{pij} 是表征农民工个体层特征（性别、年龄等）的变量，β_{0j} 是第 j 个企业中农民工职业流动指标的截距，W_{qj} 是表征企业总体层特征（组织伦理气氛、企业其他特征等）的变量。

随机斜率模型（Random-coefficients Models）则在随机截距模型的企业总体层次模型中针对农民工个体层次模型的斜率项 β_{pj} 加入企业层自变量，并将斜率模型设为随机效应，表示农民工个体层次模型的斜率可以在企业总体层随机变化，因此企业总体层模型变为：

$$\beta_{pj} = \gamma_{p0} + \sum_{q=1}^{q_r} \gamma_{pq} W_{qj} + u_{pj} \tag{5-9}$$

不难发现，随机斜率模型的组合模型中会出现 X_{pij} 与 W_{qj} 的交互项，即考虑了两个层级间变量的相互作用对结果变量农民工职业流动指标的影响。因此，本部分将采用随机斜率模型考察组织伦理气氛是如何影响农民工职业流动的。

5.3 组织伦理气氛对农民工职业流动意向的影响分析

本部分通过构建分层数据，建立 HLM 阶层线性回归模型，利用 HLM 6.08 软件对阶层线性回归模型进行估计，分析组织伦理气氛对农民工职业流动意向的影响，并进行稳健性检验。

5.3.1 实证结果分析

（1）随机效应的单因素方差分析（零模型估计结果分析）。

在 HLM 中，随机效应的单因素方差分析即是零模型分析。表 5-2

汇报了 HLM 零模型估计的输出结果,从表 5-2 中可知,截距为 2.8662,说明平均每个农民工的职业流动意向水平为 2.8662。农民工离职意向的企业总体层方差(组间变异)为 0.3367,农民工个体层方差(组内变异)为 0.5820,由此计算出组内相关系数为 0.3665,且十分显著,说明农民工离职意向变异中的 36.65% 是由企业总体层特征差异决定的,即表明不同企业之间的农民工的职业流动意向存在显著差异。这意味着,在模型中纳入企业总体层特征变量将会改善模型的适应性。

表 5-2　　　　　零模型估计结果

固定效应	系数	标准误		
平均的农民工职业流动意向值(截距)	2.8662	0.0629		
随机效应	方差成分	自由度	卡方	P 值
企业总体层方差 τ_0^2(组间变异)	0.3367	29	379.61	0.000
农民工个体层方差 σ_0^2(组内变异)	0.5820			
组内相关系数 ρ	0.3665			
偏离度	2062.30			

注:结果由 HLM 6.08 软件输出。

(2)随机截距模型的估计结果分析。

在零模型基础上,继而建立随机截距模型,输出估计结果如表 5-3 所示。其中,表 5-3 中模型 1 只在企业总体层纳入组织伦理气氛指标变量,检验组织伦理气氛对农民工职业流动意向的作用是否显著;模型 2 是在模型 1 的基础上加入两个层次控制变量的随机截距模型。

表 5-3　　　　　随机截距模型的估计结果

固定效应	模型 1			模型 2		
	系数	标准误	P 值	系数	标准误	P 值
截距	2.5043	0.5040	0.000	2.1936	0.2203	0.000
企业总体层特征						
规则型组织伦理气氛	-0.2826	0.0237	0.000	-0.2331	0.0255	0.000
关怀型组织伦理气氛	-0.4911	0.0858	0.000	-0.4225	0.0632	0.000
自利型组织伦理气氛	0.3069	0.0903	0.003	0.1894	0.0578	0.004
企业性质				0.0919	0.0480	0.067
企业员工规模				0.0947	0.0442	0.042

续表

固定效应	模型1			模型2		
	系数	标准误	P值	系数	标准误	P值
农民工个体层特征						
性别				0.0363	0.0406	0.372
年龄				-0.0162	0.0052	0.002
婚姻状况				-0.0540	0.0593	0.363
受教育程度				0.1748	0.0312	0.000
独生子女				-0.0200	0.0591	0.735
本地人				-0.0003	0.0428	0.995
风险态度				0.0461	0.0142	0.000
网络熟练情况				0.0488	0.0543	0.369
社会交往				-0.0372	0.0287	0.196
工作培训				-0.1853	0.0907	0.041
工作加班				-0.1053	0.0575	0.067
月工资收入				-0.4740	0.0409	0.000
日工作时长				-0.0016	0.0141	0.912
劳动合同				0.0417	0.0820	0.611
医疗保险				-0.0386	0.0534	0.470
入职年限				-0.0050	0.0057	0.383
换工个数				-0.0250	0.0202	0.217
随机效应						
企业总体层变异	0.2365		0.000	0.2537		0.000
农民工个体层变异	0.5816			0.5431		
组内相关系数	0.2891			0.3184		
偏离度	2022.23			1962.39		
农民工样本量	1130					
企业样本量	30					

注：结果由 HLM 6.08 软件输出。

根据表 5-3 的估计结果可以进行以下分析：

第一，分析组织伦理气氛对农民工职业流动意向的解释力。从随机效应来看，表 5-3 中模型 1 的企业总体层变异为 0.2365，相对零模型的 0.3367 有所下降，下降幅度为 29.76%，说明组织伦理气氛解释了企

第5章 组织伦理气氛对农民工职业流动的影响：企业层面实证分析

业总体层农民工职业流动意向差异的29.76%，将组织伦理气氛纳入模型后有效地提升了农民工职业流动意向的解释能力。

第二，分析组织伦理气氛对农民工职业流动意向的影响。表5-3中模型2的固定效应结果显示，组织伦理气氛变量均在1%的统计水平上显著，且规则型、关怀型组织伦理气氛具有负向影响，而自利型组织伦理气氛具有正向影响，即规则型或关怀型组织伦理气氛越浓，农民工的职业流动意向越弱，自利型组织伦理气氛越浓，农民工的职业流动意向越强。这表明企业的组织伦理气氛表现为规则型和关怀型均有利于降低农民工的职业流动意向程度，但自利型组织伦理气氛则会提高农民工的职业流动意向程度。这一结果与以往针对企业一般职员的研究相一致（Deshpande，1996；Sims & Keon，1997；许欣等，2018）。上述结果的可能解释是：农民工对企业的伦理行为准则越来越关注，特别是在工资水平逐步提高的现实情境下，他们在意于个人道德和价值判断不被重视，更加希望融入有章可循、充满人文关怀气息的组织氛围中去寻找做事对的感觉以及实现自身职业目标。

第三，不同组织伦理气氛类型对农民工职业流动意向的影响差异。表5-3中模型2的固定效应结果显示，规则型、关怀型组织伦理气氛都对农民工职业流动意向具有显著负向影响，且关怀型组织伦理气氛的影响较之规则型组织伦理气氛更大，但自利型组织伦理气氛对农民工职业流动意向的影响显著为正。其可能的解释是：规则型组织伦理气氛强调组织成员的行为决策需要严格遵守行业规范、规章制度以及组织内部各项规定等，组织成员的决策都有统一的衡量标准，不会因行事依据不同而出现比较棘手的伦理困境，整体利益不太可能受个别极端决策的影响，这样的组织环境显然有利于提高农民工的满意度，职业流动意向程度也会较低；关怀型组织伦理气氛鼓励组织成员权衡自身与外部其他利益相关者之间的利益，成员之间相互关心和帮助，这种充满关怀气息与合作精神的组织氛围和伦理准则与个体自我价值观极具相容性，势必会受到农民工的青睐，对农民工的保留作用十分明显，亦即以关怀为主导的工作环境会使农民工不容易产生离职的想法；而在自利型组织伦理气氛中，组织成员以能否为自身带来利益最大化为决策前提，比较关注个人利益得失，这就容易导致成员之间存在恶意竞争，在这样的工作环境下，农民工想要离职的想法必然会比较强烈。

第四，分析控制变量对农民工职业流动意向的影响。表5-3中模型2的估计结果显示，在农民工个体层中，对农民工职业流动意向产生显著影响的变量有年龄、受教育程度、风险态度、工作培训、工作加班和月工资收入。这些结果可以解释为：随着年龄的增长，农民工的劳动供给能力下降，即便换工也难以找到更好的工作岗位，反而要承担相应的离职损失，因此职业流动意向程度会下降；学历水平高的农民工具备一定的人力资本，比较向往更好的职业平台，容易产生离职冲动；具有冒险偏好的农民工一般不太满足于现状，希望通过换工获得更好的职业体验；农民工的职业流动意向程度随工资水平的提高而降低，这与现实情况相符，也再次证实工资收入是农民工就业最直接的福利；工作培训有利于提高农民工的岗位技能水平，进而增加农民工与工作的相容性，对农民工具有一定的保留效果；工作加班会适当降低农民工职业流动意向程度，且日工作时长对农民工职业流动意向的影响不显著，可能的原因是多数样本企业对加班时间或者超出农民工可接受工作时间的部分提供了比较满意的劳动补偿，这一结果应该是一个有趣的发现，也在一定程度上与现实相符。在企业总体层中，企业性质和企业员工规模均对农民工职业流动意向具有显著的正向影响。对其解释是：相比国有企业和合资企业，民营企业的管理理念、福利待遇等欠缺规范和完善，因此农民工的职业流动意向较强；农民工由于自身因素可能难以具备满足大规模企业的职业技能及岗位竞争要求。

(3) 随机斜率模型的估计结果分析。

本部分进一步建立随机斜率模型考察组织伦理气氛如何影响了农民工的职业流动意向，模型的估计结果如表5-4所示。从模型的整体解释力来看，随机斜率模型和随机截距模型的偏离度差异（638.12）远远大于0.5%水平上的临界值31.319，说明随机斜率模型的拟合情况得到了显著改善。

第5章 组织伦理气氛对农民工职业流动的影响：企业层面实证分析

表 5-4　　随机斜率模型的估计结果

固定效应	系数	标准误	t 比率	P 值
平均的农民工职业流动意向（截距）	2.7547	1.0352	2.661	0.014
规则型伦理气氛	-0.0765	0.0140	-5.482	0.000
关怀型伦理气氛	-0.2678	0.0852	-3.145	0.005
自利型伦理气氛	0.1345	0.0466	2.884	0.009
企业性质	0.1666	0.0416	4.002	0.001
企业员工规模	0.0661	0.0288	2.294	0.031
性别（截距）	0.0212	0.0062	3.427	0.002
年龄（截距）	-0.0433	0.0218	-1.989	0.057
规则型伦理气氛	-0.1506	0.1508	-0.998	0.328
关怀型伦理气氛	-0.2810	0.5209	-0.540	0.594
自利型伦理气氛	0.3877	0.5238	0.740	0.466
婚姻状况（截距）	0.0756	0.0727	1.039	0.308
受教育程度（截距）	0.0838	0.0208	4.030	0.001
规则型伦理气氛	-0.1358	0.0460	-2.955	0.007
关怀型伦理气氛	-0.9138	0.1639	-5.575	0.000
自利型伦理气氛	0.8171	0.1761	4.641	0.000
独生子女（截距）	-0.0946	0.0586	-1.614	0.117
本地人（截距）	-0.1172	0.0837	-1.400	0.172
风险态度（截距）	0.0617	0.0298	2.069	0.047
规则型伦理气氛	-0.1554	0.0876	-1.775	0.087
关怀型伦理气氛	-0.0311	0.1211	-0.257	0.800
自利型伦理气氛	-0.1297	0.2413	-0.537	0.595
网络熟练情况（截距）	-0.1450	0.0944	-1.536	0.135
社会交往（截距）	-0.0213	0.0377	-0.564	0.577
工作培训（截距）	-0.0700	4.5060	-0.016	0.988
工作加班（截距）	-0.1626	0.1068	-1.523	0.138
月工资收入（截距）	-0.4854	0.0670	-6.350	0.000
规则型伦理气氛	0.0361	0.1585	0.228	0.822
关怀型伦理气氛	-0.8313	0.1931	4.305	0.000
自利型伦理气氛	0.5759	0.1673	-3.442	0.000
日工作时长（截距）	-0.0053	0.0238	-0.224	0.825

续表

固定效应	系数	标准误	t比率	P值
劳动合同（截距）	0.1014	0.0502	2.020	0.043
医疗保险（截距）	-0.0843	0.0479	-1.757	0.079
入职年限（截距）	-0.0032	0.0038	-0.832	0.406
换工个数（截距）	-0.0378	0.0108	-3.493	0.001
随机效应	方差	卡方	P值	
平均的农民工离职意向	0.5538	24.683	0.000	
性别斜率	0.2978	55.899	0.00	
年龄斜率	0.0213	50.406	0.00	
婚姻状况斜率	0.3457	36.596	0.00	
受教育程度斜率	0.2491	40.699	0.00	
独生子女斜率	0.2576	19.094	0.008	
本地人斜率	0.3752	55.335	0.00	
风险态度斜率	0.2559	39.699	0.00	
网络熟练情况斜率	0.4650	60.155	0.00	
社会交往斜率	0.1907	67.500	0.00	
工作培训斜率	0.6909	31.928	0.00	
工作加班斜率	0.5516	58.953	0.00	
月工资收入斜率	0.2664	14.540	0.006	
日工作时长斜率	0.1176	54.273	0.00	
劳动合同斜率	0.3270	53.460	0.00	
医疗保险斜率	0.3439	54.341	0.00	
入职年限斜率	0.5429	68.410	0.00	
换工个数斜率	0.2143	49.244	0.00	
个体层效应	0.3319			
偏离度	1384.11			
农民工样本量	1130			
企业样本量	30			

注：（1）结果由 HLM 6.08 软件输出；（2）经建模尝试，为确保估计结果的稳定性，随机截距模型中不显著的部分农民工个体层变量未纳入企业总体层的斜率模型；（3）组织伦理气氛指标的估计系数表示各组织伦理气氛类型对农民工职业流动意向的影响效应；（4）农民工个体层变量下的截距估计系数表示个体层特征对农民工职业流动意向的影响效应，而嵌套于其中的估计系数表示组织伦理气氛对于个体层特征影响职业流动意向的结构性调整效应。

由表 5-4 可知,农民工职业流动意向对组织伦理气氛以及控制因素进行估计的结果与随机截距模型中基本一致,具体的解释不再赘述。本部分重点分析组织伦理气氛对农民工个体层特征与其职业流动意向关系的作用。

第一,年龄的截距系数显著为负,年龄项下的组织伦理气氛变量均不显著。这说明不同组织伦理气氛类型在农民工的年龄与其职业流动意向之间都不具有结构性调整作用,即农民工的年龄对其职业流动意向的约束效应不会受到组织伦理行为准则的影响。

第二,受教育程度的截距系数显著为正,在受教育程度项下,组织伦理气氛变量均通过了显著性检验,且规则型、关怀型伦理气氛均使受教育程度对农民工职业流动意向的影响力减弱,而自利型伦理气氛会使受教育程度对农民工职业流动意向的影响力增强。这表明规则型或关怀型组织伦理气氛越浓,受教育程度对农民工职业流动意向的正向效应越弱,但自利型组织伦理气氛越浓,受教育程度对农民工职业流动意向的正向效应则越强。

第三,风险态度的截距系数显著为正,在风险态度项下,规则型组织伦理气氛具有显著的负向影响,说明规则导向的组织伦理气氛对于风险态度对农民工职业流动意向的正向效应具有削弱作用。

第四,月工资收入的截距系数显著为负,在月工资收入项下,关怀型组织伦理气氛具有显著的负向影响,自利型组织伦理气氛具有显著的正向影响。这意味着以关怀为导向的组织伦理气氛有利于增强工资收入对农民工职业流动意向的抑制作用,而以自利为导向的组织伦理气氛则会减弱工资收入对农民工职业流动意向的抑制作用。

上述结果表明,组织伦理气氛在农民工个体层特征与其职业流动意向的关系中存在一定的结构性调整效应,且不同组织伦理气氛类型在调节农民工个体层特征对其职业流动意向的影响上存在差异。

5.3.2 稳健性检验

本部分进一步检验农民工职业流动意向对组织伦理气氛的估计结果

的稳健性水平。根据以往文献经验，稳健性检验一般从三个方面进行考察：一是改变核心变量的量化方式再次估计，观察结果是否一致；二是变换估计模型对数据重新估计，观察结果是否一致；三是扩大或细分样本进行再次估计，观察结果是否一致。由于组织伦理气氛与农民工职业流动意向之间具有跨层特征，使传统线性回归模型不适用，且前面的随机截距模型和随机斜率模型实际上已经获得了更换估计模型的稳健性检验结果。本部分采用改变被解释变量量化方式和细分样本的思路进行稳健性检验，以此考察实证结果的稳定性：一是采用因子分析法量化农民工职业流动意向后代入模型再估计；二是将样本分别按照地区和行业分割后进行分组回归。

（1）改变被解释变量量化方式的稳健性分析。

前面基准回归的被解释变量是直接利用量表测量题项均值进行量化，本部分进一步利用因子分析法测量农民工职业流动意向的量化值进行代替，代入 HLM 模型进行再次估计。

表5-5 汇报了 HLM 零模型估计的输出结果，从表5-5中可知，农民工离职意向的企业总体层方差（组间变异）为0.4616，农民工个体层方差（组内变异）为0.9030，由此计算出组内相关系数为0.3383，且十分显著，说明农民工职业流动意向变异中的33.83%是由企业总体层特征差异决定的，即表明不同企业之间的农民工的职业流动意向存在显著差异。这意味着，在模型中纳入企业总体层特征变量将会改善模型的适应性，结果与表5-2具有相似性。

表5-5 零模型估计结果（改变农民工职业流动意向量化方式）

固定效应	系数	标准误		
平均的农民工职业流动意向值（截距）	-0.0033	0.0005		
随机效应	方差成分	自由度	卡方	P 值
企业总体层方差 τ_0^2（组间变异）	0.4616	29	284.90	0.000
农民工个体层方差 σ_0^2（组内变异）	0.9030			
组内相关系数 ρ	0.3383			
偏离度	3047.51			

注：结果由 HLM 6.08 软件输出。

第5章 组织伦理气氛对农民工职业流动的影响：企业层面实证分析

在零模型基础上，继而纳入组织伦理气氛变量和两个层次的控制变量，建立随机截距模型，模型估计结果如表5-6所示。其中，表5-6中模型1是只在企业总体层纳入组织伦理气氛变量的随机截距模型，用以检验组织伦理气氛对农民工职业流动意向的作用是否显著；模型2是在模型1的基础上加入两个层次控制变量的随机截距模型。

从表5-6汇报的估计结果来看，随机效应方面，表5-6中模型1的企业总体层变异为0.3090，相对零模型的0.4616有所下降，下降幅度为29.76%，说明组织伦理气氛解释了企业总体层农民工职业流动意向差异的29.76%，将组织伦理气氛纳入模型后有效地提升了农民工职业流动意向的解释能力。模型2的固定效应结果显示，组织伦理气氛变量均在1%的统计水平上显著，规则型、关怀型组织伦理气氛具有负向影响，且关怀型组织伦理气氛对农民工职业流动意向的影响大于规则型组织伦理气氛对农民工职业流动意向的影响。而自利型组织伦理气氛对农民工职业流动意向具有正向影响。由于控制变量不是关注的重点，因此不再对其进行解释。本部分通过改变被解释变量量化方式得到的估计结果与基准回归结果保持了一致，说明实证结果比较稳健。

表5-6 随机截距模型的估计结果（改变农民工职业流动意向量化方式）

固定效应	模型1			模型2		
	系数	标准误	P值	系数	标准误	P值
截距	0.0748	0.0365	0.050	0.0211	0.0013	0.000
企业总体层特征						
规则型组织伦理气氛	-0.2435	0.1044	0.028	-0.1532	0.0863	0.088
关怀型组织伦理气氛	-0.6378	0.2030	0.002	-0.5020	0.0852	0.000
自利型组织伦理气氛	0.6113	0.3190	0.066	0.3784	0.0460	0.000
企业性质				0.1673	0.1097	0.140
企业员工规模				0.1502	0.0691	0.040
农民工个体层特征						
性别				0.0642	0.0617	0.299
年龄				-0.0123	0.0081	0.130
婚姻状况				-0.1400	0.0760	0.065

续表

固定效应	模型1			模型2		
	系数	标准误	P值	系数	标准误	P值
受教育程度				0.3631	0.0385	0.000
独生子女				-0.0308	0.0779	0.692
本地人				-0.0333	0.0761	0.662
风险态度				0.1220	0.0519	0.019
网络熟练情况				-0.0548	0.0807	0.497
社会交往				-0.0030	0.0307	0.923
工作培训				-0.2727	0.0784	0.001
工作加班				0.0468	0.0663	0.481
月工资收入				-0.4544	0.0393	0.000
日工作时长				0.0110	0.0199	0.580
劳动合同				0.0595	0.1042	0.568
医疗保险				-0.1526	0.0960	0.112
入职年限				-0.0077	0.0056	0.167
换工个数				0.0070	0.0222	0.753
随机效应						
企业总体层变异	0.3090		0.000	0.3124		0.000
农民工个体层变异	0.9033			0.8957		
组内相关系数	0.2549			0.2586		
偏离度	3032.37			3060.82		
农民工样本量	1130					
企业样本量	30					

注：结果由 HLM 6.08 软件输出。

(2) 细分样本的稳健性分析。

根据本书数据来源的地区和行业分布特征，本部分分别按照地区分组（珠三角地区和其他地区）和行业（制造业和其他行业）分组进行细分样本的稳健性分析。

表5-7汇报了分组样本的HLM零模型的估计结果。从表5-7中可知，珠三角地区的零模型中，截距为2.9480，说明该样本平均每个农民工的职业流动意向水平为2.9480，企业总体层方差（组间变异）

第5章 组织伦理气氛对农民工职业流动的影响：企业层面实证分析

为 0.3656，农民工个体层方差（组内变异）为 0.5641，由此计算出组内相关系数为 0.3932，且十分显著，说明农民工职业流动意向变异中的 39.32% 是由企业总体层特征差异决定的。其他地区的零模型中，截距为 2.8175，说明该样本平均每个农民工的职业流动意向水平为 2.8175，企业总体层方差（组间变异）为 0.2770，农民工个体层方差（组内变异）为 0.6113，由此计算出组内相关系数为 0.3118，且十分显著，说明农民工职业流动意向变异中的 31.18% 是由企业总体层特征差异决定的。制造业的零模型中，截距为 3.0010，说明该样本平均每个农民工的职业流动意向水平为 3.0010，企业总体层方差（组间变异）为 0.3706，农民工个体层方差（组内变异）为 0.5997，由此计算出组内相关系数为 0.3819，且十分显著，说明农民工职业流动意向变异中的 38.19% 是由企业总体层特征差异决定的。其他行业的零模型中，截距为 2.7489，说明该样本平均每个农民工的职业流动意向水平为 2.7489，企业总体层方差（组间变异）为 0.2638，农民工个体层方差（组内变异）为 0.5665，由此计算出组内相关系数为 0.3177，且十分显著，说明农民工职业流动意向变异中的 31.77% 是由企业总体层特征差异决定的。总之，各个零模型结果表明不同企业之间的农民工的职业流动意向都存在显著差异，适合建立阶层模型进行数据分析。

表 5-7　　零模型估计结果（细分样本）

	珠三角地区	其他地区	制造业	其他行业
固定效应				
平均农民工职业流动意向值（截距）	2.9480 *** (0.0847)	2.8175 *** (0.0843)	3.0010 *** (0.0988)	2.7489 *** (0.0678)
随机效应				
企业总体层方差 τ_0^2（组间变异）	0.3656 ***	0.2770 ***	0.3706 ***	0.2638 ***
农民工个体层方差 σ_0^2（组内变异）	0.5641	0.6113	0.5997	0.5665
组内相关系数 ρ	0.3932	0.3118	0.3819	0.3177
偏离度	1258.87	802.40	981.75	1073.81

注：结果由 HLM 6.08 软件输出。

表 5-8 汇报的是按照地区分组的随机截距模型估计结果，其中

表5-8中模型1是对珠三角地区样本的回归估计,模型2是对其他地区样本的回归估计。随机效应显示,两个模型中农民工的职业流动意向都存在企业组别差异。

从表5-8可知,规则型组织伦理气氛在表5-8模型1中的估计系数不显著、在模型2中的估计系数显著为负,关怀型组织伦理气氛在模型1和模型2中的估计系数都显著为负,自利型组织伦理气氛在模型1和模型2中的估计系数都显著为正。由于控制变量不是关注重点,因此不对其进行分析及解释。虽然组织伦理气氛对农民工职业流动意向影响的显著性水平存在地区差异,但总体上按照地区分组的回归估计结果与总体样本的回归估计结果基本保持了一致,说明实证结果具有一定的稳健性。

表5-8　　　　随机截距模型的估计结果(按照地区分组)

固定效应	模型1:珠三角地区			模型2:其他地区		
	系数	标准误	P值	系数	标准误	P值
截距	2.9079	1.2711	0.038	2.8230	1.5648	0.092
企业总体层特征						
规则型组织伦理气氛	-0.0991	0.1005	0.370	-0.1056	0.0442	0.009
关怀型组织伦理气氛	-0.4294	0.1197	0.000	-0.3135	0.1148	0.041
自利型组织伦理气氛	0.2894	0.1264	0.004	0.1008	0.0359	0.007
企业性质	0.0569	0.0777	0.477	0.2566	0.0886	0.035
企业员工规模	0.1199	0.0521	0.039	0.0154	0.0560	0.794
农民工个体层特征						
性别	0.0415	0.0467	0.375	0.0417	0.0646	0.519
年龄	-0.0191	0.0059	0.002	-0.0151	0.0093	0.104
婚姻状况	-0.0569	0.0586	0.332	-0.0467	0.0764	0.541
受教育程度	0.1640	0.0295	0.000	0.1920	0.0390	0.000
独生子女	-0.0362	0.0585	0.536	0.0357	0.0825	0.665
本地人	-0.0026	0.0568	0.964	0.0272	0.0815	0.739
风险态度	0.0538	0.0390	0.168	-0.0100	0.0543	0.854

续表

固定效应	模型1：珠三角地区			模型2：其他地区		
	系数	标准误	P值	系数	标准误	P值
网络熟练情况	0.0145	0.0611	0.812	0.0956	0.0837	0.255
社会交往	-0.0221	0.0230	0.336	-0.0666	0.0323	0.040
工作培训	-0.1891	0.0601	0.002	-0.1949	0.0791	0.014
工作加班	-0.1015	0.0502	0.043	-0.1169	0.0697	0.094
月工资收入	-0.0987	0.0287	0.001	-0.1424	0.0438	0.002
日工作时长	-0.0039	0.0148	0.792	0.0028	0.0211	0.895
劳动合同	0.0726	0.0758	0.339	0.0132	0.1218	0.914
医疗保险	-0.0294	0.0672	0.661	-0.0760	0.1235	0.538
入职年限	-0.0085	0.0061	0.165	0.0007	0.0100	0.947
换工个数	0.0224	0.0161	0.164	0.0357	0.0245	0.147
随机效应						
企业总体层变异	0.1669		0.000	0.1141		0.000
农民工个体层变异	0.5326			0.5666		
组内相关系数	0.2386			0.1676		
偏离度	1136.03			754.77		
农民工样本量	711			419		
企业样本量	19			11		

注：结果由HLM 6.08软件输出。

表5-9汇报的是按照行业分组的随机截距模型估计结果，其中表5-9中模型1是对制造业样本的回归估计，模型2是对其他行业样本的回归估计。随机效应显示，两个模型中农民工的职业流动意向都存在企业组别差异。

由表5-9可知，规则型组织伦理气氛在表5-9模型1中的估计系数显著为负、在模型2中的估计系数不显著，关怀型组织伦理气氛在模型1和模型2中的估计系数都显著为负，自利型组织伦理气氛在模型1和模型2中的估计系数都显著为正。由于控制变量不是关注重点，因此不对其进行分析及解释。虽然组织伦理气氛对农民工职业流动意向影响的显著性水平存在行业差异，但总体上按照行业分组的回归估计结果与总体样本的回归估计结果基本保持了一致，再次证明了实证结果的稳定性。

表5-9　随机截距模型的估计结果（按照行业分组）

固定效应	模型1：制造业			模型2：其他行业		
	系数	标准误	P值	系数	标准误	P值
截距	3.0998	1.4504	0.035	2.7081	1.2441	0.054
企业总体层特征						
规则型组织伦理气氛	-0.2481	0.0517	0.000	-0.1091	0.1513	0.487
关怀型组织伦理气氛	-0.4288	0.1318	0.013	-0.2439	0.1082	0.048
自利型组织伦理气氛	0.3189	0.1261	0.035	0.2302	0.1119	0.066
企业性质	0.3104	0.0720	0.003	-0.1022	0.1465	0.501
企业员工规模	-0.0349	0.0461	0.471	0.1249	0.0673	0.093
农民工个体层特征						
性别	0.1242	0.0576	0.031	-0.0148	0.0489	0.762
年龄	-0.0222	0.0095	0.020	-0.0207	0.0059	0.001
婚姻状况	0.0404	0.0751	0.590	-0.0772	0.0596	0.196
受教育程度	0.2535	0.0440	0.000	0.1473	0.0273	0.000
独生子女	0.0636	0.0799	0.427	-0.0256	0.0609	0.674
本地人	-0.0411	0.1037	0.692	0.0368	0.0515	0.475
风险态度	-0.0022	0.0497	0.966	0.0202	0.0410	0.621
网络熟练情况	0.0450	0.0829	0.587	0.0330	0.0629	0.599
社会交往	-0.0037	0.0299	0.903	-0.0494	0.0233	0.034
工作培训	-0.1286	0.0805	0.111	-0.3473	0.0615	0.000
工作加班	0.0504	0.0740	0.496	-0.2161	0.0494	0.000
月工资收入	-0.1746	0.0439	0.000	-0.0982	0.0287	0.001
日工作时长	-0.0247	0.0188	0.190	0.0171	0.0151	0.259
劳动合同	-0.0572	0.1153	0.619	0.1834	0.0761	0.016
医疗保险	0.0002	0.0984	0.999	-0.1377	0.0728	0.059
入职年限	-0.0175	0.0121	0.151	-0.0074	0.0056	0.185
换工个数	0.0359	0.0187	0.055	0.0056	0.0204	0.785

续表

固定效应	模型1：制造业			模型2：其他行业		
	系数	标准误	P值	系数	标准误	P值
随机效应						
企业总体层变异	0.2064		0.000	0.1703		0.000
农民工个体层变异	0.5671			0.5053		
组内相关系数	0.2668			0.2521		
偏离度	933.74			1003.06		
农民工样本量	520			610		
企业样本量	14			16		

注：结果由 HLM 6.08 软件输出。

5.3.3 进一步讨论

前面将农民工对伦理情境的共同感知聚合到企业层面，从企业视角分析了组织伦理气氛对农民工职业流动意向的影响，但不可忽视的是，农民工个人的伦理感知也会直接影响其离职心理。本部分直接考察农民工的伦理气氛感知对其职业流动意向的影响，利用单一层面数据建立OLS模型进行计量估计，并进行分组回归，考察估计结果的稳健性和样本异质性。

表5-10汇报了组织伦理气氛感知对农民工职业流动意向影响的估计结果，从表5-10中可知，组织伦理气氛感知指标对农民工职业流动意向具有显著影响，并存在样本差异：第一，规则感知会对农民工的职业流动意向程度产生抑制作用，该作用普遍存在于不同地区样本，且在新一代、制造业样本中更加明显；第二，关怀感知会对农民工的职业流动意向程度产生抑制作用，该作用普遍存在于不同代际、不同地区和不同行业样本；第三，自利感知对农民工的职业流动意向程度产生正向影响，该影响主要体现在"90后"、珠三角地区以及其他行业样本中。总体上，农民工对伦理气氛的感知在个体层面的结果与表5-3的结果一致，且对其职业流动意向的影响小于组织层面的指标，原因可能在于，

个体对伦理情境的感知和离职心理会经集体的感染在组织内形成放大效应，这也符合心理知觉的社会分享属性。

表5-10　组织伦理气氛感知对农民工职业流动意向影响的回归估计结果

变量	全样本	"80后"之前	"80后"	"90后"	珠三角	其他地区	制造业	其他行业
	(1)	(2)	(3)	(4)	(5)	(6)	(7)	(8)
规则感知	-0.1205*** (0.0121)	-0.0437 (0.0305)	-0.0328* (0.0192)	-0.0581*** (0.0209)	-0.0526*** (0.0148)	-0.0682*** (0.0221)	-0.1060*** (0.0173)	-0.0253 (0.0184)
关怀感知	-0.2207*** (0.0202)	-0.2024*** (0.0419)	-0.2680*** (0.0323)	-0.2105*** (0.0329)	-0.2099*** (0.0247)	-0.2416*** (0.0355)	-0.3129*** (0.0357)	-0.1708*** (0.0238)
自利感知	0.0477** (0.0196)	0.0596 (0.0382)	0.0248 (0.0326)	0.1048*** (0.0330)	0.0536** (0.0242)	0.0306 (0.0340)	0.0039 (0.0349)	0.0614*** (0.0230)
企业性质	0.0812*** (0.0211)	0.2394*** (0.0522)	0.0909*** (0.0329)	-0.0001 (0.0367)	0.0619** (0.0256)	0.1614*** (0.0415)	0.1082*** (0.0346)	0.0685* (0.0357)
企业员工规模	0.0901*** (0.0125)	0.1018*** (0.0349)	0.1281*** (0.0192)	0.0527** (0.0209)	0.1099*** (0.0158)	0.0566** (0.0237)	0.0696*** (0.0183)	0.0821*** (0.0189)
性别	0.0829*** (0.0271)	0.0099 (0.0563)	0.0695* (0.0401)	0.0035 (0.0504)	-0.0782** (0.0341)	0.1050** (0.0449)	0.1099*** (0.0399)	-0.0270 (0.0365)
年龄	-0.0012 (0.0033)	0.0159* (0.0091)	0.0300*** (0.0086)	0.0038 (0.0111)	0.0001 (0.0039)	0.0028 (0.0062)	-0.0065 (0.0061)	0.0008 (0.0043)
婚姻状况	0.0217 (0.0340)	-0.2935 (0.1853)	0.0973* (0.0574)	-0.0499 (0.0531)	0.0240 (0.0433)	0.0239 (0.0563)	0.0736 (0.0530)	-0.0365 (0.0445)
受教育程度	0.0950*** (0.0160)	0.0858* (0.0499)	0.1502*** (0.0244)	-0.0319 (0.0279)	0.1047*** (0.0203)	0.0896*** (0.0270)	0.1990*** (0.0285)	0.0728*** (0.0202)
独生子女	-0.0094 (0.0336)	0.1915 (0.1464)	-0.0329 (0.0483)	0.0242 (0.0545)	-0.0132 (0.0420)	0.0035 (0.0577)	0.0263 (0.0556)	0.0111 (0.0428)
本地人	-0.0863*** (0.0334)	-0.0137 (0.0690)	-0.1596*** (0.0504)	0.0144 (0.0632)	-0.0900** (0.0413)	-0.0430 (0.0577)	-0.1430** (0.0697)	-0.0495 (0.0384)
风险态度	0.0122 (0.0226)	-0.0202 (0.0519)	-0.0993*** (0.0336)	0.1829*** (0.0402)	0.0154 (0.0282)	-0.0018 (0.0390)	-0.0201 (0.0332)	-0.0227 (0.0303)

续表

变量	全样本	"80后"之前	"80后"	"90后"	珠三角	其他地区	制造业	其他行业
	(1)	(2)	(3)	(4)	(5)	(6)	(7)	(8)
网络熟练情况	0.0955*** (0.0357)	0.1501** (0.0682)	-0.0417 (0.0542)	0.3491*** (0.0739)	0.0505 (0.0449)	0.1530** (0.0598)	-0.0215 (0.0581)	0.0766* (0.0455)
社会交往	-0.0140 (0.0133)	-0.0254 (0.0272)	-0.0065 (0.0214)	-0.0195 (0.0240)	-0.0070 (0.0166)	-0.0373 (0.0228)	-0.0337* (0.0203)	-0.0194 (0.0178)
工作培训	0.0202 (0.0375)	0.1191 (0.1131)	0.1531*** (0.0581)	-0.2373*** (0.0597)	0.0204 (0.0467)	0.0160 (0.0637)	0.1838*** (0.0613)	-0.2136*** (0.0493)
工作加班	0.0197 (0.0291)	0.0214 (0.0810)	-0.1008** (0.0429)	0.1310** (0.0521)	-0.0127 (0.0366)	0.0702 (0.0501)	0.0327 (0.0511)	-0.0477 (0.0366)
月工资收入	-0.1672*** (0.0166)	-0.0691 (0.0486)	-0.0604*** (0.0228)	-0.0414 (0.0315)	-0.0981*** (0.0202)	-0.0679** (0.0307)	-0.1250*** (0.0303)	-0.0477 (0.0406)
日工作时长	-0.0265*** (0.0086)	-0.0448** (0.0210)	-0.0291** (0.0143)	-0.0447*** (0.0140)	-0.0220** (0.0106)	-0.0382** (0.0151)	-0.0679*** (0.0131)	-0.0035 (0.0112)
劳动合同	-0.0760 (0.0469)	-0.3988*** (0.1230)	-0.0493 (0.0809)	-0.0536 (0.0756)	-0.0306 (0.0567)	-0.0792 (0.0882)	-0.2052** (0.0803)	0.0639 (0.0572)
医疗保险	0.0754* (0.0416)	0.1735 (0.1102)	-0.1029 (0.0763)	0.1121* (0.0676)	0.0759 (0.0481)	-0.0277 (0.0898)	0.0958 (0.0688)	-0.0070 (0.0530)
入职年限	-0.0007 (0.0037)	0.0069 (0.0060)	0.0028 (0.0061)	-0.0009 (0.0129)	-0.0023 (0.0044)	0.0049 (0.0069)	-0.0078 (0.0081)	-0.0008 (0.0042)
换工个数	-0.0222** (0.0088)	-0.0273 (0.0193)	0.0446*** (0.0137)	0.0193 (0.0177)	0.0058 (0.0107)	0.0487*** (0.0155)	0.0407*** (0.0122)	-0.0226 (0.0140)
_cons	4.6734 (7.4989)	-11.2780 (12.3639)	-2.7116 (12.3184)	4.5461 (26.1167)	7.7025 (8.9349)	-6.3810 (14.0274)	20.2366 (16.3269)	4.3697 (8.5028)
N	1130	228	486	416	711	419	520	610
r^2	0.6362	0.7500	0.6791	0.6574	0.6522	0.6336	0.7023	0.6372
F	87.9892	27.9529	44.5319	34.2839	58.6522	31.1328	53.2840	46.8553
p	0.0000	0.0000	0.0000	0.0000	0.0000	0.0000	0.0000	0.0000

注：结果由Stata 15.0软件输出，* 表示 $p<0.1$，** 表示 $p<0.05$，*** 表示 $p<0.01$，括号中数值为标准误。

5.4 组织伦理气氛对农民工职业流动行为的影响分析

本部分通过构建分层数据,利用 HLM 6.08 软件建立阶层线性模型进行数据估计,分析组织伦理气氛对农民工职业流动行为的影响,并进行稳健性检验。

5.4.1 实证结果分析

(1) 随机效应的单因素方差分析。

从表 5–11 的 HLM 零模型估计结果可知,截距为 0.3274,说明农民工平均的离职行为值为 0.3274。企业总体层方差(组间变异)为 0.1331,农民工个体层方差(组内变异)为 0.4504,组内相关系数为 0.2281,且十分显著,说明农民工职业流动行为变异中的 22.81% 是由企业总体层特征差异决定的,表明不同企业之间的农民工发生职业流动行为的概率存在显著差异,这也意味着,在模型中纳入企业总体层特征变量将会改善模型的适应性。

表 5–11　　　　零模型估计结果

固定效应	系数	标准误		
平均的农民工职业流动行为值(截距)	0.3274	0.0274		
随机效应	方差成分	自由度	卡方	P 值
企业总体层方差 τ_0^2(组间变异)	0.1331	29	119.89	0.000
农民工个体层方差 σ_0^2(组内变异)	0.4505			
组内相关系数 ρ	0.2281			
偏离度	1450.58			

注:结果由 HLM 6.08 软件输出。

(2) 随机截距模型的估计结果分析。

在零模型基础上,继而建立随机截距模型,输出估计结果如表5-12所示。其中,表5-12中模型1只在企业层纳入组织伦理气氛变量,用以检验组织伦理气氛对农民工职业流动行为的作用是否显著;模型2是在模型1的基础上加入控制变量的随机截距模型。

表5-12 随机截距模型的估计结果

固定效应	模型1			模型2		
	系数	标准误	P值	系数	标准误	P值
截距	0.3597	0.1547	0.028	0.2643	0.0878	0.007
企业总体层特征						
规则型组织伦理气氛	-0.3535	0.1786	0.058	-0.1753	0.0964	0.081
关怀型组织伦理气氛	-0.4243	0.1578	0.013	-0.2932	0.1284	0.032
自利型组织伦理气氛	0.1074	0.0798	0.179	0.1068	0.1425	0.461
企业性质				0.0113	0.0336	0.739
企业员工规模				0.0253	0.0238	0.299
农民工个体层特征						
性别				0.0201	0.0159	0.207
年龄				-0.0115	0.0032	0.000
婚姻状况				0.2324	0.3256	0.475
受教育程度				0.3833	0.1784	0.032
独生子女				-0.0700	0.0302	0.021
本地人				-0.2867	0.3333	0.390
风险态度				0.0417	0.0198	0.035
网络熟练情况				0.0672	0.0326	0.039
社会交往				0.0234	0.1331	0.861
工作培训				-0.3043	0.2524	0.229
工作加班				-0.0425	0.0254	0.094
月工资收入				-0.5390	0.1778	0.003
日工作时长				-0.0611	0.0472	0.196
劳动合同				0.0951	0.3765	0.801
医疗保险				-0.0228	0.3728	0.952
入职年限				-0.1362	0.0368	0.000
换工个数				-0.1172	0.0760	0.123

续表

固定效应	模型1			模型2		
	系数	标准误	P值	系数	标准误	P值
随机效应						
企业总体层变异	0.1096		0.000	0.0958		0.000
农民工个体层变异	0.4504			0.3732		
组内相关系数	0.1957			0.2043		
偏离度	1452.11			1847.03		
农民工样本量	1130					
企业样本量	30					

注：结果由 HLM 6.08 软件输出。

根据表5-12的估计结果可以进行以下分析：

第一，分析组织伦理气氛对农民工职业流动行为的解释力。从随机效应来看，表5-12中模型1的企业总体层变异为0.1096，相对零模型的0.1331有所下降，下降幅度为21.44%，说明组织伦理气氛解释了企业总体层农民工发生职业流动行为概率的差异为21.44%，将组织伦理气氛纳入模型后会有效地提升农民工职业流动行为的解释能力。

第二，分析组织伦理气氛对农民工职业流动行为的影响。表5-12中模型2的固定效应结果显示，规则型、关怀型组织伦理气氛对农民工发生职业流动行为的概率具有显著负向影响，即规则型或关怀型组织伦理气氛越浓，农民工发生职业流动行为的可能性越小。这一结果与以往针对企业一般职员的研究相一致（James，2011）。其可能的解释是：一方面，完备的规章制度与规范化管理能够为农民工对伦理行为的认知以及如何解决伦理问题提供明确的指导，进而减少农民工因伦理困境而引致的消极情绪，同时规则型组织伦理气氛下用工企业拥有符合市场规定的标准化留人激励政策，会对农民工产生一定的激励约束；另一方面，组织成员之间相互关心、关怀，团结互助，有助于提升农民工的工作归属感，进而降低其离职倾向，同时关怀型组织伦理气氛下用工企业倾向于实施更为积极的留人激励政策，进而会大大增强对农民工的保留作用。模型2的固定效应结果显示，自利型组织伦理气氛对农民工发生职

第 5 章 组织伦理气氛对农民工职业流动的影响：企业层面实证分析

业流动行为的概率不具有显著影响，即自利型组织伦理气氛对农民工发生职业流动行为的可能性不具有明显的正向作用。这一结果与以往针对企业一般职员的研究不一致（Deconinck，2010；杨春江等，2014）。其可能的原因是：农民工在城市就业的终极目标是融入城市社会，因此首先需要融入与工作相关的情境中，实现"职业融入"，加上职业流动需要面临诸多不确定性因素，所以即便组织伦理准则在一定程度上有违公众认可的价值观或个人的道德判断标准，他们也会努力让自身适应其中。

第三，不同组织伦理气氛类型对农民工职业流动行为的影响差异。表 5 – 12 中模型 2 的固定效应结果显示，规则型、关怀型组织伦理气氛都对农民工职业流动行为具有显著负向影响，且关怀型组织伦理气氛的影响较之规则型组织伦理气氛更大。这一结果与前面针对农民工职业流动意向的结论一致，具体解释不再赘述。模型 2 的固定效应结果显示，自利型组织伦理气氛对农民工职业流动行为的影响不显著。这一结果与前面针对农民工职业流动意向的结论不一致。其可能的解释是：自利型组织伦理气氛与公众认可的行为准则或自身价值观相违背，组织成员过于看重个人得失，容易由于恶意竞争而产生矛盾和不良情绪，促使农民工滋生离职想法，但受限于自身人力资本水平以及市民化需求，农民工通过实际离职来最终摆脱该伦理环境的不确定性较大，使他们不愿意或没能力去面对，因此即便这种环境导致他们产生离职想法，但也不会发生实际的离职行为。

第四，分析控制变量对农民工职业流动行为的影响。表 5 – 12 中模型 2 的估计结果显示，具有显著影响的控制变量有年龄、受教育程度、风险态度、工作加班和月工资收入等。其中对风险态度估计系数的解释是，越具有冒险偏好的农民工一般不太满足于现状，希望通过换工获得更好的职业体验，因此发生职业流动的可能性会越高。其他控制变量的估计结果与前面针对农民工职业流动意向的分析基本一致，且控制变量并非关注重点，因此对其具体解释不再赘述。

（3）随机斜率模型的估计结果分析。

本部分进一步建立随机斜率模型考察组织伦理气氛如何影响了农民

工的职业流动行为，输出估计结果如表 5-13 所示。从模型的整体解释力来看，随机斜率模型和随机截距模型的偏离度差异（828.87）远远大于 0.5% 水平上的临界值 31.319，说明随机斜率模型的拟合情况得到了显著改善。

表 5-13　随机斜率模型的估计结果

固定效应	系数	标准误	t 比率	P 值
平均的农民工职业流动行为（截距）	0.2390	0.0451	5.297	0.000
规则型伦理气氛	-0.1523	0.0309	-4.936	0.000
关怀型伦理气氛	-0.1714	0.0870	-1.970	0.047
自利型伦理气氛	0.0975	0.1103	0.884	0.386
企业性质	0.0029	0.0332	0.088	0.931
企业员工规模	0.0445	0.0229	1.941	0.064
性别（截距）	0.0200	0.0468	0.429	0.699
年龄（截距）	-0.0211	0.0097	-2.171	0.018
规则型伦理气氛	-0.0028	0.0062	-0.453	0.654
关怀型伦理气氛	-0.0347	0.0233	-1.490	0.148
自利型伦理气氛	-0.0493	0.2511	-0.196	0.868
婚姻状况（截距）	0.0513	0.0832	0.617	0.542
受教育程度（截距）	0.3980	0.1462	2.722	0.012
规则型伦理气氛	-0.1934	0.0441	-4.385	0.000
关怀型伦理气氛	-0.7662	0.1604	-4.778	0.000
自利型伦理气氛	0.0107	0.1751	0.061	0.952
独生子女（截距）	-0.0930	0.0669	-1.390	0.175
本地人（截距）	-0.1544	0.0556	-2.778	0.010
风险态度（截距）	0.0315	0.0139	2.261	0.032
规则型伦理气氛	-0.0119	0.0461	-0.258	0.798
关怀型伦理气氛	-0.4523	0.1618	-2.795	0.010
自利型伦理气氛	0.3378	0.1650	2.047	0.051
网络熟练情况（截距）	-0.0207	0.0531	-0.389	0.700
社会交往（截距）	0.0148	0.0385	0.383	0.704

续表

固定效应	系数	标准误	t 比率	P 值
工作培训（截距）	-0.1009	0.0747	-1.351	0.187
工作加班（截距）	-0.1338	0.0754	-1.774	0.086
月工资收入（截距）	-0.5009	0.1744	-2.872	0.008
规则型伦理气氛	-0.1589	0.0544	2.923	0.008
关怀型伦理气氛	-0.5508	0.2047	2.690	0.013
自利型伦理气氛	0.4577	0.2108	2.171	0.039
日工作时长（截距）	-0.0127	0.0233	-0.544	0.590
劳动合同（截距）	0.1115	0.0429	2.600	0.010
医疗保险（截距）	-0.0065	0.0394	-0.164	0.870
入职年限（截距）	-0.0297	0.0033	-9.026	0.000
换工个数（截距）	-0.0280	0.0091	-3.072	0.003
随机效应	方差	卡方	P 值	
平均的农民工离职行为	0.4272	26.141	0.000	
性别斜率	0.2183	27.637	0.000	
年龄斜率	0.0275	6.871	0.075	
婚姻状况斜率	0.4226	25.956	0.000	
受教育程度斜率	0.4752	31.461	0.000	
独生子女斜率	0.3258	42.295	0.000	
本地人斜率	0.2442	33.307	0.000	
风险态度斜率	0.1326	7.802	0.049	
网络熟练情况斜率	0.2147	5.814	>0.500	
社会交往斜率	0.1998	44.644	0.000	
工作培训斜率	0.3643	5.431	>0.500	
工作加班斜率	0.3803	15.996	0.014	
月工资收入斜率	0.2564	10.124	0.017	
日工作时长斜率	0.1178	22.183	0.001	
劳动合同斜率	0.4385	15.815	0.001	
医疗保险斜率	0.3331	9.325	0.010	
入职年限斜率	0.3581	23.511	0.000	

续表

固定效应	系数	标准误	t 比率	P 值
换工个数斜率	0.1461	39.263	0.000	
农民工个体层效应	0.2817			
偏离度	1018.16			
农民工样本量	1130			
企业样本量	30			

注：(1) 结果由 HLM 6.08 软件输出；(2) 经建模尝试，为确保估计结果的稳定性，随机截距模型中不显著的农民工个体层变量未纳入企业总体层的斜率模型；(3) 组织伦理气氛指标的估计系数表示各组织伦理气氛类型对农民工职业流动行为的影响效应；(4) 农民工个体层变量的截距估计系数表示个体层特征对农民工职业流动行为的影响效应，而嵌套于其中的估计系数表示组织伦理气氛对于个体层特征影响职业流动行为的结构性调整效应。

由表 5-13 可知，农民工职业流动行为对组织伦理气氛以及控制因素进行估计的结果与随机截距模型中基本一致，具体的解释不再赘述。本部分重点分析组织伦理气氛对农民工个体层特征与其职业流动行为关系的作用。

第一，年龄的截距系数显著为负，年龄项下不同组织伦理气氛类型的估计系数均不显著。这说明不同组织伦理气氛类型在农民工的年龄与其职业流动行为之间都不具有结构性调整作用，即农民工的年龄对其职业流动行为的约束效应不会受到组织伦理行为准则的影响。

第二，受教育程度的截距系数显著为正，在受教育程度项下，规则型、关怀型组织伦理气氛的估计系数均显著为负，即组织伦理气氛的规则、关怀倾向均会使受教育程度对农民工职业流动行为的影响力减弱。这说明规则型或关怀型组织伦理气氛越浓，受教育程度对农民工职业流动行为的正向效应越弱。

第三，风险态度的截距系数显著为正，在风险态度项下，关怀型组织伦理气氛具有显著的负向影响，自利型组织伦理气氛具有显著的正向影响。这意味着以关怀为导向的组织伦理气氛有利于减弱冒险型农民工发生职业流动行为的可能性，而以自利为导向的组织伦理气氛则会进一步增强冒险型农民工发生职业流动行为的可能性。

第四，月工资收入的截距系数显著为负，在月工资收入项下，规则型、关怀型组织伦理气氛均具有显著的负向影响,自利型组织伦理气氛具有显著的正向影响。这说明规则型或关怀型组织伦理气氛有利于增强工资收入对农民工的保留作用,而以自利为导向的组织伦理气氛则会减弱工资收入对农民工职业流动的抑制作用。

上述结果表明,组织伦理气氛在农民工个体层面特征与其职业流动行为的关系中存在一定的结构性调整效应,且不同组织伦理气氛类型在调节农民工个体层面特征对其职业流动行为的影响上存在差异。

5.4.2 稳健性检验

本部分进一步检验农民工职业流动行为对组织伦理气氛估计结果的稳健性水平。由于组织伦理气氛与农民工职业流动行为之间具有跨层特征,使传统线性回归模型不适用,但前面的随机截距模型和随机斜率模型实际上已经获得了一定的稳健性检验结果。借鉴以往文献经验,本部分采用细分样本的思路进行稳健性检验,将样本分别按照地区和行业分割后进行分组回归,样本分组同 5.3.2 小节。

表 5-14 汇报了分组样本的 HLM 零模型估计结果。

表 5-14　　　　　零模型估计结果(细分样本)

固定效应	珠三角地区	其他地区	制造业	其他行业
平均农民工职业流动行为值(截距)	0.3679 *** (0.0338)	0.3038 *** (0.0443)	0.3853 *** (0.0441)	0.2781 *** (0.0295)
随机效应				
企业总体层方差 τ_0^2(组间变异)	0.1323 ***	0.1341 ***	0.1531 ***	0.1181 ***
农民工个体层方差 σ_0^2(组内变异)	0.4428	0.4632	0.4625	0.4398
组内相关系数 ρ	0.2300	0.2245	0.2487	0.2117
偏离度	890.81	563.17	697.77	748.13

注:结果由 HLM 6.08 软件输出。

由表 5-14 可知,珠三角地区的零模型中,截距为 0.3679,说明该样本平均每个农民工的职业流动行为值为 0.3679,企业总体层方差(组间变异)为 0.1323,农民工个体层方差(组内变异)为 0.4428,

由此计算出组内相关系数为 0.2300，且十分显著，说明农民工职业流动行为的变异中有 23.00% 是由企业总体层特征差异决定的。其他地区的零模型中，截距为 0.3038，说明该样本平均每个农民工的职业流动行为值为 0.3038，企业总体层方差（组间变异）为 0.1341，农民工个体层方差（组内变异）为 0.4632，由此计算出组内相关系数为 0.2245，且十分显著，说明农民工职业流动行为的变异中有 22.45% 是由企业总体层特征差异决定的。制造业的零模型中，截距为 0.3853，说明该样本平均每个农民工的职业流动行为值为 0.3853，企业总体层方差（组间变异）为 0.1531，农民工个体层方差（组内变异）为 0.4625，由此计算出组内相关系数为 0.2487，且十分显著，说明农民工职业流动行为的变异中有 24.87% 是由企业总体层特征差异决定的。其他行业的零模型中，截距为 0.2781，说明该样本平均每个农民工的职业流动行为值为 0.2781，企业总体层方差（组间变异）为 0.1181，农民工个体层方差（组内变异）为 0.4398，由此计算出组内相关系数为 0.2117，且十分显著，说明农民工职业流动行为的变异中有 21.17% 是由企业总体层特征差异决定的。总之，各个零模型结果表明不同企业之间的农民工的职业流动行为存在显著差异，适合建立阶层模型进行数据分析。

表 5-15 汇报的是按照地区分组的随机截距模型估计结果，其中表 5-15 中模型 1 是对珠三角地区样本的回归估计，模型 2 是对其他地区样本的回归估计。随机效应显示，两个模型中农民工发生职业流动行为的可能性都存在企业组别差异。

表 5-15 随机截距模型的估计结果（按照地区分组）

固定效应	模型 1：珠三角地区			模型 2：其他地区		
	系数	标准误	P 值	系数	标准误	P 值
截距	0.3549	0.1596	0.023	0.3023	0.1012	0.011
企业总体层特征						
规则型组织伦理气氛	-0.1067	0.0224	0.000	-0.2835	0.1402	0.098
关怀型组织伦理气氛	-0.2237	0.0682	0.001	-0.3021	0.1417	0.085
自利型组织伦理气氛	0.0295	0.0360	0.413	0.0059	0.0558	0.918

第5章 组织伦理气氛对农民工职业流动的影响：企业层面实证分析

续表

固定效应	模型1：珠三角地区			模型2：其他地区		
	系数	标准误	P值	系数	标准误	P值
企业性质	0.0084	0.0478	0.863	0.0554	0.0669	0.445
企业员工规模	0.0202	0.0323	0.543	0.0410	0.0423	0.377
农民工个体层特征						
性别	0.0156	0.0375	0.678	0.0253	0.0499	0.612
年龄	-0.0130	0.0047	0.006	-0.0205	0.0072	0.005
婚姻状况	0.0691	0.0469	0.141	0.0112	0.0590	0.850
受教育程度	0.0845	0.0234	0.001	0.0520	0.0301	0.085
独生子女	0.0768	0.0466	0.099	0.2255	0.0637	0.001
本地人	-0.0576	0.0456	0.207	-0.0393	0.0630	0.533
风险态度	-0.0657	0.0311	0.035	-0.1148	0.0420	0.007
网络熟练情况	0.0665	0.0490	0.175	0.0939	0.0647	0.147
社会交往	0.0148	0.0183	0.420	-0.0355	0.0249	0.155
工作培训	-0.0776	0.0483	0.108	-0.0889	0.0611	0.147
工作加班	-0.0177	0.0401	0.660	-0.1268	0.0538	0.019
月工资收入	-0.3345	0.0228	0.000	-0.3474	0.0338	0.000
日工作时长	-0.0024	0.0118	0.839	-0.0154	0.0163	0.346
劳动合同	0.0803	0.0609	0.188	-0.0719	0.0941	0.445
医疗保险	-0.0682	0.0537	0.204	0.0411	0.0954	0.666
入职年限	-0.0144	0.0049	0.004	-0.0244	0.0078	0.002
换工个数	-0.0115	0.0127	0.365	-0.0201	0.0189	0.288
随机效应						
企业总体层变异	0.0906		0.000	0.0841		0.000
农民工个体层变异	0.4299			0.4380		
组内相关系数	0.1741			0.1611		
偏离度	934.28			590.66		
农民工样本量	711			419		
企业样本量	19			11		

注：结果由HLM 6.08软件输出。

从表 5-15 可知，规则型组织伦理气氛在表 5-15 模型 1 和模型 2 中的估计系数都显著为负，关怀型组织伦理气氛在模型 1 和模型 2 中的估计系数都显著为负，自利型组织伦理气氛在模型 1 和模型 2 中的估计系数都不显著。由于控制变量不是关注重点，因此不对其进行分析及解释。总体上，按照地区分组的回归估计结果与总体样本的回归估计结果保持了一致，说明实证结果比较稳健。

表 5-16 汇报的是按照行业分组的随机截距模型估计结果，其中表 5-16 中模型 1 是对制造业样本的回归估计，模型 2 是对其他行业样本的回归估计。随机效应显示，两个模型中农民工发生职业流动行为的可能性都存在企业组别差异。

表 5-16　随机截距模型的估计结果（按照行业分组）

固定效应	模型 1：制造业			模型 2：其他行业		
	系数	标准误	P 值	系数	标准误	P 值
截距	0.3746	0.1349	0.025	0.2455	0.0683	0.006
企业总体层特征						
规则型组织伦理气氛	-0.3046	0.0540	0.000	-0.2026	0.1021	0.075
关怀型组织伦理气氛	-0.3190	0.0626	0.000	-0.1766	0.0950	0.092
自利型组织伦理气氛	0.0042	0.1216	0.973	0.0036	0.1163	0.976
企业性质	0.0360	0.0952	0.715	0.0539	0.0558	0.357
企业员工规模	-0.0167	0.0634	0.799	0.0642	0.0273	0.040
农民工个体层特征						
性别	0.0815	0.0437	0.062	-0.0245	0.0402	0.541
年龄	-0.0197	0.0072	0.007	-0.0142	0.0048	0.004
婚姻状况	0.0631	0.0578	0.276	0.0666	0.0481	0.167
受教育程度	0.1249	0.0344	0.001	0.0568	0.0219	0.010
独生子女	0.1636	0.0606	0.008	0.0764	0.0487	0.117
本地人	-0.2637	0.0801	0.001	0.0832	0.0424	0.050
风险态度	-0.1535	0.0388	0.000	-0.0121	0.0335	0.717
网络熟练情况	0.0849	0.0629	0.178	0.0876	0.0511	0.087

续表

固定效应	模型1：制造业			模型2：其他行业		
	系数	标准误	P值	系数	标准误	P值
社会交往	0.0097	0.0232	0.675	-0.0191	0.0189	0.314
工作培训	-0.0221	0.0616	0.720	-0.1623	0.0499	0.002
工作加班	-0.0131	0.0561	0.816	-0.0838	0.0398	0.035
月工资收入	-0.0087	0.0341	0.800	0.0728	0.0227	0.002
日工作时长	-0.0116	0.0151	0.445	-0.0069	0.0124	0.582
劳动合同	-0.1958	0.0879	0.026	0.2361	0.0628	0.000
医疗保险	0.1465	0.0753	0.052	-0.2407	0.0589	0.000
入职年限	-0.0245	0.0092	0.008	-0.0156	0.0046	0.001
换工个数	-0.0287	0.0151	0.057	0.0018	0.0168	0.914
随机效应						
企业总体层变异	0.1193		0.000	0.0937		0.000
农民工个体层变异	0.4298			0.4178		
组内相关系数	0.2173			0.1832		
偏离度	638.13			784.49		
农民工样本量	520			610		
企业样本量	14			16		

注：结果由 HLM 6.08 软件输出。

从表 5-16 可知，规则型组织伦理气氛在表 15-16 模型 1 和模型 2 中的估计系数都显著为负，关怀型组织伦理气氛在模型 1 和模型 2 中的估计系数都显著为负，自利型组织伦理气氛在模型 1 和模型 2 中的估计系数都不显著。由于控制变量不是关注重点，因此不对其进行分析及解释。总体上，按照行业分组的回归估计结果与总体样本的回归估计结果依然保持了一致，再次证明了实证结果的稳定性。

5.4.3 进一步讨论

类似 5.3.3 小节，本部分进一步直接考察农民工的伦理气氛感知对其职业流动行为的影响,利用单一层面数据建立 Probit 模型进行计量估计,结果如表 5-17 所示。

表 5-17 组织伦理气氛感知对农民工职业流动行为影响的回归估计结果

变量	全样本 (1)	"80 后" (2)	"90 后" (3)	珠三角 (4)	其他地区 (5)	制造业 (6)	其他行业 (7)
规则感知	-0.1723*** (0.0430)	-0.0697** (0.0341)	-0.1033 (0.0976)	-0.0932*** (0.0341)	-0.0781 (0.0799)	-0.1132** (0.0573)	-0.0615* (0.0378)
关怀感知	-0.3352*** (0.0733)	-0.1287*** (0.0505)	-0.3239*** (0.0877)	-0.3923*** (0.0933)	-0.2533** (0.1257)	-0.5385*** (0.1395)	-0.2941*** (0.1017)
自利感知	0.1539** (0.0707)	0.0521 (0.1213)	0.0726*** (0.0176)	0.0671*** (0.0207)	0.1052 (0.1208)	0.1287*** (0.0324)	0.0382 (0.0999)
企业性质	-0.0897 (0.0722)	-0.3000** (0.1214)	0.0329 (0.1731)	-0.0605 (0.0894)	-0.1575 (0.1467)	-0.2193* (0.1287)	0.3794** (0.1489)
企业员工规模	0.0282 (0.0434)	0.1017 (0.0718)	-0.0991 (0.0898)	0.0275 (0.0565)	0.0931 (0.0825)	-0.0282 (0.0701)	0.1315* (0.0778)
性别	0.1511 (0.0950)	0.3085** (0.1494)	-0.0668 (0.2272)	0.0822 (0.1211)	-0.3006* (0.1635)	0.3438** (0.1559)	-0.0408 (0.1513)
年龄	-0.0513*** (0.0144)	-0.0131 (0.0322)	0.0815 (0.0566)	-0.0457** (0.0182)	-0.0678*** (0.0263)	-0.0372 (0.0270)	-0.0540** (0.0213)
婚姻状况	0.3071** (0.1208)	0.7717*** (0.2174)	-0.2520 (0.2294)	0.4102*** (0.1569)	0.1169 (0.2016)	0.1653 (0.2048)	0.4146** (0.1761)
受教育程度	0.1752*** (0.0564)	0.0181 (0.0874)	0.5074*** (0.1648)	0.2302*** (0.0739)	0.0524 (0.0943)	0.5836*** (0.1135)	0.0112 (0.0815)
独生子女	-0.5082*** (0.1145)	-0.2929* (0.1779)	-0.5533** (0.2362)	-0.3790*** (0.1452)	-0.7281*** (0.2028)	-0.5052** (0.2046)	-0.2669 (0.1725)
本地人	-0.2191* (0.1232)	-0.0535 (0.1893)	-0.6372*** (0.2075)	-0.2366 (0.1554)	-0.1651 (0.2167)	-0.8857*** (0.2804)	0.3047* (0.1661)
风险态度	0.3279*** (0.0800)	0.3444*** (0.1227)	0.6912*** (0.2049)	0.2762*** (0.1013)	0.4128*** (0.1411)	0.6299*** (0.1366)	0.0732 (0.1227)
网络熟练情况	0.4351*** (0.1372)	0.2493 (0.2011)	0.7401*** (0.3364)	0.3766** (0.1765)	0.6375*** (0.2359)	0.2960 (0.2491)	0.7948*** (0.2089)
社会交往	0.0108 (0.0473)	0.1274 (0.0783)	-0.2839** (0.1106)	0.0651 (0.0605)	-0.0620 (0.0829)	0.0242 (0.0786)	-0.0250 (0.0698)
工作培训	-0.0482 (0.1349)	0.6049*** (0.2208)	-0.6103** (0.2866)	-0.0578 (0.1712)	-0.0258 (0.2365)	0.1780 (0.2286)	-0.5325** (0.2134)

续表

变量	全样本 (1)	"80后" (2)	"90后" (3)	珠三角 (4)	其他地区 (5)	制造业 (6)	其他行业 (7)
工作加班	-0.1686 (0.1042)	-0.6324*** (0.1601)	0.5997*** (0.2216)	-0.1286 (0.1350)	-0.2726 (0.1792)	0.0676 (0.1946)	-0.3636** (0.1677)
月工资收入	-0.1599*** (0.0577)	-0.1950** (0.0858)	-0.1860*** (0.0660)	-0.1460** (0.0721)	-0.2403** (0.1084)	-0.1780** (0.0862)	-0.2937*** (0.0879)
日工作时长	-0.0488 (0.0314)	-0.0407 (0.0550)	0.0484 (0.0649)	-0.0083 (0.0389)	-0.1308** (0.0579)	-0.0812* (0.0490)	-0.0403 (0.0498)
劳动合同	0.0261 (0.1738)	0.0669 (0.3379)	0.4068 (0.3161)	0.1343 (0.2132)	-0.2853 (0.3415)	-0.7892** (0.3297)	0.7740*** (0.2660)
医疗保险	-0.0116 (0.1551)	0.3511 (0.3146)	-0.3465 (0.2918)	-0.0434 (0.1845)	0.2390 (0.3514)	0.5379* (0.2869)	-0.8234*** (0.2312)
入职年限	-0.0723*** (0.0164)	-0.1067*** (0.0242)	0.0613 (0.0625)	-0.0628*** (0.0207)	-0.1058*** (0.0302)	-0.0605* (0.0341)	-0.0851*** (0.0222)
换工个数	-0.0515 (0.0314)	-0.0299 (0.0505)	-0.1037 (0.0794)	-0.0418 (0.0392)	-0.0848 (0.0568)	-0.0973** (0.0481)	-0.0466 (0.0574)
_cons	14.5929*** (3.2845)	21.4166*** (4.7974)	-11.9604 (12.7299)	12.7883*** (4.0308)	21.4742*** (6.4090)	12.9227* (6.0204)	17.3659*** (4.1939)
N	1130	486	416	711	419	520	610
Pseudo R^2	0.2056	0.1606	0.4845	0.1935	0.2717	0.2763	0.2710
LR chi^2	292.62***	100.26***	286.58***	169.31***	148.16***	189.79***	196.63***

注：结果由 Stata 15.0 软件输出，* 表示 $p<0.1$，** 表示 $p<0.05$，*** 表示 $p<0.01$，括号中数值为标准误，由于"80后"之前样本的职业流动行为数据严重偏态，代际回归利用"80后""90后"样本进行分组。

从表5-17的估计结果可知，组织伦理气氛感知指标对农民工职业流动行为具有显著影响，并存在样本差异：第一，规则感知会对农民工的职业流动行为产生抑制作用，该作用普遍存在于不同行业样本，且在"80后"、珠三角地区样本中更加明显；第二，关怀感知会对农民工的职业流动行为产生抑制作用，该作用普遍存在于不同代际、不同地区和不同行业样本；第三，自利感知会促使农民工产生职业流动行为，该现象主要发生在"90后"、珠三角地区以及制造业样本中。总体上，农民工对伦理气氛的规则、关怀感知对其职业流动行为的影响与组织层面指标基本一致。值得关注的是，组织层面对农民工职业流动行为影响不显著的自利指标在个体层面却表现为显著，可能的解释是，一方面虽然个人对组织情境的知觉以及离职心理会经集体交流而放大，但碍于某些"关系"，这种交流可能会对一些不符合社会认可的"负面"内容有所保留，而且处于自利标签的组织内成员之间的交流和信任本身也相对少；另一方面组织层面的自利导向在没有出现具体伦理困境时对个人的指向是不明确的，因此组织层面的自利导向对农民工职业流动的推力不明显，但个体层面的自利感知的积累不仅会提高农民工的职业流动意向程度，还容易促使其产生职业流动行为。

5.5　本章小结

本章基于理论分析，利用实际调研数据，建立计量模型，从实证角度探讨了组织伦理气氛对农民工职业流动的影响，具体分析了组织伦理气氛类型维度（规则型、关怀型和自利型）对农民工职业流动意向或职业流动行为的影响。在以往研究的基础上，一方面建立 HLM 阶层模型分析了组织伦理气氛对农民工职业流动意向的跨层次影响，并进行了稳健性检验；另一方面建立 HLM 阶层模型分析了组织伦理气氛对农民工职业流动行为的影响，并进行了稳健性检验。本章研究发现如下。

第一，不同企业之间的农民工职业流动意向和职业流动行为均存在显著差异，36.65% 的职业流动意向变异和 22.81% 的职业流动行为变异由企业层特征差异决定，其中组织伦理气氛分别解释了 29.76% 和 21.44%，在农民工职业流动问题的研究中很有必要考虑企业层面的相关维度。

第二，组织伦理气氛对农民工职业流动意向具有显著的跨层次影响，规则型、关怀型组织伦理气氛均对农民工职业流动意向具有显著负向影响，而自利型组织伦理气氛对农民工职业流动意向具有显著正向影响。

第5章　组织伦理气氛对农民工职业流动的影响：企业层面实证分析

第三，组织伦理气氛对农民工职业流动行为具有一定的显著影响，规则型、关怀型组织伦理气氛均对农民工职业流动行为具有显著负向影响，但自利型组织伦理气氛对农民工职业流动行为的影响不显著。

第四，不同组织伦理气氛类型对农民工职业流动的影响存在差异，关怀型组织伦理气氛对农民工职业流动意向和职业流动行为的抑制作用大于规则型组织伦理气氛。

第五，组织伦理气氛就农民工个体层面特征对其职业流动的影响具有一定的结构性调节作用，且不同伦理气氛类型的调节效果存在差异。

第六，农民工个体对伦理气氛的规则、关怀感知都会对其职业流动意向以及职业流动行为产生抑制作用，而自利感知则会提高其职业流动意向程度以及促使其产生职业流动行为。

总体而言，组织伦理气氛对农民工职业流动具有显著的解释效应。农民工对用工企业的伦理行为准则更加关注，并对其具有一定的偏好倾向，希望融入有章可循、充满人文关怀气息的伦理环境中。规则型组织伦理气氛下，一方面组织成员在处理伦理问题时有统一、明确的指导标准，不易做出有违公众认可的极端决策；另一方面用工企业实施符合市场机制的标准化留人激励政策，如此有利于提高农民工工作认同与归属，进而降低农民工的职业流动倾向性。关怀型组织伦理气氛下，一方面组织成员之间相互关心和帮助，主导关怀互助和团结合作的伦理气氛与个体的自我价值观极具相容性，容易赢得农民工的青睐；另一方面用工企业倾向于实施积极留人激励政策，因此对农民工的保留作用比较明显。自利型组织伦理气氛下，组织成员过于看重个人得失，容易由于恶意竞争而产生矛盾或不良情绪，加上用工企业倾向于实施"来去自由"的消极留人激励政策，因此农民工的职业流动意向会比较强烈，但受限于自身人力资本水平，农民工通过实际职业流动来最终摆脱该伦理环境的成本和不确定性较大，因此即便这种环境导致他们产生职业流动想法，也并不会像个体感知那样促使他们产生实际的职业流动行为，这一结果体现了农民工较之一般职员的特殊性，应该是对以往研究的一个补充和完善。

第6章 工作嵌入对农民工职业流动的影响：个体层面实证分析

农民工与组织结构和社区环境等相关情境之间存在千丝万缕的关系，这种关系会使其嵌于当前现状，难以脱身。本章利用调研数据，建立计量模型，从实证角度分析工作嵌入对农民工职业流动的影响，考察工作嵌入对农民工职业流动的预测作用。首先，基于工作嵌入理论建立分析框架，并基于以往研究得出工作嵌入与农民工职业流动的量化关系，提出研究假设；其次，采用OLS模型分析工作嵌入对农民工职业流动意向的影响，同时进行稳健性检验和内生性讨论；最后，采用Probit模型分析工作嵌入对农民工职业流动行为的影响，同时进行稳健性检验和内生性讨论，并采用事件麦蒂尔等模型进一步讨论工作嵌入对农民工多次职业流动事件的动态影响。

6.1 分析框架与研究假设

长期以来，组织因素被视为影响员工主动离职的重要维度，受到广泛重视，但非组织因素则常常被忽略。随着研究的深入，学者们发现非组织因素对主动离职的影响同样不可被轻视。为了完善理论对现实的解释，麦蒂尔等（Mitchell et al.，2001）首创工作嵌入理论预测员工离职，在组织因素的基础上加入非组织因素或社区因素，为离职研究提供了一个更加系统的理论框架。工作嵌入理论利用所有与工作情境相关的工作内、外因素和情感、非情感因素对员工离职进行解释。根据麦蒂尔等（Mitchell et al.，2001）的定义，工作嵌入是一个高阶的多维构念，可以分解为组织构面和社区构面，每个构面都由匹配、联结和牺牲三个核心构成。根据工作嵌入理论的观点，农民工个体嵌入其与组织结构和社区环境之间编织的一个庞大网络关系中，这一关系网越密、越强则越能体现农民工与组织、社区之间的密切关系，并决定了农民工离开组织和社区的损失越大，因此农民工发生职业流动就越困难。基于此，本部分构建分析框架如图6-1所示。

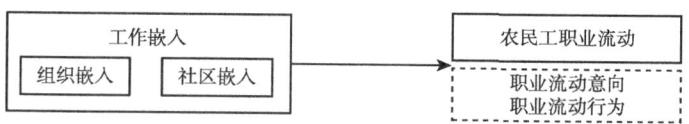

图6-1　工作嵌入对农民工职业流动影响的分析框架

工作嵌入的概念最初是为弥补传统离职模型而提出的，后续研究在探讨工作嵌入的后向变量时基本上没有跳出离职的范畴。国内外研究采用不同职业群体作为被试得出的普遍结论是：工作嵌入与员工离职之间显著负相关。麦蒂尔等（Mitchell et al., 2001）分别利用杂货连锁公司和社区医院的雇员进行了实证研究，发现工作嵌入对员工离职具有显著的负向预测作用。这一结论在针对银行职员、会计人员等的研究中也得到了证实（Lee et al., 2004；Crossley et al., 2007）。赫特姆等（Holtom et al., 2007）的研究还发现，工作嵌入不仅能够预测自愿离职，还能预测非自愿离职。国内学者在国外成果的基础上进行的本土化研究同样验证了工作嵌入与员工离职的显著负相关关系（王浩与白卫东，2009；杨春江等，2014；徐茜与张体勤，2017；温珂等，2018）。对于农民工而言，工作嵌入对降低他们的职业流动倾向程度具有显著作用（王林与邓沙，2017），且这一作用在不同性别、代际和地区中普遍存在（栾卉与万国威，2018）。由此，本部分提出如下研究假设：

研究假设H6-1：工作嵌入对农民工职业流动具有显著的负向预测作用，工作嵌入程度越高，农民工的职业流动意向越弱、发生职业流动行为的概率越低。

组织嵌入是工作嵌入的职内维度，由组织匹配、组织联结和组织牺牲构成。较高的组织嵌入源于员工拥有较好的组织匹配感，与组织内部的联系密切，以及离开组织会导致较大的损失。众多研究发现，组织嵌入对企业职员的离职倾向或离职行为具有显著影响，如果组织嵌入程度越高，员工与组织的匹配程度就越高，与组织的联系越密切，离开当前组织将承受越大的损失，因此越不可能离职，反之则容易做出离职决定（Mitchell et al.，2001；Van & Kirk，2003；Allen，2006；王莉，2007）。由此可以认为：首先，当农民工进入某一组织后，如果其职业目标和价值取向与组织发展方向和组织文化越吻合，则其与组织的匹配程度就越高，会获得优越的工作舒适感，越不会愿意离开当前组织；其次，农民工在组织中不可避免地要同工作场所内其他人、事、物等建立各类关系网络，形成千丝万缕的联系，长久以往，这种联系会将他们与组织联结得越来越紧密，而摆脱这种联系势必会造成较大的机会成本，因此越不容易离开当前组织；最后，农民工如果选择离开当前组织，则不仅会牺牲既得的工作待遇、社会关系等，还可能面临失业以及嵌入下一个组织的不确定性，因此这种牺牲越大，他们越不会做出离开当前组织的决定。由此，本部分提出如下研究假设：

研究假设 H6-2：组织嵌入会对农民工职业流动产生显著的抑制作用。组织嵌入程度越高，农民工的职业流动意向越弱、发生职业流动行为的概率越低；组织嵌入程度越低，农民工的职业流动意向越强、发生职业流动行为的概率越高。

社区嵌入作为工作嵌入的职外维度，代表了员工与家人、亲朋、关联群体以及社区生活环境等构建的网络关系。目前，国内外利用社区嵌入预测员工离职的研究相对较少，而且也并没有达成一致的结论。李等（Lee et al.，2004）的研究发现社区嵌入对员工离职具有显著的预测作用，该预测力甚至大于组织嵌入。但也有研究发现社区嵌入对员工离职的预测作用不显著（Van & Kirk，2003；Allen，2006），且中国情境下的检验也得出了类似的结果（王莉，2007）。对于如何看待上述结论存在的分歧，有研究给出了一定的启示，如 Ostroff 和 Clark（2001）曾根据研究对象是否需要搬家进行分类研究，发现社区嵌入对需要搬家员工的离职存在显著影响，但对不需要搬家者的离职则没有显著影响。国外搬家员工在一定程度上与农民工具有相似性,源于农民工的工作变换通常伴随着居住地点的变动,虽然也有在原居住地换工的情况,但阻止他们离开原来生活地点的可能正是社区因素,如子女上学、生活成本等(杨廷钫与凌文辁,2013)。事实上,农民工与其居住社区之间存在一个庞大的关系网络,包括与亲朋、老乡、同学建立的社会网络,对社区文化、居住环境认同而构成的心理网络,以及由可接受生活成本、社区福利组成的经济网络等,如果离开则会导致该关系网络的淡化和削减。可见,如果农民工与社区之间的网络关系越多、越强,则其社区匹配感越好,与社区的联系越紧密,离开的损失越大,因此即便他们在工作上会遇到不如意、不满意的状况,但选择离开当前工作也是比较困难的一件事。由此,本部分提出如下研究假设:

研究假设 H6-3:社区嵌入会对农民工职业流动产生显著的抑制作用。社区嵌入程度越高,农民工的职业流动意向越弱、发生职业流动行为的概率越低;社区嵌入程度越低,农民工的职业流动意向越强、发生职业流动行为的概率越高。

6.2 变量说明与模型设定

6.2.1 变量说明

(1) 被解释变量。本部分的被解释变量是农民工的职业流动意向和职业流动行为,其量化及描述统计情况同表5-1。

(2) 解释变量。本部分的解释变量是工作嵌入及其结构维度(组织嵌入和社区嵌入)。对工作嵌入的测量直接借鉴杨廷钫等(2013)针对农民工开发的量表,在适当修订的基础上,根据农民工对量表题项的回答进行量化,利用题项均值作为量化值,量表测量的有效性以及变量描述参见第4章。

(3) 控制变量。为了降低估计误差,本部分还加入一些可能影响农民工职业流动的个体层面因素作为控制变量，具体解释和描述性统计情况同表 5-1。

(4) 工具变量。根据以往研究的经验以及变量关系，本部分选取农民工在上一个工作上的工作嵌入指标作为工具变量。工具变量选择的主要考虑：农民工上一次的工作嵌入水平不会受到其下一次离职的影响，但又与其下一次工作嵌入水平存在相关性。

6.2.2 模型设定

一方面，考察工作嵌入对农民工职业流动意向的影响，由于数据类型为截面数据，职业流动意向指标为连续变量，故采用多元线性回归模型（OLS）作为基准模型，设定农民工职业流动意向的回归方程为：

$$YX_i = \beta_0 + \beta_i X_i + \sum \gamma_i Z_i + \varepsilon_i \tag{6-1}$$

其中，被解释变量 YX_i 代表第 i 个农民工的职业流动意向；X_i 代表核心解释变量工作嵌入及其结构维度（组织嵌入和社区嵌入）；Z_i 表示控制变量集合，表征农民工个体层面特征（年龄、性别、受教育程度、工资收入、工作时长等）；β_0 为常数项；ε_i 为随机误差项。

另一方面，考察工作嵌入对农民工职业流动行为的影响，由于数据类型为截面数据，职业流动行为指标为二分变量，故采用 Probit 模型作为基准模型，设定农民工职业流动行为的回归方程为：

$$XW_i = \mathrm{Ln}\left(\frac{p}{1-p}\right) = \beta_0 + \beta_i X_i + \sum \gamma_i Z_i + \varepsilon_i \tag{6-2}$$

其中，XW_i 代表农民工职业流动行为变量，取值为 1 时表示回访观察时农民工已经离职，取值为 0 则表示农民工尚未离职；p 为农民工职业流动的概率；X_i 代表核心解释变量工作嵌入及其结构维度（组织嵌入和社区嵌入）；Z_i 表示控制变量集合，表征农民工个体层面特征（年龄、性别、受教育程度、工资收入、工作时长等）；β_0 为常数项；ε_i 为随机误差项。

6.3 工作嵌入对农民工职业流动意向的影响分析

6.3.1 实证结果分析

本部分运用 Stata 15.0 对数据进行 OLS 回归估计，表 6-1 汇报了工作嵌入对农民工职业流动意向影响的回归估计结果。其中，表 6-1 中列（1）和列（3）只加入工作嵌入指标或其结构维度指标，检验工作嵌入及其结构维度对农民工职业流动意向影响的显著性；列（2）和列（4）则分别在列（1）和列（3）的基础上继而加入控制变量。

表 6-1　工作嵌入对农民工职业流动意向影响的回归估计结果

变量	（1）	（2）	（3）	（4）
工作嵌入	-0.5412*** (0.0451)	-0.4288*** (0.0435)		
组织嵌入			-0.3362*** (0.0781)	-0.2706*** (0.0606)
社区嵌入			-0.2369*** (0.0543)	-0.1567*** (0.0506)
性别		0.1032** (0.0481)		0.1087** (0.0480)
年龄		-0.0087** (0.0040)		-0.0082** (0.0040)
婚姻状况		0.0134 (0.0633)		0.0092 (0.0631)
受教育程度		0.1388*** (0.0288)		0.1378*** (0.0287)
独生子女		-0.1403** (0.0614)		-0.1319** (0.0612)
本地人		-0.0732 (0.0609)		-0.0977 (0.0614)

续表

变量	(1)	(2)	(3)	(4)
风险态度		0.0820 ** (0.0415)		0.0803 * (0.0414)
网络熟练情况		0.1066 (0.0653)		0.1131 * (0.0651)
社会交往		0.0477 ** (0.0243)		0.0453 * (0.0243)
工作培训		-0.0397 (0.0655)		-0.0281 (0.0654)
工作加班		-0.0512 (0.0518)		-0.0596 (0.0517)
月工资收入		-0.0853 *** (0.0337)		-0.0877 *** (0.0350)
日工作时长		0.0042 (0.0154)		-0.0104 (0.0154)
劳动合同		0.1042 (0.0843)		0.1001 (0.0841)
医疗保险		-0.0693 (0.0754)		-0.0604 (0.0752)
入职年限		-0.0845 *** (0.0262)		-0.1396 *** (0.0262)
换工个数		-0.0135 (0.0153)		-0.0121 (0.0152)
_cons	6.2069 *** (0.156)	5.8594 *** (0.3293)	6.2474 *** (0.1592)	5.8208 *** (0.3284)
N	1130	1130	1130	1130
r^2	0.0621	0.3019	0.0641	0.3069
F	75.31 ***	26.69 ***	38.61 ***	25.87 ***

注：结果由 Stata 15.0 软件输出，* 表示 $p<0.1$，** 表示 $p<0.05$，*** 表示 $p<0.01$，括号中数值为标准误。

从表 6-1 汇报的基准回归结果可以看出，工作嵌入、组织嵌入、社区嵌入均对农民工的职业流动意向存在显著影响。具体分析如下。

第一,分析工作嵌入对农民工职业流动意向的影响。表6-1中列(2)的估计结果显示,在控制其他因素的情况下,工作嵌入对农民工职业流动意向的影响为负,并且通过了1%的显著性水平检验。这一结果表明,在其他条件不变的情况下,工作嵌入程度越高,农民工想要离开当前工作的意向越弱,即工作嵌入对农民工的离职倾向性具有显著的弱化效应。其可能的解释是:一方面,工作嵌入程度越高,说明农民工投入该工作的成本也就越高,这些成本对于农民工个体而言就是沉没成本,因此农民工投入的沉没成本越多,农民工离职的念头或想法就越可能被冲淡;另一方面,工作嵌入程度越高,说明农民工对该工作具有较大偏好,与工作之间的联系越紧密,这就在一定程度上会与农民工的离职心理形成冲突。

第二,分析组织嵌入对农民工职业流动意向的影响。表6-1中列(4)的估计结果显示,组织嵌入对农民工职业流动意向的影响为负,并且通过了1%的显著性水平检验,说明组织嵌入程度越高,农民工的职业流动意向程度越低。可能的解释是:一是农民工与组织之间的匹配性越好,农民工对工作的满意程度越高,因此越不容易滋生离职想法;二是农民工与组织之间的联系越紧密,则归属感越强,越会留恋目前的工作及其建立起来的各类关系;三是农民工的组织嵌入程度越高,农民工从该组织离职流向另一个组织的成本也就越高,根据"理性经济人"假设,理性的农民工将会对其离职考虑更加慎重。

第三,分析社区嵌入对农民工职业流动意向的影响。表6-1中列(4)的估计结果显示,社区嵌入对农民工职业流动意向的影响为负,并且通过了1%的显著性水平检验,说明社区嵌入程度越高,农民工的职业流动意向程度越低。其可能的解释是:一方面,农民工的社区嵌入程度越高,说明农民工在这个社区生活的舒适度越高,在同等的工作条件下,农民工更不希望离开该社区去其他社区居住,况且流动还会面临原有社区关系淡化以及新居住环境下的不确定性;另一方面,农民工的社区嵌入程度越高,说明农民工对该社区的适应性越高、生活圈子越熟悉,农民工产生了离职意向时,会优先考虑在该社区附近寻找工作,但由于地域限制农民工很难及时找到合适的工作，这也会在一定程度上缓解农民工的离职心理。

第四，分析组织嵌入和社区嵌入对农民工职业流动意向的影响差异。表6-1中列（4）的估计结果显示，组织嵌入的估计值大于社区嵌入的估计值，说明组织嵌入对农民工职业流动意向的影响效应大于社区嵌入对农民工职业流动意向的影响效应。其可能的解释是：农民工进城务工的目的首先是增加收入，获取基本的生存基础和市民化能力，而组织嵌入的内容与农民工工作方面的联系更加紧密，因此农民工主要的时间都投入其所在的工作组织，同等条件下他们的离职心理更多地会基于在组织结构中的嵌入程度而变化。

第五，分析控制变量对农民工职业流动意向的影响。从表6-1的估计结果可以看出，不同模型同一控制因素对农民工职业流动意向的影响基本一致，但不同控制因素对农民工职业流动意向的影响存在差异，但控制变量不是本书的研究重点，限于篇幅，对于控制因素的解释不再赘述。

6.3.2　稳健性检验

根据以往文献考察实证结果稳健性的经验，本部分将采取以下三种思路对数据分析进行稳健性检验：一是细分样本的稳健性检验，将样本按照代际分割后进行分组回归；二是改变解释变量量化方式的稳健性检验，采用因子分析法量化工作嵌入及其结构维度后代入模型再估计；三是改变被解释变量量化方式的稳健性检验，采用因子分析法量化农民工职业流动意向后代入模型再估计。

（1）细分样本的稳健性分析。

关于农民工代际的划分，目前的理论研究和实践工作中都普遍采用1980年前后出生作为老一代、新生代农民工的分割依据，本书在此基础上将新生代农民工继续划分为"80后"和"90后"，主要考虑到"90后"农民工已经进入职场，且新生代农民工的内部分化现象也日趋明显。

第6章 工作嵌入对农民工职业流动的影响：个体层面实证分析

表6-2汇报了按照代际细分样本的OLS估计结果，从表6-2中可知，在不同代际模型中，工作嵌入及其结构维度的估计系数为负，并且基本通过了1%的显著性水平检验，该结果与基准回归的估计结果基本一致，但工作嵌入、组织嵌入和社区嵌入对不同代际农民工职业流动意向的估计结果存在一定的差异。具体而言，工作嵌入和社区嵌入对"80后"农民工的影响最大，"90后"次之，对老一代农民工的影响最小，且社区嵌入对老一代农民工的作用不显著。其可能的解释是，"80后""90后"农民工比较重视与工作场所、居住环境之间的相容性和舒适感，而老一代农民工进城务工主要是为了获得更多的收入，即便工作环境差他们也能忍受。总体上本部分通过细分样本得到的估计结果与基准回归结果基本保持了一致，说明实证结果具有一定的稳健可靠性。

表6-2 稳健性检验结果（按照代际细分样本）

变量	"80后"之前		"80后"		"90后"	
	(1)	(2)	(3)	(4)	(5)	(6)
工作嵌入	-0.4198*** (0.1075)		-0.4966*** (0.1092)		-0.4495*** (0.1057)	
组织嵌入		-0.2355*** (0.0591)		-0.2736*** (0.0934)		-0.2767*** (0.1011)
社区嵌入		-0.1099 (0.1707)		-0.2316*** (0.0800)		-0.1802*** (0.0640)
性别	0.0049 (0.1079)	0.0538 (0.1127)	0.1893** (0.0763)	0.1915** (0.0766)	-0.0511 (0.0792)	-0.0262 (0.0776)
年龄	-0.0272** (0.0122)	-0.0264** (0.0122)	-0.0343** (0.0148)	-0.0332** (0.0152)	-0.0860*** (0.0168)	-0.0740*** (0.0166)
婚姻状况	0.1664 (0.1502)	0.1101 (0.1514)	0.2044* (0.1106)	0.2053* (0.1107)	-0.1935** (0.0884)	-0.2062** (0.0865)
受教育程度	0.3965*** (0.0883)	0.3903*** (0.0882)	0.1554*** (0.0454)	0.1552*** (0.0455)	0.1068*** (0.0446)	0.0977** (0.0437)
独生子女	-0.2339 (0.2886)	-0.2784 (0.2895)	-0.0556 (0.0886)	-0.0583 (0.0890)	-0.1586* (0.0895)	-0.1448* (0.0875)

续表

变量	"80后"之前		"80后"		"90后"	
	(1)	(2)	(3)	(4)	(5)	(6)
本地人	-0.2091 (0.1366)	-0.2005 (0.1364)	-0.3399*** (0.0943)	-0.3347*** (0.0956)	-0.2054** (0.1024)	-0.3115*** (0.1029)
风险态度	0.1593 (0.1066)	0.1679 (0.1065)	0.0217 (0.0667)	0.0192 (0.0672)	0.1775*** (0.0639)	0.1680*** (0.0625)
网络熟练情况	-0.4036*** (0.1258)	-0.4133*** (0.1256)	0.0822 (0.1015)	0.0827 (0.1016)	-0.0374 (0.1245)	-0.1011 (0.1226)
社会交往	0.0389 (0.0509)	0.0496 (0.0513)	-0.0137 (0.0401)	-0.0114 (0.0407)	-0.0609 (0.0395)	-0.0623 (0.0386)
工作培训	-0.2728 (0.2015)	-0.2692 (0.2010)	-0.3081*** (0.1103)	-0.3095*** (0.1105)	-0.0333 (0.0948)	-0.0247 (0.0936)
工作加班	-0.0456 (0.1526)	-0.0661 (0.1529)	-0.3098*** (0.0768)	-0.3094*** (0.0769)	-0.1040 (0.0901)	-0.0507 (0.0888)
月工资收入	-0.3367*** (0.0879)	-0.3144*** (0.0890)	-0.3366*** (0.0576)	-0.3349*** (0.0579)	-0.2911*** (0.0501)	-0.2893*** (0.0490)
日工作时长	-0.0560 (0.0422)	-0.0572 (0.0421)	-0.0154 (0.0253)	-0.0140 (0.0256)	0.0539** (0.0234)	0.0543** (0.0229)
劳动合同	-0.2062* (0.1230)	-0.2580** (0.1208)	-0.2379 (0.2379)	-0.1994 (0.2387)	0.1775 (0.1488)	0.1827 (0.1497)
医疗保险	-0.1443 (0.2017)	-0.1911 (0.2037)	-0.6304*** (0.1439)	-0.6338*** (0.1444)	-0.3992*** (0.1100)	-0.4538*** (0.1082)
入职年限	-0.0497 (0.0653)	-0.0583 (0.0654)	-0.1095*** (0.0397)	-0.1114*** (0.0402)	-0.2652*** (0.0572)	-0.1809*** (0.0591)
换工个数	-0.0638 (0.0399)	-0.0535 (0.0404)	-0.0236 (0.0261)	-0.0244 (0.0263)	0.0441* (0.0252)	0.0563** (0.0248)
_cons	4.9841*** (0.7763)	4.8523*** (0.7757)	4.5379*** (0.7003)	4.5609*** (0.7006)	6.0755*** (0.5715)	5.9008*** (0.5606)
N	228	228	486	486	416	416
r^2	0.3636	0.3700	0.3574	0.3576	0.4389	0.4652
F	6.63***	6.43***	14.43***	13.65***	17.25***	18.13***

注：结果由 Stata 15.0 软件输出，* 表示 $p<0.1$，** 表示 $p<0.05$，*** 表示 $p<0.01$，括号中数值为标准误。

第6章 工作嵌入对农民工职业流动的影响：个体层面实证分析

（2）改变解释变量量化方式的稳健性分析。

前面基准回归的解释变量是直接利用量表测量题项均值进行量化，本部分进一步利用因子分析法测量工作嵌入指标的量化值进行代替，代入模型进行再次估计。因子分析法对工作嵌入指标量化分析的可靠性参见第4章。改变工作嵌入指标量化方式的OLS估计结果如表6-3所示。

表6-3　稳健性检验结果（改变工作嵌入量化方式）

变量	（1）	（2）	（3）	（4）
工作嵌入	-0.2452*** (0.0196)	-0.1442*** (0.0215)		
组织嵌入			-0.1472*** (0.0242)	-0.0852*** (0.0245)
社区嵌入			-0.1196*** (0.0242)	-0.0800*** (0.0232)
性别		0.1157*** (0.0398)		0.1176*** (0.0397)
年龄		-0.0135*** (0.0033)		-0.0136*** (0.0033)
婚姻状况		0.1008** (0.0512)		0.1015** (0.0511)
受教育程度		0.1830*** (0.0232)		0.1835*** (0.0231)
独生子女		-0.1030** (0.0495)		-0.1082** (0.0495)
本地人		-0.0564 (0.0491)		-0.0502 (0.0494)
风险态度		0.0826** (0.0335)		0.0841** (0.0335)
网络熟练情况		0.1351** (0.0526)		0.1334** (0.0526)
社会交往		0.0419** (0.0196)		0.0408** (0.0196)

续表

变量	(1)	(2)	(3)	(4)
工作培训		-0.0533 (0.0532)		-0.0559 (0.0530)
工作加班		-0.0435 (0.0418)		-0.0424 (0.0417)
月工资收入		-0.0638*** (0.0245)		-0.0675*** (0.0247)
日工作时长		-0.0200 (0.0125)		-0.0186 (0.0126)
劳动合同		0.0278 (0.0681)		0.0273 (0.0680)
医疗保险		-0.0715 (0.0613)		-0.0721 (0.0612)
入职年限		-0.1301*** (0.0214)		-0.1315*** (0.0215)
换工个数		-0.0477*** (0.0121)		-0.0178 (0.0121)
_cons	2.8611*** (0.0196)	2.5182*** (0.2374)	2.8610*** (0.0195)	2.5091*** (0.2368)
N	1130	1130	1130	1130
r^2	0.0466	0.1998	0.0491	0.2021
F	55.12***	15.41***	29.12***	14.79***

注：结果由 Stata 15.0 软件输出，* 表示 $p<0.1$，** 表示 $p<0.05$，*** 表示 $p<0.01$，括号中数值为标准误。

从表6-3汇报的结果来看，工作嵌入及其结构维度（组织嵌入和社区嵌入）的估计系数均为负，并且通过了1%的显著性水平检验；同时，组织嵌入对农民工职业流动意向的影响大于社区嵌入对农民工离职意向的影响。由于控制变量不是关注重点，因此不对其进行分析及解释。总体上本部分通过改变解释变量量化方式得到的估计结果与基准回归结果保持了一致，进一步表明实证结果具有稳健性。

第6章 工作嵌入对农民工职业流动的影响：个体层面实证分析

（3）改变被解释变量量化方式的稳健性分析。

前面基准回归的被解释变量是直接利用量表测量题项均值进行量化，本部分进一步利用因子分析法测量农民工职业流动意向的量化值进行代替，代入模型进行再次估计。因子分析法对职业流动意向量化分析的可靠性参见第4章。改变农民工职业流动意向量化方式的 OLS 估计结果如表 6-4 所示。

表 6-4　稳健性检验结果（改变农民工职业流动意向量化方式）

变量	(1)	(2)	(3)	(4)
工作嵌入	-0.6993*** (0.0660)	-0.5760*** (0.0726)		
组织嵌入			-0.3713*** (0.0796)	-0.3123*** (0.0777)
社区嵌入			-0.3422*** (0.0705)	-0.2639*** (0.0626)
性别		0.1568*** (0.0585)		0.1564*** (0.0585)
年龄		-0.0206*** (0.0048)		-0.0212*** (0.0048)
婚姻状况		0.1665** (0.0754)		0.1673** (0.0753)
受教育程度		0.2406*** (0.0341)		0.2416*** (0.0341)
独生子女		-0.1665** (0.0728)		-0.1731** (0.0728)
本地人		-0.0623 (0.0724)		-0.0459 (0.0730)
风险态度		0.1194** (0.0493)		0.1218** (0.0493)
网络熟练情况		0.1061 (0.0775)		0.1102 (0.0774)
社会交往		0.0560* (0.0289)		0.0536* (0.0289)

续表

变量	(1)	(2)	(3)	(4)
工作培训		-0.1029 (0.0777)		-0.1114 (0.0778)
工作加班		-0.0812 (0.0614)		-0.0748 (0.0615)
月工资收入		-0.0943*** (0.0360)		-0.1046*** (0.0365)
日工作时长		-0.0234 (0.0184)		-0.0213 (0.0185)
劳动合同		0.0433 (0.1002)		0.0444 (0.1001)
医疗保险		0.0905 (0.0903)		-0.0880 (0.0902)
入职年限		-0.1953*** (0.0316)		-0.2005*** (0.0317)
换工个数		-0.0748*** (0.0179)		-0.0734*** (0.0179)
_cons	2.4061*** (0.2289)	0.5859*** (0.0329)	2.4483*** (0.2331)	0.5821*** (0.0328)
N	1130	1130	1130	1130
r^2	0.0905	0.3019	0.0912	0.3069
F	112.26***	26.69***	56.58***	25.87***

注：结果由 Stata 15.0 软件输出，*表示 $p<0.1$，**表示 $p<0.05$，***表示 $p<0.01$，括号中数值为标准误。

从表6-4汇报的结果来看，工作嵌入及其结构维度（组织嵌入和社区嵌入）的估计系数均为负，并且通过了1%的显著性水平检验；同时，组织嵌入对农民工职业流动意向的影响大于社区嵌入对农民工职业流动意向的影响。由于控制变量不是关注重点，因此不对其进行分析及解释。总体上本部分通过改变被解释变量量化方式得到的估计结果与基准回归结果保持了一致，再次证明了实证结果的稳定性。

6.3.3 内生性检验

前述分析及检验表明实证结果比较稳健,但仍然不可回避的是内生性问题,即工作嵌入与农民工职业流动意向之间存在相互影响的关系。一方面,农民工在某个工作上的嵌入性越好,他们从组织和社区中获得的支持和帮助可能越多,因此越不容易产生离职的想法;另一方面,如果农民工的离职想法比较强烈,则其对于组织结构和社区环境的嵌入可能并不会那么积极。为处理内生性问题,本部分选择农民工在上一个工作上的工作嵌入指标作为工具变量,建立两阶段最小二乘回归模型(2SLS)进行检验。工具变量选取的主要考虑:农民工在上一个工作上的工作嵌入水平不会受到其离开下一个工作的想法的影响,但又与其在下一个工作上的工作嵌入水平存在相关性。

沿用前面分析思路,本部分依然运用 SPSS 20.0 和 AMOS 23.0 软件分析农民工在上一个工作上的工作嵌入量化的有效性。结果显示,工作嵌入、组织嵌入和社区嵌入的 Cronbach's α 系数分别为 0.884、0.896 和 0.812,说明具有较好的信度水平;同时潜变量维度的题项载荷值均大于 0.7,且通过了显著性检验,说明具有良好的聚合效度和结构效度,限于篇幅,具体检验过程不再展示。

表 6-5 汇报了 2SLS 模型的估计结果。其中,表 6-5 中列(1)和列(2)是检验工作嵌入的估计结果,列(3)和列(4)是同时检验组织嵌入和社区嵌入的估计结果。

表 6-5　　　　　　　　内生性检验结果

变量	(1) 第一阶段	(2) 第二阶段	(3) 第一阶段	(4) 第二阶段
工作嵌入		-0.4075 *** (0.1693)		
工作嵌入←上一个工作上的工作嵌入	0.2824 *** (0.0210)			

续表

变量	（1）第一阶段	（2）第二阶段	（3）第一阶段	（4）第二阶段
组织嵌入				-0.2374*** (0.0447)
社区嵌入				-0.1664** (0.0845)
组织嵌入←上一个工作上的组织嵌入			0.2688*** (0.0315)	
组织嵌入←上一个工作上的社区嵌入			0.0809** (0.0346)	
社区嵌入←上一个工作上的组织嵌入			0.0505* (0.0259)	
社区嵌入←上一个工作上的社区嵌入			0.1898*** (0.0339)	
控制变量	控制	控制	控制	控制
_cons	0.8562*** (0.1631)	5.2202*** (0.5175)		4.3764*** (0.7208)
一阶段 F 统计量	347.78***		318.85***	
一阶段 R - squared	0.2921		0.2207	
Hausman 估计量	32.52***		25.43***	
N	1130		1130	

注：结果由 Stata 15.0 软件输出，* 表示 $p<0.1$，** 表示 $p<0.05$，*** 表示 $p<0.01$，括号中数值为标准误。

从表 6-5 汇报的内生性检验结果可知，在两个检验中，Hausman 估计量均通过了 1% 的显著性水平检验，强烈拒绝了"所有解释变量均外生"的原假设，说明模型中存在内生变量。由表 6-5 中列（1）和列（3）可知，在回归第一阶段，工作嵌入、组织嵌入和社区嵌入所指向的工具变量估计系数均显著为正，且 F 统计量十分显著，说明两个检验模型中都不存在弱工具变量，选取的工具变量比较合适。由列（2）和列（4）可知，在回归第二阶段，工作嵌入、组织嵌入和社区嵌入的估计系数均显著为负，且组织嵌入的影响大于社区嵌入。总体上本部分利用工具变量处理内生性得到的结果仍然与基准回归结果一致,再一次检验了实证结果的稳健性。

6.4 工作嵌入对农民工职业流动行为的影响分析

6.4.1 实证结果分析

本部分运用 Stata 15.0 建立 Probit 模型进行数据回归,表 6-6 汇报了工作嵌入对农民工职业流动行为影响的回归估计结果。其中,表 6-6 中列 (1) 和列 (3) 只加入工作嵌入指标或其结构维度指标,检验工作嵌入及其结构维度对农民工职业流动行为影响的显著性;列 (2) 和列 (4) 分别在列 (1) 和列 (3) 的基础上加入控制变量。

从表 6-6 汇报的基准回归结果可以看出,工作嵌入对农民工的职业流动行为存在一定影响。具体分析如下。

第一,分析工作嵌入对农民工职业流动行为的影响。表 6-6 中列 (2) 的估计结果显示,在控制其他因素的情况下,工作嵌入对农民工职业流动行为的影响为负,并且通过了 1% 的显著性水平检验。这一结果表明,在其他条件不变的情况下,工作嵌入程度越高,农民工发生职业流动行为的概率越低,即工作嵌入对农民工的实际职业流动行为具有显著的抑制作用。其原因在于,工作嵌入程度越高,农民工与工作单位和居住社区之间的匹配性越好、联系越紧密、离开的损失越大,因而对农民工的职业流动行为产生阻力。

第二,分析组织嵌入对农民工职业流动行为的影响。表 6-6 中列 (4) 的估计结果显示,组织嵌入对农民工职业流动行为的影响为负,并且通过了 1% 的显著性水平检验,说明组织嵌入程度越高,农民工发生职业流动行为的概率越低。这一结果可能的解释是:一方面,为了提高在组织中的嵌入程度,农民工需要投入大量的时间和精力去适应和建立比较牢固的工作关系,同时工作嵌入有利于农民工获取更多的专用性人力资本，这些显性成本和隐性成本会导致农民工离职的损失较大，因此理性的农民工不会选择离职；另一方面，工作嵌入程度高的农民工离职会造成用工企业人力资本流失以及招聘新人的不确定性，因此用工企业会对其采取更加积极的保留措施，一旦离职，农民工的损失会更大，因此会进一步加大其产生离职行为的难度。

第三，分析社区嵌入对农民工职业流动行为的影响。表6-6中列（4）的估计结果显示，社区嵌入对农民工职业流动行为的影响不显著，说明社区嵌入对农民工的实际职业流动行为不具有明显的约束作用。其可能的原因是，在融入城市社会的过程中，农民工对工作或者职业的关注度大于居住环境，找到一个收入稳定、工作舒适的工作对他们来说更加重要，这一逻辑也符合农民工市民化进程中"职业入城"先于"居住入城"的基本现实。

第四，分析控制变量对农民工职业流动行为的影响。从表6-6的估计结果可以看出，不同模型中同一控制因素对农民工职业流动行为的影响基本一致，但不同控制因素对农民工职业流动行为的影响存在差异，但控制变量不是本书的研究重点，限于篇幅，对于控制变量的分析及解释不再赘述。

表6-6　工作嵌入对农民工职业流动行为影响的估计结果

变量	（1）	（2）	（3）	（4）
工作嵌入	-0.3869*** (0.0890)	-0.2883*** (0.1118)		
组织嵌入			-0.2895*** (0.0964)	-0.2184*** (0.0820)
社区嵌入			-0.1491 (0.1099)	-0.0864 (0.1212)
性别		0.1719* (0.0902)		0.1686* (0.0903)
年龄		-0.0208** (0.0084)		-0.0195** (0.0085)

续表

变量	(1)	(2)	(3)	(4)
婚姻状况		0.3134*** (0.1156)		0.3124*** (0.1158)
受教育程度		0.2273*** (0.0525)		0.2249*** (0.0526)
独生子女		-0.3005*** (0.1072)		0.3112*** (0.1075)
本地人		-0.1665 (0.1144)		-0.1905* (0.1155)
风险态度		0.2275*** (0.0755)		0.2343*** (0.0757)
网络熟练情况		0.3704*** (0.1283)		0.3640*** (0.1287)
社会交往		-0.0118 (0.0454)		-0.0183 (0.0456)
工作培训		-0.0819 (0.1197)		-0.0665 (0.1205)
工作加班		-0.1965** (0.0956)		-0.2044** (0.0958)
月工资收入		-0.1225** (0.0546)		-0.1350** (0.0555)
日工作时长		-0.0443 (0.0287)		-0.0463 (0.0287)
劳动合同		0.0327 (0.1578)		0.0314 (0.1575)
医疗保险		-0.0059 (0.1443)		-0.0081 (0.1440)
入职年限		-0.1595*** (0.0500)		-0.1507*** (0.0504)
换工个数		-0.0212 (0.0284)		-0.0224 (0.0285)

续表

变量	(1)	(2)	(3)	(4)
_cons	0.1848 (0.3077)	0.3446 (0.6139)	0.1058 (0.3138)	0.2853 (0.6151)
N	1130	1130	1130	1130
Pseudo R^2	0.0058	0.1105	0.0072	0.1118
LR chi^2	8.41***	157.30***	9.98***	159.12***

注：结果由 Stata 15.0 软件输出，*表示 $p<0.1$，**表示 $p<0.05$，***表示 $p<0.01$，括号中数值为标准误。

6.4.2 稳健性检验

根据以往文献考察实证结果稳健性的经验，本部分将采取以下三种思路对数据分析进行稳健性检验：一是细分样本的稳健性检验，将样本按照代际分割后进行分组回归；二是改变解释变量量化方式的稳健性检验，采用因子分析法量化工作嵌入及其结构维度后代入模型再估计；三是更换计量模型的稳健性检验，采用二元 Logit 模型对数据进行估计。

（1）细分样本的稳健性分析。

与 6.3.2 小节一样，本部分根据代际细分样本进行稳健性检验，但由于样本中"80 后"之前的老一代农民工的职业流动数据存在严重偏态，因此利用"80 后"和"90 后"样本数据进行分组估计。细分样本的 Probit 模型估计结果如表 6-7 所示。

表 6-7　　　　稳健性检验结果（按照代际细分样本）

变量	"80 后"		"90 后"	
	(1)	(2)	(3)	(4)
工作嵌入	-0.2854*** (0.0709)		-0.3619*** (0.1179)	
组织嵌入		-0.1891** (0.0863)		-0.2518** (0.1086)

续表

变量	"80后"		"90后"	
	(1)	(2)	(3)	(4)
社区嵌入		-0.1192 (0.0962)		-0.1220 (0.0848)
性别	0.2790* (0.1452)	0.2697* (0.1455)	0.2854* (0.1715)	0.2772 (0.1722)
年龄	-0.0591** (0.0281)	-0.0661** (0.0292)	-0.0620* (0.0375)	-0.0548 (0.0380)
婚姻状况	0.8927*** (0.2144)	0.9035*** (0.2152)	-0.0754 (0.1898)	-0.0730 (0.1929)
受教育程度	0.0002 (0.0854)	-0.0021 (0.0852)	0.7133*** (0.1242)	0.7487*** (0.1281)
独生子女	-0.1872 (0.1669)	-0.2057 (0.1681)	-0.4055** (0.1870)	-0.4659** (0.1893)
本地人	-0.0826 (0.1823)	-0.1091 (0.1843)	-0.7784*** (0.2299)	-0.8850*** (0.2321)
风险态度	0.2792** (0.1239)	0.2974** (0.1256)	0.8176*** (0.1585)	0.8514*** (0.1596)
网络熟练情况	0.2384 (0.1937)	0.2391 (0.1938)	0.9911*** (0.3145)	0.9306*** (0.3244)
社会交往	0.1338* (0.0757)	0.1226 (0.0767)	-0.2323*** (0.0894)	-0.2469*** (0.0898)
工作培训	0.5442** (0.2165)	0.5425** (0.2167)	-0.8122*** (0.2001)	-0.7581*** (0.2027)
工作加班	-0.4268*** (0.1461)	-0.4382*** (0.1468)	0.8666*** (0.2059)	0.7654*** (0.2120)
月工资收入	-0.1652** (0.0820)	-0.1804** (0.0837)	-0.2716*** (0.1075)	-0.2145* (0.1196)
日工作时长	-0.0629 (0.0497)	-0.0684 (0.0501)	0.0074 (0.0494)	0.0026 (0.0494)
劳动合同	0.1426 (0.3044)	0.1096 (0.3052)	0.3110 (0.2658)	0.2724 (0.2661)
医疗保险	-0.1126 (0.2957)	-0.1258 (0.2950)	-0.1479 (0.2334)	-0.0993 (0.2369)

续表

变量	"80后"		"90后"	
	(1)	(2)	(3)	(4)
入职年限	-0.4029*** (0.0750)	-0.3968*** (0.0755)	-0.2652** (0.1286)	-0.3597*** (0.1350)
换工个数	-0.1091** (0.0481)	-0.1051** (0.0484)	0.0614 (0.0555)	0.0534 (0.0563)
_cons	0.3965*** (0.1364)	0.4122*** (0.1373)	0.2358** (0.1194)	0.2258* (0.1196)
N	486	486	416	416
Pseudo R^2	0.1344	0.1358	0.2666	0.2764
LR chi^2	83.87***	84.74***	147.78***	153.24***

注：结果由Stata 15.0软件输出，*表示$p<0.1$，**表示$p<0.05$，***表示$p<0.01$，括号中数值为标准误。

从表6-7汇报的结果来看，在不同代际模型中，工作嵌入的估计系数均为负，并且通过了1%的显著性水平检验，组织嵌入的估计系数也显著为负，且组织嵌入对"90后"农民工职业流动行为的影响较之"80后"更大，社区嵌入对"80后""90后"农民工职业流动行为的影响均不显著。控制变量不是关注重点，因此不对其进行分析及解释。总体上本部分通过细分样本得到的估计结果与基准回归结果基本保持了一致，说明实证结果具有稳健可靠性。

（2）改变解释变量量化方式的稳健性分析。

与6.3.2小节一样，本部分进一步利用因子分析法测量工作嵌入指标的量化值进行代替，代入模型进行再次估计。改变工作嵌入量化方式的Probit模型估计结果如表6-8所示。

表6-8　稳健性检验结果（改变工作嵌入量化方式）

变量	(1)	(2)	(3)	(4)
工作嵌入	-0.3542*** (0.0563)	-0.1958*** (0.0482)		
组织嵌入			-0.2660*** (0.0855)	-0.1657*** (0.0560)

第6章 工作嵌入对农民工职业流动的影响：个体层面实证分析

续表

变量	(1)	(2)	(3)	(4)
社区嵌入			-0.0815 (0.0603)	-0.0459 (0.0428)
性别		0.1678* (0.0902)		0.1609* (0.0904)
年龄		-0.0209** (0.0084)		-0.0193** (0.0085)
婚姻状况		0.3006*** (0.1155)		0.3022*** (0.1158)
受教育程度		0.2267*** (0.0524)		0.2234*** (0.0526)
独生子女		-0.3008*** (0.1072)		-0.3214*** (0.1077)
本地人		-0.1821 (0.1140)		-0.2155* (0.1148)
风险态度		0.2344*** (0.0754)		0.2446*** (0.0758)
网络熟练情况		0.3755*** (0.1282)		0.3687*** (0.1288)
社会交往		-0.0176 (0.0452)		-0.0254 (0.0455)
工作培训		-0.0969 (0.1205)		-0.0832 (0.1208)
工作加班		-0.1831* (0.0954)		-0.1958** (0.0956)
月工资收入		-0.1167** (0.0545)		-0.1365** (0.0554)
日工作时长		-0.0432 (0.0287)		-0.0481* (0.0287)
劳动合同		0.0290 (0.1575)		0.0344 (0.1573)
医疗保险		-0.0001 (0.1441)		-0.0113 (0.1440)

续表

变量	(1)	(2)	(3)	(4)
入职年限		-0.1562***		-0.1448***
		(0.0499)		(0.0501)
换工个数		-0.0218		-0.0213
		(0.0284)		(0.0285)
_cons	0.4577***	0.3930	0.4587***	0.3527
	(0.0388)	(0.3543)	(0.0388)	(0.3555)
N	1130	1130	1130	1130
Pseudo R^2	0.0911	0.1086	0.0582	0.1191
LR chi^2	7.85***	154.58***	10.69***	159.59***

注：结果由 Stata 15.0 软件输出，* 表示 $p<0.1$，** 表示 $p<0.05$，*** 表示 $p<0.01$，括号中数值为标准误。

从表 6-8 汇报的结果来看，工作嵌入、组织嵌入对农民工职业流动行为均具有显著负向影响，但社区嵌入对农民工职业流动行为的影响不显著。控制变量不是关注重点，因此不对其进行分析及解释。总体上本部分通过改变解释变量量化方式得到的估计结果与基准回归结果保持了一致，进一步表明实证结果具有稳健性。

(3) 更换计量模型的稳健性分析。

由于被解释变量农民工职业流动行为是一个二值变量，因此进一步改用二元 Logit 模型对数据进行重新估计，检验结果的稳健性，估计结果如表 6-9 所示。其中，表 6-9 中列（1）和列（2）是对全样本的回归估计，列（3）和列（4）是对"80 后""90 后"组成的新生代样本的回归估计。

表 6-9　　　　　稳健性检验结果（二元 Logit 模型）

变量	全样本		新生代："80 后""90 后"	
	(1)	(2)	(3)	(4)
工作嵌入	-0.4032***		-0.5135***	
	(0.1047)		(0.1877)	
组织嵌入		-0.3331***		-0.4070***
		(0.1215)		(0.1373)

续表

变量	全样本		新生代："80后""90后"	
	(1)	(2)	(3)	(4)
社区嵌入		-0.0776 (0.0509)		-0.1176 (0.0847)
性别	0.3239** (0.1508)	0.3173** (0.1509)	0.4016** (0.1620)	0.3914** (0.1624)
年龄	-0.0386*** (0.0148)	-0.0363** (0.0148)	-0.2296*** (0.0225)	-0.2262*** (0.0228)
婚姻状况	0.5110*** (0.1911)	0.5075*** (0.1915)	0.6211*** (0.2047)	0.6227*** (0.2051)
受教育程度	0.4168*** (0.0932)	0.4161*** (0.0937)	0.4342*** (0.1012)	0.4338*** (0.1017)
独生子女	-0.4937*** (0.1777)	0.5127*** (0.1784)	-0.4742** (0.1861)	-0.4906*** (0.1869)
本地人	-0.3180 (0.1934)	-0.3612* (0.1957)	-0.5456** (0.2145)	-0.5862*** (0.2182)
风险态度	0.4199*** (0.1275)	0.4312*** (0.1282)	0.4679*** (0.1385)	0.4783*** (0.1391)
网络熟练情况	0.6619*** (0.2259)	0.6497*** (0.2269)	0.5954** (0.2586)	0.5886** (0.2596)
社会交往	-0.0377 (0.0777)	-0.0477 (0.0781)	-0.0140 (0.0843)	-0.0253 (0.0851)
工作培训	-0.1242 (0.1996)	-0.0972 (0.2013)	-0.2142 (0.2112)	-0.1932 (0.2127)
工作加班	-0.3106* (0.1598)	-0.3207** (0.1601)	-0.1541 (0.1742)	-0.1535 (0.1744)
月工资收入	-0.2133** (0.0928)	-0.2339** (0.0941)	-0.2023** (0.1006)	-0.2158** (0.1016)
日工作时长	-0.0798 (0.0487)	-0.0830* (0.0487)	-0.0200 (0.0514)	-0.0223 (0.0514)
劳动合同	0.1446 (0.2693)	0.1451 (0.2691)	0.5123* (0.2969)	0.5075* (0.2968)

续表

变量	全样本		新生代："80后""90后"	
	(1)	(2)	(3)	(4)
医疗保险	-0.0918 (0.2466)	-0.0963 (0.2466)	-0.2339 (0.2627)	-0.2307 (0.2625)
入职年限	-0.2845*** (0.0852)	-0.2683*** (0.0857)	-0.3094*** (0.0935)	-0.2922*** (0.0948)
换工个数	-0.0406 (0.0477)	-0.0426 (0.0478)	-0.0340 (0.0527)	-0.0325 (0.0529)
_cons	0.7557 (1.0436)	0.6389 (1.0491)	0.7091 (0.9648)	0.6080 (0.8718)
N	1130	1130	902	902
Pseudo R^2	0.1138	0.1151	0.0864	0.0873
LR chi^2	161.90***	163.86***	101.97***	103.02***

注：结果由Stata 15.0软件输出，*表示$p<0.1$，**表示$p<0.05$，***表示$p<0.01$，括号中数值为标准误。

从表6-9汇报的结果来看，无论是全样本模型，还是新生代模型，工作嵌入、组织嵌入对农民工职业流动行为依然具有显著负向影响，但社区嵌入对农民工职业流动行为的影响仍不显著。控制变量不是关注重点，因此不对其进行分析及解释。总体上，本部分通过更换计量模型得到的估计结果与基准回归结果保持了一致，再次证明了实证结果的稳定性。

6.4.3 内生性检验

上述分析及检验表明实证结果比较稳健，但仍然不可回避的是内生性问题，即工作嵌入与农民工职业流动行为之间具有相互影响的关系。一方面，农民工在某个工作单位和社区环境的嵌入性越好，他们从该工作情境和社区环境组建的关系中获得的支持和帮助可能越多，因此产生离职行为的难度越大；另一方面，农民工与工作单位和生活环境之间的相容性需要一个搜寻和匹配的过程，离职换工可能有利于其在组织和社区中达到更佳的嵌入状态。为解决内生性问题，本部分依然利用农民工

第6章 工作嵌入对农民工职业流动的影响：个体层面实证分析

在上一个工作上的工作嵌入指标作为工具变量，工具变量的选择考虑及其测量分析同 6.3.3 小节。

由于本部分的被解释变量不再是连续变量，因此不适合采用两阶段最小二乘估计方法（2SLS），但可以采用两阶段 CMP 估计方法。CMP 估计法克服了被解释变量必须连续的限制，是目前用以处理 Probit 模型或者 Ordered Probit 模型中变量内生性问题的可行手段。因此，本部分以农民工在上一个工作上的工作嵌入指标作为工具变量，采用两阶段 CMP 估计方法进行内生性检验，估计结果如表 6-10 所示。其中，表 6-10 中列（1）和列（2）是检验工作嵌入的估计结果，列（3）和列（4）是检验组织嵌入的估计结果。

从表 6-10 汇报的内生性检验结果可知，在两个模型中，两阶段模型残差的相关系数分别为 -0.2721 和 -0.2636，且在均 1% 的统计水平上显著，强烈拒绝了"所有解释变量均外生"的原假设，同时 LR chi-square 和 lnsig_2 值检验拒绝了零假设，说明两个检验模型中不存在弱工具变量问题。由表 6-10 中列（1）和列（3）可知，在回归第一阶段，工作嵌入和组织嵌入所指向的工具变量估计系数均显著为正。由列（2）和列（4）可知，在回归第二阶段，工作嵌入和组织嵌入的估计系数均显著为负，而社区嵌入的估计系数不显著，说明在有效排除内生性的影响后，工作嵌入和组织嵌入对农民工职业流动行为仍有显著的负向影响。本部分利用工具变量处理内生性得到的结果仍然与基准回归结果一致，再一次检验了实证结果的稳健性。

表 6-10　　内生性检验结果

变量	（1）第一阶段	（2）第二阶段	（3）第一阶段	（4）第二阶段
工作嵌入		-0.2173*** (0.0552)		
工作嵌入←上一个工作上的工作嵌入	0.3634*** (0.0226)			
组织嵌入				-0.1751*** (0.0605)

续表

变量	(1) 第一阶段	(2) 第二阶段	(3) 第一阶段	(4) 第二阶段
社区嵌入				-0.0341 (0.0709)
组织嵌入←上一个工作上的组织嵌入			0.3026*** (0.0363)	
组织嵌入←上一个工作上的社区嵌入			0.1254*** (0.0390)	
控制变量	控制	控制	控制	控制
_cons	0.5526*** (0.0194)	0.4044* (0.2242)	0.5082*** (0.0226)	0.3320 (0.2068)
Log likelihood		-1162.3160		-1330.4182
LR chi-square		393.70***		410.83***
/lnsig_2		-0.9470***		-0.7975***
/atanhrho_12		-0.2721***		-0.2636***
sig_2		0.3879***		0.4504***
rho_12		-0.2656***		-0.2576***
N		1130		1130

注：结果由 Stata 15.0 软件输出，* 表示 $p<0.1$，** 表示 $p<0.05$，*** 表示 $p<0.01$，括号中数值为标准误。

6.4.4 进一步讨论

前面是针对农民工当次职业流动行为的静态考察，但不可忽视的是，农民工的职业流动通常具有多发性，多数农民工的换工经历并不是唯一的。静态分析会忽略农民工每次离职时特征变量随时间而发生的变化，以及特征变量对每次离职的影响差异。因此考察农民工职业流动时很有必要同时考虑他们在每个工作上的持续时间以及离职的多次性。本部分进一步从个体样本中筛选出第一次、第二次和最近一次工作变换的回顾性信息而且历史换工为主动离职的农民工样本，建立事件史模型进行动态分析。

第6章 工作嵌入对农民工职业流动的影响：个体层面实证分析

事件史分析技术为研究一定时间内事件的发生或状态的改变这一类似问题提供了解决方法（Blossfeld et al., 2007），因此将农民工的多次职业流动行为量化为事件发生的风险率，即表示农民工从进入某个工作起，连续历经任意一个时间后发生一次职业流动（事件）的概率。事件史分析的建模依据是风险函数：

$$\lambda(t;x) = \lambda_0(t)e^{x\beta} \qquad (6-3)$$

其中，$\lambda(t;x)$ 指个体风险函数，表示如果事件至 t 时刻尚未发生，则其在下一个 Δt 上发生的瞬息概率；β 是一组未知参数，表示解释变量 x 对风险函数的影响；$\lambda_0(t)$ 表示所有解释变量取 0 时的基准风险，只依赖于时间 t，其对总体中的每一个个体都相同。由于事先对农民工每一次离职的时间分布并无把握，故不清楚 $\lambda_0(t)$ 的具体形式，因此采用风险函数估计中的半参数方法，即 cox 模型形式：

$$\frac{\lambda(t;x_i)}{\lambda(t;x_j)} = \frac{\lambda_0(t)e^{x_i\beta}}{\lambda_0(t)e^{x_j\beta}} = e^{(x_i-x_j)\beta} \qquad (6-4)$$

事件史分析模型中的自变量分为时变性变量和非时变性变量。根据调研数据情况，将年龄、工作培训、工作加班、月工资收入、日工作时长、劳动合同、医疗保险、入职年限、换工个数以及工作嵌入指标整理成时变性变量，它们均会随时间或者农民工任何一次离职换工而发生变化；将其余因素视作不随时间或事件变化的非时变性变量。

表 6-11 汇报了农民工职业流动风险率的 cox 模型估计结果，系数值表示职业流动风险率之差。

表 6-11　农民工职业流动风险率的 cox 模型估计结果

变量	全样本		"80后"		"90后"	
工作嵌入	-0.4742 *** (0.0616)		-0.3854 *** (0.0759)		-0.4915 *** (0.1004)	
组织嵌入		-0.2825 *** (0.0415)		-0.2324 *** (0.0430)		-0.2497 *** (0.0687)
社区嵌入		-0.1844 *** (0.0390)		-0.1491 *** (0.0290)		-0.2331 *** (0.0595)

续表

变量	全样本		"80后"		"90后"	
性别	0.1984*** (0.0762)	0.1559** (0.0783)	0.0429 (0.1078)	0.0425 (0.1077)	-0.0745 (0.1292)	-0.0759 (0.1303)
年龄	-0.2596*** (0.0169)	-0.2576*** (0.0169)	-0.1992*** (0.0156)	-0.1988*** (0.0157)	-0.1171*** (0.0211)	-0.1160*** (0.0211)
婚姻状况	-0.0154 (0.1039)	-0.0565 (0.1065)	-0.3851** (0.1522)	-0.3880** (0.1522)	0.0731 (0.1319)	0.1190 (0.1358)
受教育程度	-0.3033*** (0.0468)	-0.2208*** (0.0482)	-0.3874*** (0.0903)	-0.3811*** (0.0929)	-0.0667 (0.0777)	-0.0622 (0.0779)
独生子女	-0.4916*** (0.1067)	-0.4064*** (0.1097)	-0.3300** (0.1641)	-0.3176* (0.1633)	-0.2731 (0.1693)	-0.3113* (0.1780)
本地人	-0.3012*** (0.1022)	-0.3050*** (0.1055)	-0.0443 (0.1476)	-0.0406 (0.1478)	-0.6686*** (0.1612)	-0.6409*** (0.1635)
风险态度	0.3016*** (0.0806)	0.3180*** (0.0821)	0.5624*** (0.0933)	0.5658*** (0.0951)	0.2636** (0.1135)	0.2535** (0.1143)
网络熟练情况	0.0412 (0.1006)	0.0339 (0.1014)	-0.1775 (0.1815)	-0.1839 (0.1823)	0.1471 (0.1639)	0.1290 (0.1637)
社会交往	-0.0179 (0.0413)	-0.0051 (0.0403)	-0.1595** (0.0680)	-0.1586** (0.0680)	0.0117 (0.0678)	0.0119 (0.0679)
工作培训	-0.0366 (0.1061)	-0.0059 (0.1044)	-0.0520 (0.1731)	-0.0163 (0.1611)	-0.0933 (0.1534)	-0.0929 (0.1533)
工作加班	0.0279 (0.0825)	0.0170 (0.0832)	0.1438 (0.1268)	0.1550 (0.1241)	-0.2575** (0.1311)	-0.2595** (0.1308)
月工资收入	-0.3624*** (0.0562)	-0.3605*** (0.0570)	-0.2989*** (0.1034)	-0.3001*** (0.1037)	-0.2239*** (0.0840)	-0.2305*** (0.0841)
日工作时长	0.0640** (0.0259)	0.0601** (0.0256)	0.0709** (0.0318)	0.0708** (0.0318)	0.0012 (0.0414)	-0.0032 (0.0422)
劳动合同	-0.0584 (0.1276)	-0.0553 (0.1245)	-0.0140 (0.2030)	0.0321 (0.2074)	-0.4193* (0.2163)	-0.4186* (0.2162)
医疗保险	-0.0315 (0.1102)	-0.0143 (0.1079)	-0.0586 (0.1801)	-0.0335 (0.1871)	-0.1393 (0.1952)	-0.1410 (0.1938)
入职年限	-0.1195*** (0.0070)	-0.1207*** (0.0071)	-0.0504*** (0.0176)	-0.0546*** (0.0180)	-0.1001*** (0.0264)	-0.1075*** (0.0278)

续表

变量	全样本		"80后"		"90后"	
换工个数	0.1188*** (0.0241)	0.1222*** (0.0243)	0.1442 (0.1109)	0.1481 (0.1130)	0.1288*** (0.0205)	0.1334*** (0.0206)
Log pseudo likelihood	-3801.0962	-3793.4616	-1823.1405	-1823.0202	-1391.8924	-1390.8184
Wald chi-square	361.10	349.83	324.83	328.93	143.04	142.59
Sig.	0.0000	0.0000	0.0000	0.0000	0.0000	0.0000
N	1089	1089	479	479	398	398

注：*表示$p<0.1$，**表示$p<0.05$，***表示$p<0.01$，括号中数值为标准误，N代表纳入模型的事件记录的有效观测值，而非样本个数。

从表6-11的各模型结果可知，工作嵌入的估计系数为负，且通过了1%的显著性水平检验，说明随着工作嵌入程度的提高，农民工发生职业流动的风险率会下降。组织嵌入的估计系数显著为负，说明组织嵌入程度越高，农民工发生职业流动的风险率越低。农民工虽然普遍处在组织的低层级工作岗位，但作为组织的一员，他们的去留选择或多或少会受制于其与"工作现场"之间形成的网络关系。这种网络关系越强，意味着他们与组织的匹配越好、与组织的联系越多、离开组织的牺牲越大。该结果不仅与前面针对农民工当次离职行为的结论保持了一致，还与以往针对企业一般性职员或知识型员工离职的研究结论相似（Mitchell et al., 2001；Van & Kirk, 2003；Allen, 2006；王莉, 2007）。社区嵌入的估计系数也显著为负，说明社区嵌入程度越高，农民工发生职业流动的风险率越低。农民工不仅处于组织结构之中，同时也生活在社区情境中，构成其工作嵌入的内容不仅来自组织内部，还来自社区活动。较高程度的社区嵌入决定了他们与社区的匹配较好、与社区的联系较多、离开社区的损失较大。该结果与以往针对特殊群体的个别研究保持了一致（Ostroff & Clark, 2001；Smith et al., 2011；Jiang et al., 2012），但与前面针对农民工当次离职行为的结论以及以往针对企业一般性职员或知识型员工的研究不一致（Van & Kirk, 2003；Allen, 2006；王莉, 2007）。其可能的原因是：特殊群体的职业成长路径和需求具有独特性，管理者在关注其工作嵌入时可能与对待企业一般性职员和知识型员工不同。这也似乎意味着，类似农民工这种特殊职业群体的工作嵌入（尤其是社区嵌入）的内容不能完全照搬来自企业一般性职员或知识型员工的经验。在理论上，这一结果应该是对以往研究结论的一个补充和完善。

对比静态分析和动态分析结果不难发现，在农民工的当次职业流动行为和长期职业流动事件中，工作嵌入均具有显著的负向预测作用；组织嵌入对农民工的当次职业流动行为和一定时期内的多次职业流动行为都会产生显著负向影响；社区嵌入对农民工一定时期内的多次职业流动行为具有显著负向影响，但对农民工当次职业流动行为的影响不显著。这表明，工作嵌入的社区维度也能够解释农民工职业流动，但前提是要考虑农民工的工作持续时间以及职业流动多发性，原因可能在于农民工的离职换工伴随着职业转变甚至居住迁移。

6.5　本章小结

本章基于理论分析，利用实际调研数据，运用计量模型，重点探讨了工作嵌入对农民工职业流动的预测作用，具体分析了工作嵌入及其结构维度对农民工职业流动意向和职业流动行为的影响。在以往研究的基础上，一方面运用 OLS 回归分析了工作嵌入对农民工职业流动意向的影响，同时进行了多角度稳健性检验，并采用两阶段 2SLS 估计和解释变量前置一期的方法解决工作嵌入与农民工职业流动意向的内生性问题；另一方面运用 Probit 模型分析了工作嵌入对农民工当次职业流动行为的影响，同时进行了多角度稳健性检验，并采用两阶段 CMP 估计和解释变量前置一期的方法解决工作嵌入与农民工当次职业流动行为的内生性问题，进一步运用事件史模型讨论了工作嵌入对农民工一定时期内多次职业流动事件的影响。研究发现如下。

第一，工作嵌入对农民工职业流动意向具有显著的负向影响，且组

第6章 工作嵌入对农民工职业流动的影响：个体层面实证分析

织嵌入和社区嵌入均对农民工职业流动意向具有显著负向影响，但组织嵌入对农民工职业流动意向的影响大于社区嵌入对农民工职业流动意向的影响。

第二，工作嵌入对农民工的职业流动行为具有显著的负向预测作用，且组织嵌入对农民工职业流动行为具有显著负向影响，但社区嵌入对农民工职业流动行为的影响不显著。

第三，工作嵌入对农民工一定时期内的多次职业流动行为具有显著的负向预测作用，且组织嵌入和社区嵌入均对农民工一定时期内的多次职业流动行为具有显著负向影响。

总体而言，工作嵌入对农民工职业流动具有显著的预测作用，但该作用与针对企业一般性职员的研究结论又不尽相同。从组织嵌入角度来看，组织嵌入不仅会降低农民工离开当前工作的概率，还会抑制农民工的长期职业流动行为。农民工虽然普遍处在组织的低层级工作岗位，但其去留选择会受制于其与"工作现场"之间编织的多重网络关系。这种网络关系越强，意味着他们与组织的匹配越好、与组织的联系越多、离开组织的牺牲越大。该结果与以往针对企业一般性职员或知识型员工的研究具有一致性。从社区嵌入角度来看，社区嵌入会对农民工一定时期的多次职业流动行为产生抑制作用，但对阻止其离开当前工作的作用不明显，考察社区嵌入对农民工实际职业流动行为的约束作用需要考虑农民工职业流动的多发性。农民工的社区嵌入对其职业流动的现实解释具有特殊性，不能完全照搬来自高技能型员工的经验，这一结论应该是对以往研究的一个补充和完善。

第7章 组织伦理气氛、工作嵌入与农民工职业流动的影响路径：跨层次调节式中介分析

农民工产生职业流动心理或职业流动行为往往是不同层面因素共同作用的结果。本章利用调研数据，建立计量模型，从实证角度分析组织伦理气氛、工作嵌入与农民工职业流动的影响机理。首先，基于工作嵌入理论、社会认知理论以及分层模型思想建立分析框架，并基于以往研究得出组织伦理气氛、工作嵌入与农民工职业流动的量化关系，提出研究假设；其次，基于实际调研数据以及在前面变量测量的基础上，建立跨层次调节式中介效果检测模型（3M）分析组织伦理气氛、工作嵌入与农民工职业流动意向之间的跨层次影响关系，并通过改变模型设定进行稳健性检验，得出影响路径模型；最后，运用跨层次调节式中介效果检测模型（3M）分析组织伦理气氛、工作嵌入与农民工职业流动行为之间的跨层次影响关系，并通过改变模型设定进行稳健性检验，得出影响路径模型。

7.1 分析框架与研究假设

理论研究表明，组织伦理气氛会通过工作态度、工作满意度、组织认同等传统态度类变量影响员工的离职决策（Schwepker，2001；Mulki et al.，2008；James & Deconinck，2011）。传统态度类变量注重于个人与工作内因素的关系，对工作外因素的关注较少，导致其对员工离职的预测力不足，但态度因素依然是个人与组织之间相互作用的结果，在一

定程度上表达了个人与组织的联系。相对态度因素而言，工作嵌入则从留职的视角分析离职问题，将阻止个体离职的工作内外因素概括为多重关系网络，关系网络越多、越密，则个体会越深入地嵌入其中，难以脱身。既然组织伦理气氛能够通过传统态度类变量影响个体离职，那么也就可以认为组织伦理气氛会通过影响农民工工作嵌入进而对其职业流动产生影响。根据工作嵌入理论，工作嵌入囊括了所有与工作情境相关的因素，这些因素构成的关系网络会对农民工感知到的外部工作匹配和负面情感进行平衡，形成农民工离职的阻力，促使农民工维持留职现状，对农民工产生保留作用；同时，企业组织主导的伦理气氛偏向与农民工个人道德标准和价值判断在伦理层面一致或发生冲突时，会影响农民工在工作上的舒适感、与工作情境的关系数量和质量，进而影响农民工在组织结构和社区环境中的嵌入关系。换言之，组织伦理气氛对农民工职业流动的影响会通过农民工的嵌入关系进行传递。根据社会认知理论，来自个体和组织的不同层面因素之间编织的复杂交互关系共同影响着农民工的职业流动心理或行为倾向，这就决定了组织伦理气氛与工作嵌入会对农民工职业流动产生协同影响。换言之，工作嵌入及其对农民工的保留作用势必不能摆脱用工企业组织伦理环境的影响，即组织伦理气氛对于工作嵌入对农民工职业流动的影响具有结构性调节作用。此外，组织伦理气氛是表征企业层面特征的总体层变量，工作嵌入和农民工职业流动是表征个体层面特征的变量，它们之间具有明显的跨层次嵌套特征，因此基于分层研究思想，建立跨层次分析框架，如图 7-1 所示。

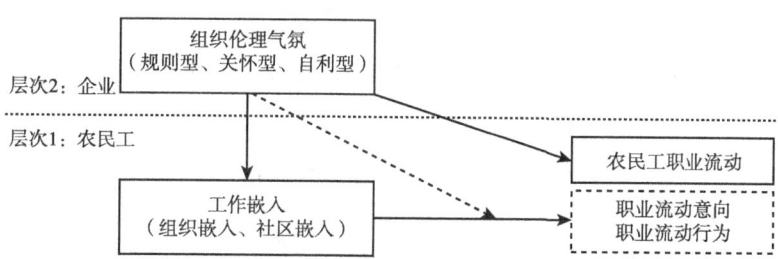

图 7-1　组织伦理气氛、工作嵌入与农民工职业流动的跨层次分析框架

从现有文献来看，关于工作嵌入前因变量的实证研究还相对欠缺。

工作嵌入理论提出后，Holtom（2004）为工作嵌入的具体维度设计了一系列员工实践活动以寻求工作嵌入的前因变量，Allen（2006）则从组织层面寻找新员工嵌入组织的影响因素。这两项早期研究奠定了工作嵌入内在决定机制探索的基础。之后的研究表明，在员工工作嵌入的积累路径上，个体差异和组织因素都发挥着重要作用。经验分析表明，组织伦理气氛会通过工作满意度、组织承诺、组织认同等因素进行传递，对"个体—组织"关系及离职产生影响，积极的组织伦理气氛有助于提高员工的工作满意度（Deconinck，2010）、组织认同（James & Deconinck，2011）以及组织承诺（Kelley & Dorsch，1991；Cullen et al.，2003），进而降低员工的离职倾向和离职行为。工作嵌入对离职的预测力远远超越工作满意度、组织支持和组织承诺等态度型变量，因此有理由相信组织伦理气氛也会通过影响工作嵌入对离职产生作用。换言之，工作嵌入会在组织伦理气氛对个体离职的影响中起到传递作用。正如Lopez 和 Babin（2009）的研究所指出，组织伦理气氛会通过个体—组织的匹配对员工离职产生作用。国内学者利用中国情境下的经验数据进行了相关研究，结果表明，在离职心理方面，规则导向、关怀导向的组织伦理气氛对员工离职倾向具有显著的负向影响，而自利导向的组织伦理气氛对员工离职倾向具有显著的正向影响，且工作嵌入在其中起到了中介作用（许欣等，2018）；在离职行为方面，规则型、关怀型组织伦理气氛会通过提高员工的工作嵌入水平对其主动离职产生显著的负向影响，但自利型组织伦理气氛通过工作嵌入对员工离职的作用则不明显（杨春江等，2014）。基于上述分析，本部分提出如下研究假设：

研究假设 H7-1：工作嵌入在组织伦理气氛对农民工职业流动的影响中存在中介作用，积极的组织伦理气氛（规则和关怀导向）会通过提高农民工工作嵌入对其职业流动意向或职业流动行为产生抑制作用。

根据社会认知理论，社会结构的内部因素能在一定程度上影响个体行为意向，并通过与社会情境的交互作用对行为及其倾向性产生影响（Mischel，1973）。按照这一理论的观点，个体层面因素和情境因素对个体离职决策的作用并非孤立的，两者难以单独为离职决定提供全面的

第7章 组织伦理气氛、工作嵌入与农民工职业流动的影响路径：跨层次调节式中介分析

解释（Henle，2005）。换言之，工作嵌入或者组织伦理气氛都难以单独地对农民工职业流动进行系统解释，还应当考虑它们相互交织的复杂影响。正如 Tim 等（2003）的研究表明，组织伦理气氛在个体伦理判断与其行为意向之间具有调节作用。由此可认为，组织伦理气氛作为组织特质不仅会对农民工工作嵌入程度产生影响，同时会对工作嵌入与农民工职业流动的关系产生作用。具体而言，在以规则或关怀为主导的组织伦理气氛中，组织成员的行事具有规范的制度标准，成员之间相互帮扶，团结一致，这种情况符合公众认可的标准，在这种环境下：①农民工完成任务有章可循、有人提供帮助，能够按照标准完成工作目标，并努力工作，即使遇到困难也能得到及时有效的帮助，这种工作状态与企业人力资源开发需求相匹配；②农民工能够很好地处理与组织中各级同事的人际关系，相处融洽，在工作情境中容易建立更加和谐的网络关系；③农民工如果离职会损失这种标准化企业文化以及和谐的团队关系，牺牲较大。但是，在以自利为主导的组织伦理气氛中，组织成员之间行事不计后果，可能各自为政甚至互相猜疑，容易出现恶意竞争，这种环境不符合公众认可的标准，在这种环境下：①农民工容易滋生抱怨心理以及情绪化工作，甚至出现心理扭曲，不但难以嵌入工作中，还会预期通过离职进行"报复"或者摆脱心理压力；②农民工在人际交往中会有消极情绪，工作网络关系质量较差，因此对现有人际关系不会有太多留恋；③农民工离职给其造成的损失较小。可见，在以规则或关怀为主导的组织伦理气氛中，农民工会倾向于加强与组织的关系，不容易产生离职冲动；而在以自利为主导的组织伦理气氛中，农民工难以嵌于其中，容易产生离职动机。换言之，组织伦理气氛差异会促使农民工工作嵌入与其职业流动之间的关系程度存在差异，用工企业主导什么样的组织伦理气氛，将会改变工作嵌入对农民工职业流动的约束力度。基于上述分析，本部分提出如下研究假设：

研究假设 H7-2：组织伦理气氛在工作嵌入与农民工职业流动的关系中具有调节作用，积极的组织伦理气氛（规则和关怀导向）有利于强化工作嵌入对农民工的保留作用。

7.2 变量说明与模型设定

本部分将建立计量经济学模型分析组织伦理气氛、工作嵌入与农民工职业流动之间的影响路径,由于变量及数据之间具有层级嵌套特征,因此采用阶层线性模型(HLM)对数据进行实证分析。

7.2.1 变量说明

(1)被解释变量。本部分的被解释变量包括农民工的职业流动意向和职业流动行为。农民工职业流动意向直接利用 Mobley(1977)提出的五题项量表测量,职业流动行为则根据数据调研及回访观察情况进行量化,其具体解释及描述统计情况同表 5-1。

(2)解释变量和调节变量。本部分的解释变量和调节变量是企业总体层的组织伦理气氛指标。对组织伦理气氛的测量直接采用 Cullen 等(2003)修订的量表,选取规则、关怀和自利这三个组织伦理气氛类型维度,通过农民工对企业在规则、关怀以及自利导向的伦理气氛的感知题项进行组内聚合测量,以同一企业中农民工回答题项的均值的平均数作为量化值,量表测量分析与变量描述性统计分别参见第 4 章。

(3)中介变量。本部分的中介变量是农民工个体层的工作嵌入结构维度(组织嵌入和社区嵌入)。中介变量的测量直接借鉴杨廷钫等(2013)针对农民工开发的量表,在适当修订的基础上,根据农民工对量表题项的回答进行量化,利用题项均值作为量化值,量表测量分析与变量描述性统计参见第 4 章。

(4)控制变量。为了降低估计误差,本部分还加入一些可能影响农民工职业流动个体层因素和总体层因素作为控制变量。所有控制变量与第 5 章的实证模型保持一致,具体解释和描述性统计情况同表 5-1。

7.2.2 模型设定

根据理论分析和研究假设,组织伦理气氛、工作嵌入与农民工职业流动之间存在调节效用与中介效应,而且三者变量具有明显的分层嵌套特征。因此,本部分利用阶层线性回归模型(HLM)中的多变项多层次模式(Multivariate Multilevel Model,3M)进行数据分析,检验组织伦理气氛、工作嵌入与农民工离职之间的跨层次调节式中介效果。需要说明的是,在本部分模型公式中,X_j代表企业总体层的解释变量,即组织伦理气氛类型维度(规则型、关怀型和自利型);M_{ij}代表农民工个体层的中介变量,即工作嵌入的结构维度(组织嵌入和社区嵌入);Y_{ij}代表农民工个体层的被解释变量(结果变量),即农民工职业流动指标(职业流动意向或职业流动行为),公式中其他字母的含义类似于 5.2.2 小节。具体的模型检定程序如下:

首先,进行总体层次解释变量X_j对结果变量Y_{ij}总效果的检定,设定方程式:

$$Y_{ij} = \beta_{0j}^c + \varepsilon_{ij}^c \tag{7-1}$$

$$\beta_{0j}^c = \gamma_{00}^c + \gamma_{01}^c X_j + u_{0j}^c \tag{7-2}$$

跨层次中介效果的第一个条件:检验X_j对Y_{ij}的直接效果γ_{01}^c的估计值是否显著。

其次,检定总体层次解释变量X_j对个体层次中介变量M_{ij}的影响,设定方程式:

$$M_{ij} = \beta_{0j}^a + \varepsilon_{ij}^a \tag{7-3}$$

$$\beta_{0j}^a = \gamma_{00}^a + \gamma_{01}^a X_j + u_{0j}^a \tag{7-4}$$

跨层次中介效果的第二个条件:检验γ_{01}^a估计值的显著性。

再次,同时考虑总体层次解释变量X_j与个体层次中介变量M_{ij},来检视总体层次解释变量X_j对结果变量Y_{ij}的直接效果是否因中介变量M_{ij}的存在而消失或下降。设定跨层次随机效果的斜率回归系数方程式:

$$Y_{ij} = \beta_{0j}^b + \beta_{1j}^b M_{ij} + \varepsilon_{ij}^b \tag{7-5}$$

$$\beta_{0j}^b = \gamma_{00}^b + \gamma_{01}^{c'} X_j + u_{0j}^b \qquad (7-6)$$

$$\beta_{1j}^b = \gamma_{10}^b + u_{1j}^b \qquad (7-7)$$

跨层次中介效果的第三个条件：如果 β_{1j}^b 的估计值具有显著性，则检验 $\gamma_{01}^{c'}$ 与 γ_{10}^b 的估计值显著性及变化。若 $\gamma_{01}^{c'}$ 不显著而 γ_{10}^b 显著，则获得完全跨层次中介效果；若 $\gamma_{01}^{c'}$ 显著，但其绝对值小于 γ_{01}^c 估计的绝对值，则获得部分跨层次中介效果。

最后，检定 M_{ij} 对 Y_{ij} 的影响或其回归系数是否会随 X_j 而变化。设定方程式：

$$Y_{ij} = \beta_{0j}^d + \beta_{1j}^d M_{ij} + \varepsilon_{ij}^d \qquad (7-8)$$

$$\beta_{0j}^d = \gamma_{00}^d + \gamma_{01}^d X_j + u_{0j}^d \qquad (7-9)$$

$$\beta_{1j}^d = \gamma_{10}^d + \gamma_{11}^d X_j + u_{1j}^d \qquad (7-10)$$

跨层次调节式中介效果的检验条件：如果式（7-7）中的变异数成分估计值显著，则检验跨层次交互作用 γ_{11}^d 的显著性，以获得调节式中介效果。

7.3 组织伦理气氛、工作嵌入与农民工职业流动意向的影响路径分析

根据分析框架，组织伦理气氛、工作嵌入与农民工职业流动意向之间的影响路径关系表现为跨层次中介模型中带有调节效果，因此本部分利用实际调研数据，建立 HLM 阶层线性回归模型，通过 HLM 6.08 软件对组织伦理气氛、工作嵌入与农民工职业流动意向的关系进行跨层次调节式中介效果检测（3M 检测）。需要说明的是，在本部分模型分析中，$X1_j$、$X2_j$、$X3_j$ 分别代表企业总体层的组织伦理气氛类型维度（规则型、关怀型和自利型），$M1_{ij}$、$M2_{ij}$ 分别代表农民工个体层的工作嵌入结构维度（组织嵌入和社区嵌入），Y_{ij} 代表农民工个体层的被解释变量，即农民工职业流动意向。由于控制变量不是关注重点，限于篇幅，本部分将不再汇报控制变量的估计结果。

7.3.1 跨层次中介与调节效果检验

（1）3M1：截距结果模型检验。

本部分建立 HLM 随机截距结果模型，进行 3M 检测的第一个程序，检验 Y_{ij}、$M1_{ij}$、$M2_{ij}$ 三个模型中的结果变量是否可以被企业总体层解释变量 $X1_j$、$X2_j$、$X3_j$ 有效解释。第一，建立以 Y_{ij} 为结果变量的随机截距结果模型（3M1a），检验企业总体层解释变量 $X1_j$、$X2_j$、$X3_j$ 对离职意向 Y_{ij} 的影响；第二，建立以 $M1_{ij}$ 为结果变量的随机截距结果模型（3M1b），检验企业总体层解释变量 $X1_j$、$X2_j$、$X3_j$ 对组织嵌入 $M1_{ij}$ 的影响；第三，建立以 $M2_{ij}$ 为结果变量的随机截距结果模型（3M1c），检验企业总体层解释变量 $X1_j$、$X2_j$、$X3_j$ 对社区嵌入 $M2_{ij}$ 的影响。

表 7-1 汇报了 3M1 的 HLM 估计结果，其中 $Y^{(se)}$ 列展示的是回归系数及标准误，t(p) 列展示的是 t 值及显著性水平，随机效果显示的是结果变量的平均值差异、卡方值及显著性水平。

表 7-1　　3M1 的 HLM 估计结果

	变量	固定效果		随机效果	
		$Y^{(se)}$	t(p)	截距变异数	χ^2(p)
3M1a	$X1_j \to Y_{ij}$	-0.233 (0.026)	-9.14 (0.000)	0.2537	223.68 (0.000)
	$X2_j \to Y_{ij}$	-0.423 (0.063)	-6.69 (0.000)		
	$X3_j \to Y_{ij}$	0.189 (0.058)	3.28 (0.004)		
3M1b	$X1_j \to M1_{ij}$	0.286 (0.036)	7.94 (0.000)	0.071	52.07 (0.001)
	$X2_j \to M1_{ij}$	0.414 (0.084)	4.93 (0.000)		
	$X3_j \to M1_{ij}$	-0.132 (0.134)	-0.98 (0.335)		

续表

变量		固定效果		随机效果	
		$Y^{(se)}$	$t(p)$	截距变异数	$\chi^2(p)$
3M1c	$X1_j \to M2_{ij}$	0.268 (0.051)	5.24 (0.000)	0.132	145.15 (0.000)
	$X2_j \to M2_{ij}$	0.396 (0.077)	5.14 (0.000)		
	$X3_j \to M2_{ij}$	−0.228 (0.198)	−1.15 (0.260)		

注：结果由 HLM 6.08 软件输出。

从表 7-1 的估计结果可知，3M1a 模型中，$X1_j$、$X2_j$ 对 Y_{ij} 进行解释的回归系数显著为负，而 $X3_j$ 对 Y_{ij} 进行解释的回归系数显著为正，该结果与 5.3.1 小节的实证结果一致，其解释不再赘述。3M1b 模型中，$X1_j$、$X2_j$ 对 $M1_{ij}$ 进行解释的回归系数显著为正，但 $X3_j$ 对 $M1_{ij}$ 进行解释的回归系数不显著，说明规则型、关怀型组织伦理气氛对农民工的组织嵌入具有显著正向影响，但自利型组织伦理气氛对农民工组织嵌入的影响不显著。其可能的原因在于：组织伦理准则的规则、关怀倾向与个人工作映像或价值判断在伦理层面相符合，农民工更加积极地建立及加强与组织结构的联系，获得较佳的舒适感和归属感。3M1c 模型中，$X1_j$、$X2_j$ 对 $M2_{ij}$ 进行解释的回归系数显著为正，但 $X3_j$ 对 $M2_{ij}$ 进行解释的回归系数不显著，说明规则型、关怀型组织伦理气氛对农民工的社区嵌入具有显著正向影响，但自利型组织伦理气氛对农民工社区嵌入的影响不显著。其可能的解释是：以规则、关怀等为标签的积极组织伦理气氛受到农民工的认同，农民工喜欢在其中从事相关工作并具有长远稳定下来的打算，因此会积极融入与该工作相联系的居住环境，主动加强与居住社区之间的关系；而自利型组织伦理气氛与社会主流价值观以及个人道德标准存在违背，农民工容易产生离开组织结构和居住社区的打算，因此不会那么积极地嵌入其中。三个模型中的截距变异数都十分显著，说明农民工的职业流动意向、组织嵌入和社区嵌入平均值在不同企业之间存在显著差异。

(2) 3M2：随机效果共变量模型与随机系数模型检验。

本部分分别建立 HLM 随机效果共变量分析模型与随机系数模型，进行 3M 检测的第二个程序，检验作为中介变量的个体层解释变量 $M1_{ij}$、$M2_{ij}$ 对结果变量 Y_{ij} 的解释是否具有统计意义。一方面，设定斜率系数为固定效果的随机效果共变量模型（3M2a），检验中介变量 $M1_{ij}$、$M2_{ij}$ 对 Y_{ij} 的影响；另一方面，设定斜率系数为随机效果的随机系数模型（3M2b），检验中介变量 $M1_{ij}$、$M2_{ij}$ 对 Y_{ij} 的影响。

表 7-2 汇报了 3M2 的 HLM 估计结果，其中 $Y^{(se)}$ 列展示的是回归系数及标准误，t(p) 列展示的是 t 值及显著性水平，随机效果显示的是结果变量的平均值差异和斜率差异、卡方值及显著性水平。

表 7-2　　3M2 的 HLM 估计结果

变量		固定效果		随机效果			
		$Y^{(se)}$	t(p)	截距变异数	$\chi^2(p)$	斜率变异数	$\chi^2(p)$
3M2a	$M1_{ij} \to Y_{ij}$	-0.231 (0.068)	-3.40 (0.000)	0.219	194.41 (0.000)		
	$M2_{ij} \to Y_{ij}$	-0.185 (0.052)	-3.58 (0.000)				
3M2b	$M1_{ij} \to Y_{ij}$	-0.235 (0.076)	-3.11 (0.005)	0.244	45.57 (0.014)	0.131	85.50 (0.000)
	$M2_{ij} \to Y_{ij}$	-0.199 (0.042)	-4.74 (0.000)			0.085	77.94 (0.000)

注：结果由 HLM 6.08 软件输出。

从表 7-2 的估计结果可知，3M2a 模型中，$M1_{ij}$、$M2_{ij}$ 同时对 Y_{ij} 进行解释时，农民工的组织嵌入和社区嵌入估计系数均通过了显著性检验，影响系数分别为 -0.213 和 -0.185，同时 3M2b 模型也得到了类似的结果，说明组织嵌入和社区嵌入都对农民工离职意向具有显著负向影响，该结果与 6.3.1 小节的实证结果一致，其解释不再赘述。两个模型中的截距变异数都十分显著，说明农民工的职业流动意向平均值在不同企业之间依然存在差异。3M2b 模型中，$M1_{ij}$、$M2_{ij}$ 的斜率变异数都达到了显著水准，说明组织嵌入和社区嵌入对农民工职业流动意向的影响也都存在企业间差异。

(3) 3M3：跨层次中介效果模型检验。

本部分建立斜率固定的 HLM 随机截距模型（3M3），进行 3M 检测的第三个程序，将总体层解释变量 $X1_j$、$X2_j$、$X3_j$ 和个体层中介变量 $M1_{ij}$、$M2_{ij}$ 同时放入 Y_{ij} 方程中，检验其对结果变量 Y_{ij} 的解释力，尤其需要检验方程中 $X1_j$、$X2_j$、$X3_j$ 的估计系数的显著性。跨层次中介效果模型检验结果见表 7-3。

从表 7-3 的估计结果可知，同时考虑解释变量和中介变量后，$X1_j$ 对 Y_{ij} 进行解释的回归系数仍然显著为负，但解释力度下降到 0.031，$X2_j$ 对 Y_{ij} 进行解释的回归系数仍然显著为负，但解释力度下降到 0.114，$X3_j$ 对 Y_{ij} 进行解释的回归系数仍然显著为正。同时，$M1_{ij}$、$M2_{ij}$ 对 Y_{ij} 的影响均显著为负。综上所述，$X1_j \rightarrow M1_{ij} \rightarrow Y_{ij}$、$X2_j \rightarrow M1_{ij} \rightarrow Y_{ij}$、$X1_j \rightarrow M2_{ij} \rightarrow Y_{ij}$、$X2_j \rightarrow M2_{ij} \rightarrow Y_{ij}$ 的间接效果成立，而由于 $X3_j \rightarrow M1_{ij}$ 以及 $X3_j \rightarrow M2_{ij}$ 的解释不显著，因此 $X3_j \rightarrow M1_{ij} \rightarrow Y_{ij}$、$X3_j \rightarrow M2_{ij} \rightarrow Y_{ij}$ 的间接效果不成立。上述结果表明，规则型、关怀型组织伦理气氛都可以通过组织嵌入和社区嵌入对农民工离职意向产生影响；自利型组织伦理气氛因为对组织嵌入和社区嵌入的直接效果都不显著，因此通过组织嵌入和社区嵌入影响农民工职业流动意向的中介效果不存在。

(4) 3M4：跨层次调节式中介效果模型检验。

本部分建立斜率固定的 HLM 随机截距模型，进行 3M 检测的最后一个步骤，检验跨层次交互作用是否存在，即进一步纳入调节效果，建立一个同时带有中介与调节效果的模型（3M4）。需要说明的是，在跨层次调节式中介效果的模型检验中，必须先检验跨层次中介效果的存在，一旦中介效果存在，再进一步检验该中介效果是否会受到高层次解释变量的影响（Mathiue & Taylor，2007）。跨层次调节式中介效果模型检验结果见表 7-3。

从表 7-3 的估计结果可知，同时考虑解释变量和中介变量对结果变量的影响下，$X2_j \times M1_{ij}$、$X3_j \times M1_{ij}$、$X2_j \times M2_{ij}$ 具有显著的调节效果，而 $X1_j \times M1_{ij}$、$X1_j \times M2_{ij}$、$X3_j \times M2_{ij}$ 的调节效果不显著。这些结果表明，

规则型组织伦理气氛在组织嵌入和社区嵌入对农民工职业流动意向的影响中都不具有调节作用；关怀型组织伦理气氛会调节组织嵌入和社区嵌入对农民工职业流动意向的影响；自利型组织伦理气氛会调节组织嵌入对农民工职业流动意向的影响，但不会调节社区嵌入对农民工职业流动意向的影响。

表7-3　3M3 和 3M4 的 HLM 估计结果（斜率固定）

变量	3M3				3M4			
	$\gamma^{(se)}$	t(p)	τ	$\chi^2(p)$	$\gamma^{(se)}$	t(p)	τ	$\chi^2(p)$
$X1_j \to Y_{ij}$	-0.031 (0.006)	-5.17 (0.000)	0.166	101.94 (0.000)	-0.033 (0.006)	-5.50 (0.000)	0.197	137.09 (0.000)
$X2_j \to Y_{ij}$	-0.114 (0.028)	-4.05 (0.000)			-0.127 (0.031)	-4.10 (0.000)		
$X3_j \to Y_{ij}$	0.097 (0.023)	4.26 (0.000)			0.101 (0.024)	4.21 (0.000)		
$M1_{ij} \to Y_{ij}$	-0.218 (0.049)	-4.41 (0.000)			-0.297 (0.064)	-4.65 (0.000)		
$M2_{ij} \to Y_{ij}$	-0.195 (0.047)	-4.15 (0.000)			-0.220 (0.047)	-4.66 (0.000)		
$X1_j \times M1_{ij} \to Y_{ij}$					-0.071 (0.105)	-0.68 (0.497)		
$X2_j \times M1_{ij} \to Y_{ij}$					-0.145 (0.030)	-4.55 (0.000)		
$X3_j \times M1_{ij} \to Y_{ij}$					0.126 (0.026)	4.85 (0.000)		
$X1_j \times M2_{ij} \to Y_{ij}$					-0.062 (0.088)	-0.71 (0.481)		
$X2_j \times M2_{ij} \to Y_{ij}$					-0.136 (0.028)	-4.90 (0.000)		
$X3_j \times M2_{ij} \to Y_{ij}$					0.141 (0.122)	1.15 (0.249)		

注：结果由 HLM 6.08 软件输出。

7.3.2　稳健性检验

本部分进一步通过改变模型设定来检验估计结果的稳定性。前面的

3M3 和 3M4 检测中，模型中的斜率均设定的是固定效果，本部分将两个检测阶段的模型斜率设定为随机效果，输出估计结果如表 7-4 所示。

从表 7-4 的估计结果可知，3M3 模型中，同时考虑解释变量和中介变量后，$X1_j$ 对 Y_{ij} 进行解释的回归系数仍然显著为负，但解释力度下降到 0.015，$X2_j$ 对 Y_{ij} 进行解释的回归系数仍然显著为负，但解释力度下降到 0.125，$X3_j$ 对 Y_{ij} 进行解释的回归系数仍然显著为正。同时，$M1_{ij}$、$M2_{ij}$ 对 Y_{ij} 的影响均显著为负。综上所述，$X1_j \rightarrow M1_{ij} \rightarrow Y_{ij}$、$X2_j \rightarrow M1_{ij} \rightarrow Y_{ij}$、$X1_j \rightarrow M2_{ij} \rightarrow Y_{ij}$、$X2_j \rightarrow M2_{ij} \rightarrow Y_{ij}$ 的间接效果成立，而 $X3_j \rightarrow M1_{ij} \rightarrow Y_{ij}$、$X3_j \rightarrow M2_{ij} \rightarrow Y_{ij}$ 的间接效果不成立。结果表明，规则型、关怀型组织伦理气氛都可以通过组织嵌入和社区嵌入对农民工职业流动意向产生影响；自利型组织伦理气氛因为对组织嵌入和社区嵌入的直接效果都不显著，所以通过组织嵌入和社区嵌入影响农民工职业流动意向的中介效果不存在。3M4 模型中，同时考虑解释变量和中介变量对结果变量的影响下，$X2_j \times M1_{ij}$、$X3_j \times M1_{ij}$、$X2_j \times M2_{ij}$ 具有显著的调节效果，而 $X1_j \times M1_{ij}$、$X1_j \times M2_{ij}$、$X3_j \times M2_{ij}$ 的调节效果不显著。结果表明，规则型组织伦理气氛在组织嵌入和社区嵌入对农民工职业流动意向的影响中都不具有调节作用；关怀型组织伦理气氛会调节组织嵌入和社区嵌入对农民工职业流动意向的影响；自利型组织伦理气氛会调节组织嵌入对农民工职业流动意向的影响，但不会调节社区嵌入对农民工职业流动意向的影响。总体上，本部分改变模型设定之后的结果与前面一致，说明检验结果具有一定的稳健性。

表 7-4　　　　　　　稳健性检验结果（斜率随机）

变量	3M3				3M4			
	$\gamma^{(se)}$	t(p)	τ	$\chi^2(p)$	$\gamma^{(se)}$	t(p)	τ	$\chi^2(p)$
$X1_j \rightarrow Y_{ij}$	-0.015 (0.004)	-3.75 (0.000)	0.150	46.17 (0.004)	-0.014 (0.003)	-4.67 (0.000)	0.242	43.85 (0.008)
$X2_j \rightarrow Y_{ij}$	-0.125 (0.035)	-3.59 (0.000)			-0.178 (0.057)	-3.85 (0.000)		
$X3_j \rightarrow Y_{ij}$	0.083 (0.033)	2.55 (0.018)			0.095 (0.023)	4.18 (0.000)		

续表

变量	3M3 γ(se)	3M3 t(p)	3M3 τ	3M3 χ²(p)	3M4 γ(se)	3M4 t(p)	3M4 τ	3M4 χ²(p)
$M1_{ij} \to Y_{ij}$	-0.225 (0.077)	-2.94 (0.007)	0.125	83.48 (0.000)	-0.259 (0.019)	-2.74 (0.011)	0.066	42.59 (0.021)
$M2_{ij} \to Y_{ij}$	-0.203 (0.061)	-3.33 (0.000)	0.092	78.10 (0.000)	-0.235 (0.060)	-3.89 (0.000)	0.029	38.38 (0.056)
$X1_j \times M1_{ij} \to Y_{ij}$					-0.029 (0.125)	-0.24 (0.816)		
$X2_j \times M1_{ij} \to Y_{ij}$					-0.117 (0.043)	-2.70 (0.012)		
$X3_j \times M1_{ij} \to Y_{ij}$					0.103 (0.033)	3.14 (0.005)		
$X1_j \times M2_{ij} \to Y_{ij}$					-0.046 (0.105)	-0.44 (0.666)		
$X2_j \times M2_{ij} \to Y_{ij}$					-0.145 (0.035)	-4.13 (0.000)		
$X3_j \times M2_{ij} \to Y_{ij}$					0.131 (0.104)	1.26 (0.208)		

注：结果由 HLM 6.08 软件输出。

7.3.3 影响路径模型

（1）跨层次中介效果模型。

根据 3M 检测模型，总结组织伦理气氛、工作嵌入与农民工职业流动意向的跨层次中介效果检验结论，得到路径模型如图 7-2 所示。为了便于示意，影响路径模型按照不同组织伦理气氛类型进行分解绘制，图中的虚线箭头表示影响系数不显著。

如图 7-2 所示的 3M 检测结论为：第一，规则型组织伦理气氛可以解释农民工的组织嵌入和社区嵌入，进而解释农民工职业流动意向，中介效果成立；第二，关怀型组织伦理气氛可以解释农民工的组织嵌入和社区嵌入，进而解释农民工职业流动意向，中介效果成立；第三，自

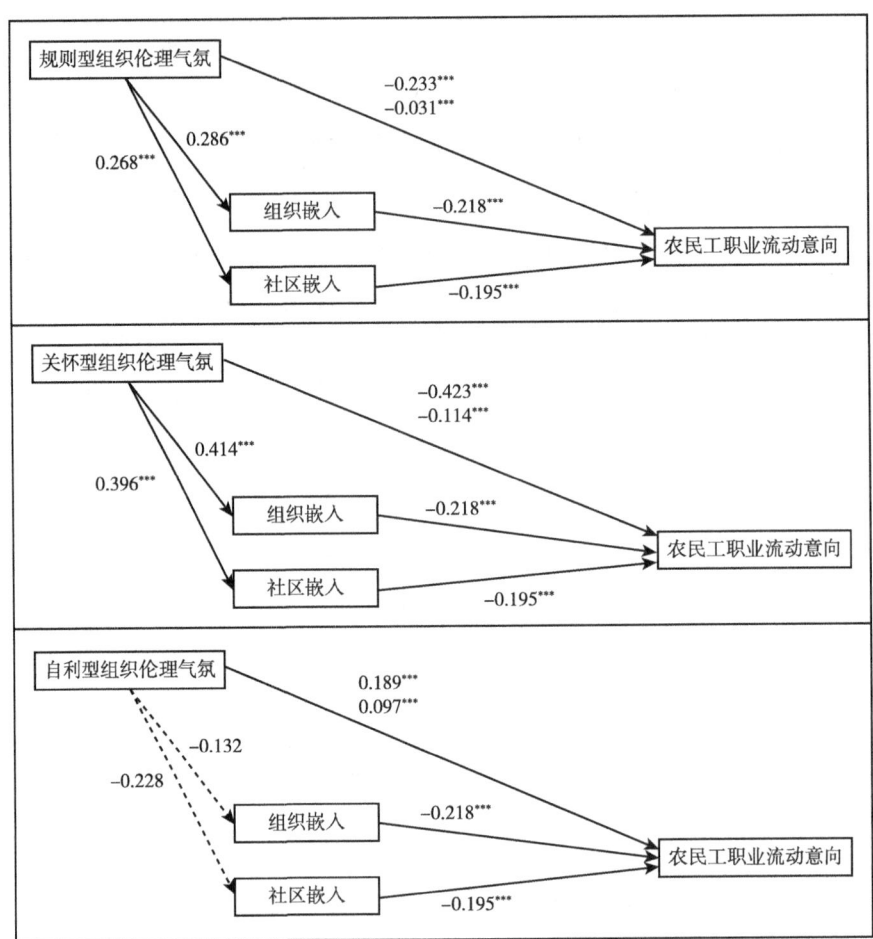

图 7-2 跨层次中介效果模型

利型组织伦理气氛因为对组织嵌入和社区嵌入的直接效果都不显著,因此通过组织嵌入或社区嵌入影响农民工职业流动意向的中介效果不存在。

(2) 跨层次调节式中介效果模型。

同理,根据 3M 检测结论得到组织伦理气氛、工作嵌入与农民工职业流动意向的跨层次调节式中介效果路径模型如图 7-3 所示,为了便于示意,影响路径模型按照不同组织伦理气氛类型进行分解绘制,虚线箭头表示影响系数不显著。

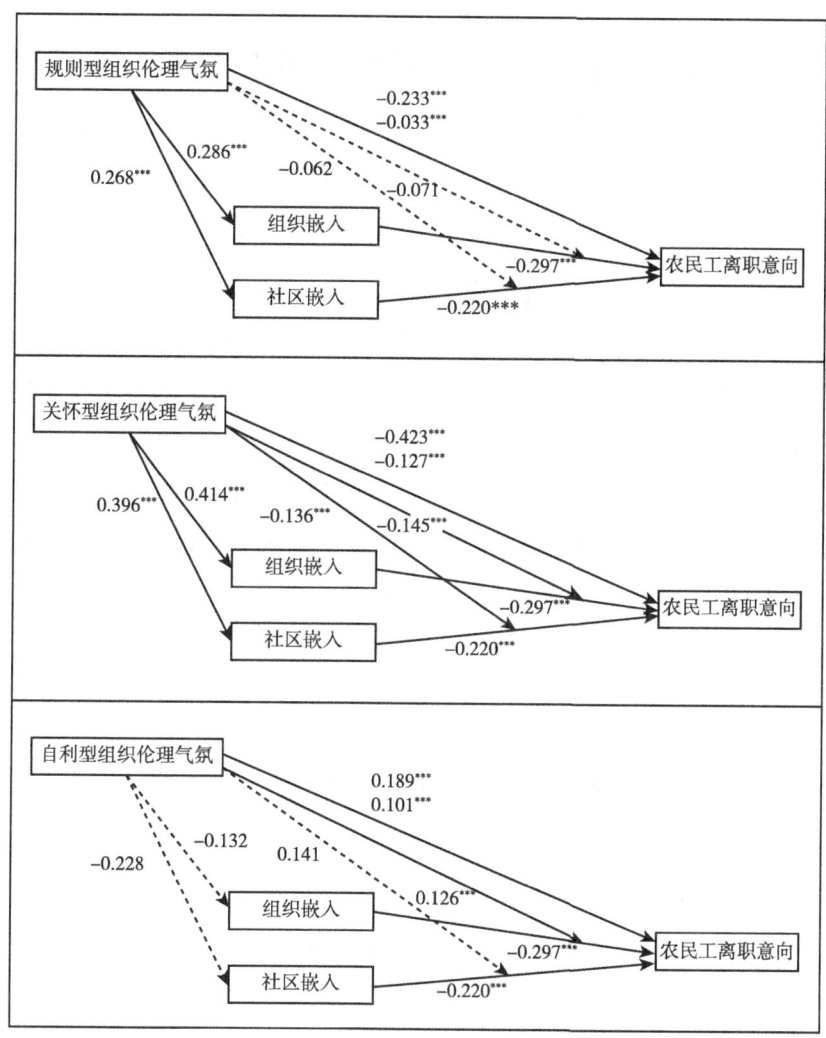

图 7-3 跨层次调节式中介效果模型

如图 7-3 所示的 3M 检测结论为：第一，规则型组织伦理气氛在组织嵌入和社区嵌入对农民工职业流动意向的影响中均不具有调节作用；第二，关怀型组织伦理气氛在组织嵌入和社区嵌入对农民工职业流动意向的影响中均具有强化性调节作用；第三，自利型组织伦理气氛就组织嵌入对农民工职业流动意向的影响具有弱化性调节作用，但就社区嵌入对农民工职业流动意向的影响不具有调节作用。

7.4 组织伦理气氛、工作嵌入与农民工职业流动行为的影响路径分析

根据分析框架,组织伦理气氛、工作嵌入与农民工职业流动行为之间的影响路径关系表现为跨层次中介模型中带有调节效果,因此本部分利用实际调研数据,建立 HLM 阶层线性模型,通过 HLM 6.08 软件对组织伦理气氛、工作嵌入与农民工职业流动行为的影响关系进行跨层次调节式中介效果检测(3M 检测)。需要说明的是,在本部分模型结果中,$X1_j$、$X2_j$、$X3_j$ 分别代表企业总体层的组织伦理气氛类型维度(规则型、关怀型和自利型),$M1_{ij}$、$M2_{ij}$ 分别代表农民工个体层的工作嵌入结构维度(组织嵌入和社区嵌入),Y_{ij} 代表农民工个体层的被解释变量,即农民工职业流动行为指标。由于控制变量不是关注重点,本部分也将不再汇报控制变量的估计结果。

7.4.1 跨层次中介与调节效果检验

(1) 3M1:截距结果模型检验。

本部分建立 HLM 随机截距结果模型,进行 3M 检测的第一个程序,检验分别以 Y_{ij}、$M1_{ij}$、$M2_{ij}$ 为结果变量的三个模型中,结果变量是否可以被企业总体层解释变量 $X1_j$、$X2_j$、$X3_j$ 有效解释。第一,建立以 Y_{ij} 为结果变量的随机截距结果模型(3M1a),检验企业总体层解释变量 $X1_j$、$X2_j$、$X3_j$ 对离职行为 Y_{ij} 的影响;第二,建立以 $M1_{ij}$ 为结果变量的随机截距结果模型(3M1b),检验企业总体层解释变量 $X1_j$、$X2_j$、$X3_j$ 对组织嵌入 $M1_{ij}$ 的影响;第三,建立以 $M2_{ij}$ 为结果变量的随机截距结果模型(3M1c),检验企业总体层解释变量 $X1_j$、$X2_j$、$X3_j$ 对社区嵌入 $M2_{ij}$ 的影响。

表 7-5 汇报了 3M1 的 HLM 估计结果,其中 $Y^{(se)}$ 列展示的是回归

系数及标准误，t(p) 列展示的是 t 值及显著性水平，随机效果显示的是结果变量的平均值差异、卡方值及显著性水平。

表 7-5　　　　　　　　　　3M1 的 HLM 估计结果

变量		固定效果		随机效果	
		$Y^{(se)}$	t(p)	截距变异数	$\chi^2(p)$
3M1a	$X1_j \to Y_{ij}$	-0.175 (0.096)	-1.82 (0.081)	0.0958	116.29 (0.000)
	$X2_j \to Y_{ij}$	-0.293 (0.128)	-2.28 (0.032)		
	$X3_j \to Y_{ij}$	0.107 (0.143)	0.75 (0.461)		
3M1b	$X1_j \to M1_{ij}$	0.286 (0.036)	7.94 (0.000)	0.071	52.07 (0.001)
	$X2_j \to M1_{ij}$	0.414 (0.084)	4.93 (0.000)		
	$X3_j \to M1_{ij}$	-0.132 (0.134)	-0.98 (0.335)		
3M1c	$X1_j \to M2_{ij}$	0.268 (0.051)	5.24 (0.000)	0.132	145.15 (0.000)
	$X2_j \to M2_{ij}$	0.396 (0.077)	5.14 (0.000)		
	$X3_j \to M2_{ij}$	-0.228 (0.198)	-1.15 (0.260)		

注：结果由 HLM 6.08 软件输出。

从表 7-5 的估计结果可知，3M1a 模型中，$X1_j$、$X2_j$ 对 Y_{ij} 进行解释的回归系数显著为负，而 $X3_j$ 对 Y_{ij} 进行解释的回归系数不显著，该结果与 5.4.1 小节的实证结果一致，其解释不再赘述。3M1b 模型和 3M1c 模型检验的是组织伦理气氛对农民工组织嵌入和社区嵌入的影响，该结果同表 7-2，对其解释不再赘述。三个模型中的截距变异数都十分显著，农民工的职业流动行为、组织嵌入和社区嵌入平均值在不同企业之间都存在显著差异。

(2) 3M2：随机效果共变量模型与随机系数模型检验。

本部分分别建立 HLM 随机效果共变量分析模型与随机系数模型，进行 3M 检测的第二个程序，检验作为中介变量的个体层解释变量 $M1_{ij}$、$M2_{ij}$ 对结果变量 Y_{ij} 的解释是否具有统计意义。一方面，设定斜率系数为固定效果的随机效果共变量模型（3M2a），检验中介变量 $M1_{ij}$、$M2_{ij}$ 对 Y_{ij} 的影响；另一方面，设定斜率系数为随机效果的随机系数模型（3M2b），检验中介变量 $M1_{ij}$、$M2_{ij}$ 对 Y_{ij} 的影响。

表 7-6 汇报了 3M2 的 HLM 估计结果，其中 $Y^{(se)}$ 列展示的是回归系数及标准误，t(p) 列展示的是 t 值及显著性水平，随机效果显示的是结果变量的平均值差异和斜率差异、卡方值及显著性水平。

表 7-6　　　　　　　　3M2 的 HLM 估计结果

变量		固定效果		随机效果			
		$Y^{(se)}$	t(p)	截距变异数	χ^2(p)	斜率变异数	χ^2(p)
3M2a	$M1_{ij} \to Y_{ij}$	-0.299 (0.039)	-7.69 (0.000)	0.076	54.88 (0.001)		
	$M2_{ij} \to Y_{ij}$	-0.087 (0.064)	-1.36 (0.175)				
3M2b	$M1_{ij} \to Y_{ij}$	-0.257 (0.088)	-2.94 (0.004)	0.583	83.38 (0.000)	0.077	95.07 (0.000)
	$M2_{ij} \to Y_{ij}$	-0.052 (0.048)	-1.08 (0.280)			0.029	57.87 (0.001)

注：结果由 HLM 6.08 软件输出。

从表 7-6 的估计结果可知，3M2a 模型中，$M1_{ij}$、$M2_{ij}$ 同时对 Y_{ij} 进行解释时，农民工的组织嵌入估计系数通过了显著性检验，影响系数为 -0.299，农民工社区嵌入的估计系数为 -0.087，但未通过显著性检验，同时 3M2b 模型也得到了类似的结果。这些结果表明，组织嵌入对农民工发生职业流动行为的概率具有显著负向影响，而社区嵌入则不具有显著影响，该结果与 6.4.1 小节的实证结果一致，其解释不再赘述。两个模型中的截距变异数都十分显著，说明农民工的职业流动行为平均值在不同企业之间依然存在差异。3M2b 模型中，$M1_{ij}$、$M2_{ij}$ 的斜率变异数都达到了显著水准,说明组织嵌入和社区嵌入对农民工职业流动行为的影响都存在企业间差异。

(3) 3M3:跨层次中介效果模型检验。

本部分建立斜率固定的 HLM 随机截距模型(3M3),进行 3M 检测的第三个程序,将总体层解释变量 $X1_j$、$X2_j$、$X3_j$ 和个体层中介变量 $M1_{ij}$、$M2_{ij}$ 同时放入职业流动行为 Y_{ij} 方程中,检验其对结果变量 Y_{ij} 的解释力,尤其需要检验方程中 $X1_j$、$X2_j$、$X3_j$ 的估计系数的显著性。跨层次中介效果模型检验结果见表 7-7。

从表 7-7 的估计结果可知,同时考虑解释变量和中介变量后,$X1_j$ 对 Y_{ij} 进行解释的回归系数仍然显著为负,但解释力度下降到 0.087,$X2_j$ 对 Y_{ij} 进行解释的回归系数仍然显著为负,但解释力度下降到 0.112,$X3_j$ 对 Y_{ij} 进行解释的回归系数仍然不显著。同时,$M1_{ij}$ 对 Y_{ij} 的影响显著为负,而 $M2_{ij}$ 对 Y_{ij} 的影响不显著。综上所述,$X1_j \to M1_{ij} \to Y_{ij}$、$X2_j \to M1_{ij} \to Y_{ij}$ 的间接效果成立,而由于 $M2_{ij} \to Y_{ij}$、$X3_j \to M1_{ij}$ 以及 $X3_j \to M2_{ij}$ 的影响不显著,因此 $X1_j \to M2_{ij} \to Y_{ij}$、$X2_j \to M2_{ij} \to Y_{ij}$、$X3_j \to M1_{ij} \to Y_{ij}$、$X3_j \to M2_{ij} \to Y_{ij}$ 的间接效果不成立。上述结果表明,规则型、关怀型组织伦理气氛都可以通过组织嵌入对农民工职业流动行为产生影响,但不通过社区嵌入对农民工职业流动行为产生影响;自利型组织伦理气氛对组织嵌入和社区嵌入的直接效果都不显著,且社区嵌入对农民工职业流动行为的直接效果也不显著,因此自利型组织伦理气氛通过织嵌入或社区嵌入影响农民工职业流动行为的中介效果不存在。

(4) 3M4:跨层次调节式中介效果模型检验。

本部分建立斜率固定的 HLM 随机截距模型,进行 3M 检测的最后一个步骤,检验跨层次交互作用是否存在,即进一步纳入调节效果,建立一个同时带有中介与调节效果的模型(3M4)。需要说明的是,与 7.3.1 小节一样,在跨层次调节中介效果的模型检验中,必须先检验跨层次中介效果的存在,一旦中介效果存在,再进一步检验该中介效果是否会受到高层次解释变量的影响(Mathiue & Taylor,2007)。跨层次调节式中介效果模型检验结果见表 7-7。

从表 7-7 的估计结果可知,同时考虑解释变量和中介变量对结果变量的影响下,$X2_j \times M1_{ij}$、$X2_j \times M2_{ij}$ 具有显著的调节效果,而 $X1_j \times M1_{ij}$、$X1_j \times M2_{ij}$、$X3_j \times M1_{ij}$、$X3_j \times M2_{ij}$ 的调节效果不显著。这些结果表明,规则型组织伦理气氛在组织嵌入和社区嵌入对农民工职业流动行为的影响中都不具有调节作用;关怀型组织伦理气氛会调节组织嵌入和社区嵌入对农民工职业流动行为的影响;自利型组织伦理气氛在组织嵌入和社区嵌入对农民工职业流动行为的影响中都不具有调节作用。

表 7-7　　3M3 和 3M4 的 HLM 估计结果(斜率固定)

变量	3M3				3M4			
	$\gamma^{(se)}$	t(p)	τ	$\chi^2(p)$	$\gamma^{(se)}$	t(p)	τ	$\chi^2(p)$
$X1_j \to Y_{ij}$	-0.087 (0.021)	-4.14 (0.000)	0.078	50.64 (0.001)	-0.078 (0.024)	-3.23 (0.004)	0.083	54.40 (0.001)
$X2_j \to Y_{ij}$	-0.112 (0.030)	-3.72 (0.000)			-0.121 (0.054)	-2.24 (0.026)		
$X3_j \to Y_{ij}$	0.036 (0.026)	1.34 (0.192)			0.052 (0.082)	0.63 (0.534)		
$M1_{ij} \to Y_{ij}$	-0.157 (0.050)	-3.16 (0.002)			-0.350 (0.201)	-1.74 (0.082)		
$M2_{ij} \to Y_{ij}$	-0.029 (0.039)	-0.74 (0.462)			-0.057 (0.038)	-1.51 (0.133)		
$X1_j \times M1_{ij} \to Y_{ij}$					0.336 (0.235)	1.43 (0.153)		
$X2_j \times M1_{ij} \to Y_{ij}$					-0.225 (0.070)	-3.22 (0.002)		
$X3_j \times M1_{ij} \to Y_{ij}$					0.234 (0.245)	0.956 (0.339)		
$X1_j \times M2_{ij} \to Y_{ij}$					0.041 (0.036)	1.14 (0.253)		
$X2_j \times M2_{ij} \to Y_{ij}$					-0.473 (0.230)	-2.06 (0.039)		
$X3_j \times M2_{ij} \to Y_{ij}$					0.325 (0.274)	1.19 (0.237)		

注:结果由 HLM 6.08 软件输出。

7.4.2 稳健性检验

类似于7.3.2小节,本部分进一步通过改变模型设定来检验估计结果的稳定性,将3M3和3M4检测中模型的斜率均设定为随机效果,输出估计结果如表7-8所示。

表7-8 稳健性检验结果(斜率随机)

变量	3M3				3M4			
	$\gamma^{(se)}$	t(p)	τ	$\chi^2(p)$	$\gamma^{(se)}$	t(p)	τ	$\chi^2(p)$
$X1_j \to Y_{ij}$	-0.093 (0.024)	-3.87 (0.001)	0.047	90.31 (0.000)	-0.086 (0.041)	-2.12 (0.034)	0.433	70.13 (0.000)
$X2_j \to Y_{ij}$	-0.191 (0.056)	-3.40 (0.003)			-0.182 (0.034)	-5.37 (0.000)		
$X3_j \to Y_{ij}$	0.042 (0.059)	0.70 (0.488)			0.063 (0.039)	1.60 (0.110)		
$M1_{ij} \to Y_{ij}$	-0.176 (0.082)	-2.14 (0.033)	0.096	99.53 (0.000)	-0.316 (0.134)	-2.36 (0.019)	0.093	84.86 (0.000)
$M2_{ij} \to Y_{ij}$	-0.032 (0.055)	-0.58 (0.569)	0.039	60.13 (0.001)	-0.043 (0.039)	-1.11 (0.278)	0.047	56.25 (0.001)
$X1_j \times M1_{ij} \to Y_{ij}$					0.148 (0.122)	1.22 (0.235)		
$X2_j \times M1_{ij} \to Y_{ij}$					-0.349 (0.130)	-2.68 (0.008)		
$X3_j \times M1_{ij} \to Y_{ij}$					0.235 (0.454)	0.52 (609)		
$X1_j \times M2_{ij} \to Y_{ij}$					0.023 (0.102)	0.23 (0.824)		
$X2_j \times M2_{ij} \to Y_{ij}$					-0.369 (0.107)	-3.44 (0.001)		
$X3_j \times M2_{ij} \to Y_{ij}$					-0.382 (0.368)	-1.04 (0.308)		

注:结果由HLM 6.08软件输出。

从表 7-8 的估计结果可知，3M3 模型中，同时考虑解释变量和中介变量后，$X1_j$ 对 Y_{ij} 进行解释的回归系数仍然显著为负，但解释力度下降到 0.093，$X2_j$ 对 Y_{ij} 进行解释的回归系数仍然显著为负，但解释力度下降到 0.191，$X3_j$ 对 Y_{ij} 进行解释的回归系数仍然不显著。同时，$M1_{ij}$ 对 Y_{ij} 的影响显著为负，而 $M2_{ij}$ 对 Y_{ij} 的影响不显著。综上所述，$X1_j \to M1_{ij} \to Y_{ij}$、$X2_j \to M1_{ij} \to Y_{ij}$ 的间接效果成立，而 $X1_j \to M2_{ij} \to Y_{ij}$、$X2_j \to M2_{ij} \to Y_{ij}$、$X3_j \to M1_{ij} \to Y_{ij}$、$X3_j \to M2_{ij} \to Y_{ij}$ 的间接效果不成立。结果表明，规则型、关怀型组织伦理气氛都可以通过组织嵌入对农民工职业流动行为产生影响，但不通过社区嵌入对农民工职业流动行为产生影响；自利型组织伦理气氛对组织嵌入和社区嵌入的直接效果都不显著，且社区嵌入对农民工职业流动行为的直接效果也不显著，因此自利型组织伦理气氛通过组织嵌入或社区嵌入影响农民工职业流动行为的中介效果不存在。3M4 模型中，同时考虑解释变量和中介变量对结果变量的影响下，$X2_j \times M1_{ij}$、$X2_j \times M2_{ij}$ 具有显著的调节效果，而 $X1_j \times M1_{ij}$、$X1_j \times M2_{ij}$、$X3_j \times M1_{ij}$、$X3_j \times M2_{ij}$ 的调节效果不显著。这些结果表明，规则型组织伦理气氛在组织嵌入和社区嵌入对农民工职业流动行为的影响中都不具有调节作用；关怀型组织伦理气氛会调节组织嵌入和社区嵌入对农民工职业流动行为的影响；自利型组织伦理气氛在组织嵌入和社区嵌入对农民工职业流动行为的影响中都不具有调节作用。总体上，本部分改变模型设定之后的结果与前面一致，说明检验结果具有一定的稳健性。

7.4.3 影响路径模型

(1) 跨层次中介效果模型。

根据前面分析结果，总结组织伦理气氛、工作嵌入与农民工职业流动行为的跨层次中介效果检验结论为：第一，规则型组织伦理气氛通过组织嵌入影响农民工职业流动行为的中介效果成立，但通过社区嵌入影响农民工职业流动行为的中介效果不成立；第二，关怀型组织伦理气氛通过组织嵌入影响农民工职业流动行为的中介效果成立，但通过社区嵌入影响农民工职业流动行为的中介效果不成立；第三，自利型组织伦理气氛对组织嵌入和社区嵌入的直接效果都不显著，且社区嵌入对农民工职业流动行为的直接效果也不显著，因此自利型组织伦理气氛通过组织嵌入或社区嵌入影响农民工职业流动行为的中介效果不存在。根据上述结论得到影响路径模型如图7-4所示，同7.3.3小节一致，为了便于示意，影响路径模型按照不同组织伦理气氛类型进行分解绘制，虚线箭头表示影响系数不显著。

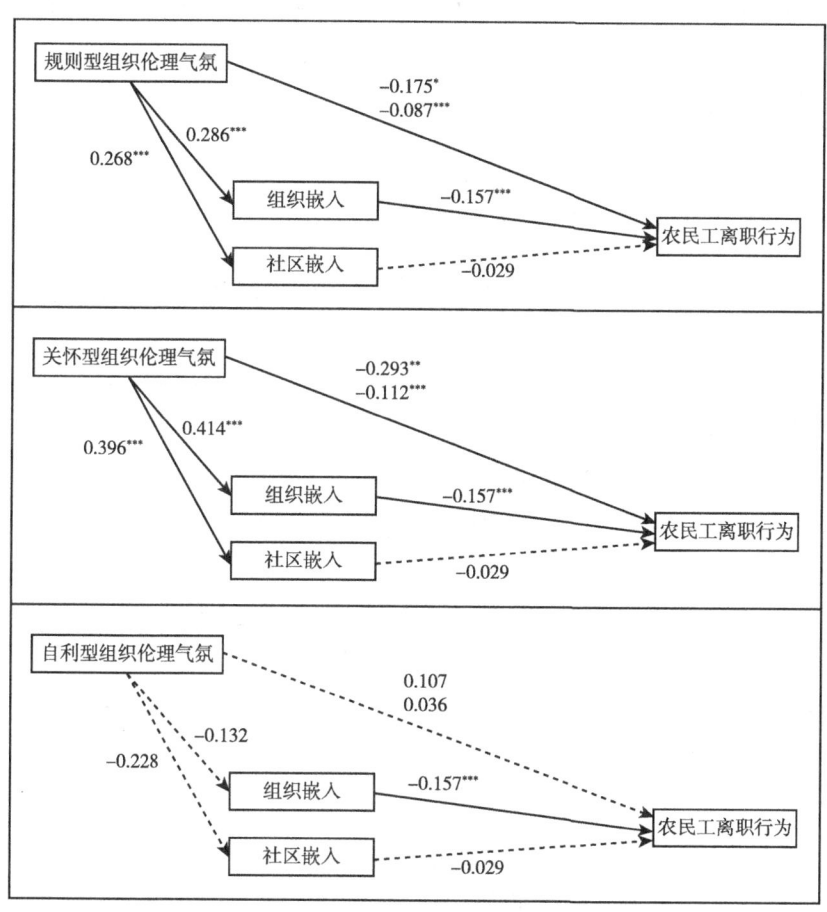

图7-4 跨层次中介效果模型

（2）跨层次调节式中介效果模型。

同理，根据3M检测结论得到组织伦理气氛、工作嵌入与农民工职业流动行为的跨层次调节式中介效果路径模型如图 7-5 所示，为了便于示意，影响路径模型按照不同组织伦理气氛类型进行分解绘制，虚线箭头表示影响系数不显著。

如图 7-5 所示的 3M 检测结论为：第一，规则型组织伦理气氛在组织嵌入和社区嵌入对农民工职业流动行为的影响中均不具有调节作用；第二，关怀型组织伦理气氛在组织嵌入和社区嵌入对农民工职业流动行为的影响中均具有强化性调节作用；第三，自利型组织伦理气氛在组织嵌入和社区嵌入对农民工职业流动行为的影响中均不具有调节作用。

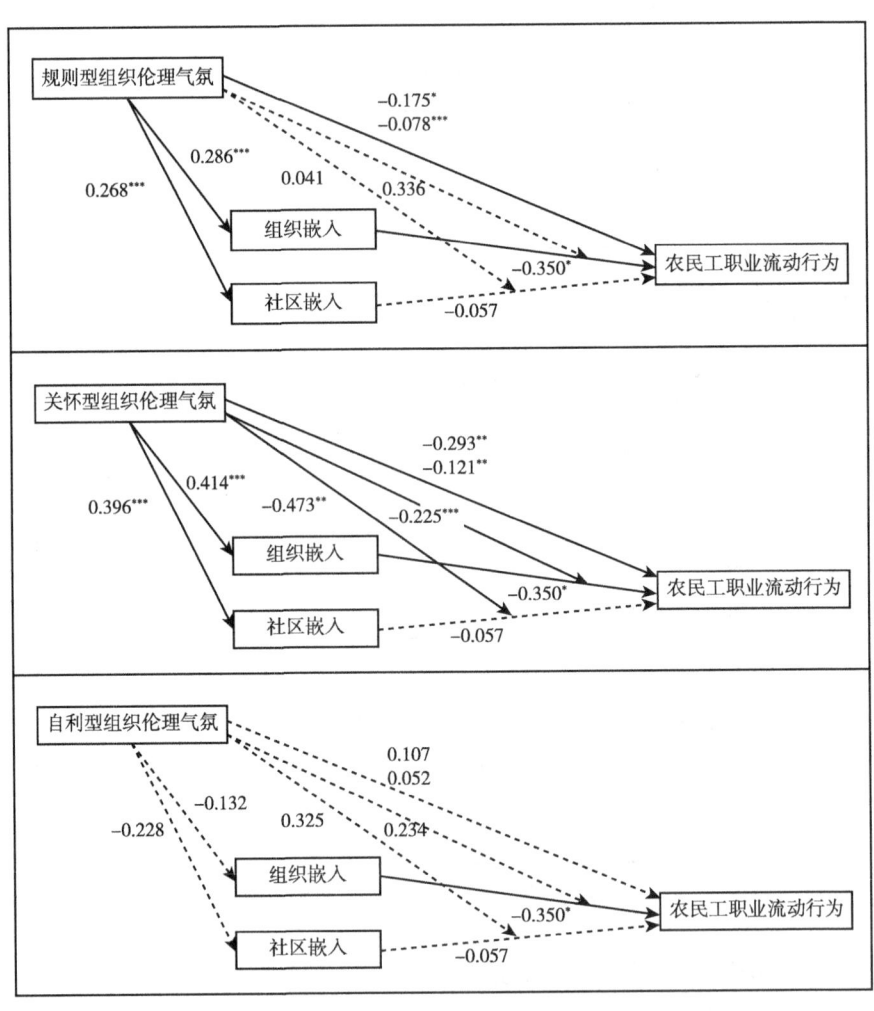

图 7-5　跨层次调节式中介效果模型

7.5 本章小结

本章利用实际调研数据，重点分析了组织伦理气氛、工作嵌入与农民工职业流动之间的影响关系，具体为不同组织伦理气氛类型（规则型、关怀型和自利型）是如何通过工作嵌入（组织嵌入和社区嵌入）对农民工职业流动意向或职业流动行为产生影响，又是如何调节了工作嵌入（组织嵌入和社区嵌入）对农民工职业流动意向或职业流动行为的影响。在以往研究的基础上，一方面建立跨层次调节式中介效果检测模型（3M）分析组织伦理气氛、工作嵌入与农民工职业流动意向之间的影响关系，并进行稳健性检验，得到影响路径模型；另一方面建立跨层次调节式中介效果检测模型（3M）分析组织伦理气氛、工作嵌入与农民工职业流动行为之间的影响关系，并进行稳健性检验，得到影响路径模型。研究发现如下。

第一，工作嵌入在组织伦理气氛对农民工职业流动意向的影响中存在一定的中介作用，具体而言，规则型、关怀型组织伦理气氛可以通过提高组织嵌入和社区嵌入水平降低农民工职业流动意向程度。

第二，组织伦理气氛在工作嵌入与农民工职业流动意向的关系中具有一定的调节作用，具体而言，关怀型组织伦理气氛就组织嵌入和社区嵌入对农民工职业流动意向的负向影响具有强化作用，自利型组织伦理气氛就组织嵌入对农民工职业流动意向的负向影响具有弱化作用。

第三，工作嵌入在组织伦理气氛对农民工职业流动行为的影响中存在一定的中介作用，具体而言，规则型、关怀型组织伦理气氛可以通过提高组织嵌入水平抑制农民工的职业流动行为。

第四，组织伦理气氛在工作嵌入与农民工职业流动行为的关系中具有一定的调节作用，具体而言，关怀型组织伦理气氛就组织嵌入和社区嵌入对农民工职业流动行为的负向影响具有强化作用。

第8章 研究结论、政策建议与研究展望

本书的前述章节对农民工职业流动决策机理进行了理论分析和实证检验。本章重点总结研究的主要结论,据此提出相关政策建议,并为后续研究提供一些参考思路。

8.1 研究结论

本书基于"个人—组织"关系,利用分层思想,从企业和农民工的不同层面视角研究了农民工这一特殊职业群体的职业流动决策机理,旨在揭示组织伦理气氛对农民工职业流动的解释效应、工作嵌入对农民工职业流动的预测作用以及组织伦理气氛、工作嵌入与农民工职业流动之间的影响路径,不仅拓展农民工职业流动问题的研究以及丰富相关理论的现实解释,并为稳定农民工就业管理提供经验依据。首先,本书基于结构紧张理论、工作嵌入理论和社会认知理论,并运用数理模型,从理论上分析了组织伦理气氛对农民工职业流动的影响、工作嵌入对农民工职业流动的影响,以及组织伦理气氛、工作嵌入与农民工职业流动的影响机理;其次,利用对企业农民工的实际调研数据,借鉴相应测量工具对组织伦理气氛、工作嵌入和农民工职业流动进行量化分析及描述;最后,建立计量模型实证分析了组织伦理气氛对农民工职业流动的影响、工作嵌入对农民工职业流动的影响以及组织伦理气氛、工作嵌入与农民工职业流动之间的影响路径。本书研究的主要结论如下。

第一，变量测量分析方面。组织伦理气氛的测量工具具有良好的可靠性，农民工在规则、关怀和自利方面对用工企业伦理准则的感知具有较高的组间平均数信度和组内共识，规则型、关怀型和自利型组织伦理气氛普遍并存于企业组织，并可以通过农民工个体感知获得；农民工对伦理气氛的感知以规则为主，自利次之，关怀感知程度则偏低；工作嵌入和离职意向的测量工具均具有良好的信度及效度，农民工的工作嵌入和职业流动意向量表能够反映其职业流动心理以及与工作情境的嵌入关系，且组织嵌入程度高于社区嵌入；测量工具之间受共同方法偏差的影响较弱。

第二，离职现状分析方面。通过问卷调查共获得来自 30 个企业的 1130 个农民工样本，回顾性信息显示，86.37% 的农民工已经更换过工作，其中有过 1 次换工的占比为 26.99%，有过 2 次换工的占比为 21.24%，至少有过 3 次换工的占比为 38.14%，且在近 2 年内有过换工的占比为 46.73%；从长期职业流动事件来看，农民工平均在某个工作上的持续时间为 32 个月，25% 的农民工在入职后的 13 个月内离职，50% 的农民工在入职后的 25 个月内离职，75% 的农民工在入职后的 50 个月内离职；时隔 2 年后回访观察发现，农民工的整体离职率为 32.39%，其中在首份工作上的离职率为 35.71%，且已离职农民工的职业流动意向程度明显高于未离职者；农民工的职业流动意向程度和离职率都会随换工经历的增加而下降，且在区域上自南向北递减；制造业农民工的职业流动意向程度和离职率均高于其他行业；新生代农民工的职业流动意向程度和离职率较老一代更高；组织伦理气氛和工作嵌入均会导致农民工的职业流动意向以及职业流动行为存在差异。

第三，组织伦理气氛对农民工职业流动具有显著的解释效应。不同企业之间农民工的职业流动意向和职业流动行为均存在显著差异，36.65% 的职业流动意向变异和 22.81% 的职业流动行为变异由企业层面因素决定，其中组织伦理气氛分别解释了 29.76% 和 21.44%。组织伦理气氛对农民工职业流动具有显著的跨层次影响，规则型、关怀型组织伦理气氛有利于抑制农民工的职业流动意向以及职业流动行为，且关怀型组织伦理气氛的作用较之规则型组织伦理气氛更大；自利型组织伦理气氛会提高农民工的职业流动意向程度，但不会促使农民工产生职业流动行为。从个体层面来看，农民工对伦理气氛的规则、关怀感知会抑制其职业流动意向和职业流动行为，而自利感知不仅会提高其职业流动意向程度还会促使其产生职业流动行为。组织伦理气氛对于农民工个体层面特征对其职业流动的影响具有一定的结构性调节作用。

第四，工作嵌入对农民工职业流动具有显著的预测作用。工作嵌入及其结构维度均对农民工职业流动意向具有显著的负向影响，且组织嵌入的影响大于社区嵌入，即组织嵌入和社区嵌入都有利于降低农民工的职业流动意向程度，且组织嵌入的作用大于社区嵌入。工作嵌入对农民工职业流动行为具有显著的负向预测作用，且组织嵌入对农民工职业流动行为具有显著负向影响，但社区嵌入对农民工职业流动行为的影响不显著，即组织嵌入有利于抑制农民工的职业流动行为，但社区嵌入对农民工职业流动行为的约束不明显。从农民工职业流动的多发性角度来看，工作嵌入对农民工一定时期内的多次职业流动行为依然具有显著的负向预测作用，且组织嵌入和社区嵌入均具有显著负向影响，说明从长期来看组织嵌入和社区嵌入都会对农民工产生保留作用。

第五，组织伦理气氛、工作嵌入与农民工职业流动之间存在跨层次调节式中介路径。工作嵌入在组织伦理气氛对农民工职业流动意向的影响中存在跨层次中介效果，规则型、关怀型组织伦理气氛会通过提高组织嵌入和社区嵌入降低农民工的职业流动意向程度。组织伦理气氛在工作嵌入对农民工职业流动意向的影响中具有跨层次调节效果，关怀型组织伦理气氛会进一步增强组织嵌入和社区嵌入对农民工职业流动意向程度的抑制作用，而自利型组织伦理气氛则会减弱组织嵌入对农民工职业流动意向程度的抑制作用。工作嵌入在组织伦理气氛对农民工职业流动行为的影响中存在跨层次中介效果，规则型、关怀型组织伦理气氛会通过提高组织嵌入抑制农民工的职业流动行为。组织伦理气氛在工作嵌入对农民工职业流动行为的影响中具有跨层次调节效果，关怀型组织伦理气氛会进一步增强组织嵌入和社区嵌入对农民工职业流动行为的抑制作用。

8.2 政策建议

就业是最大的民生,而稳定就业一直是衡量农民工这一特殊职业群体就业质量高低的一个重要方面。本书的基本观点是:单纯地鼓励农民工在就业时稳定下来,不如深入分析农民工为什么会离职或流动,特别是在收入水平增加但农民工频繁换工现象未得到实质性缓解的现实情况下,认为改善组织伦理气氛和提升工作嵌入水平是降低农民工职业流动率、促进农民工就业稳定的可行思路,这也符合于推动农民工更充分更高质量就业的内容。因此,在目前中国推动新型城镇化和高质量就业的背景下,本书的研究结论在农民工就业管理、用工企业留用农民工以及农民工自身方面具有重要的政策启示意义。

第一,本书的研究为农民工就业管理提供的政策建议是:高度重视农民工就业问题,促进农民工稳定就业。农民工稳定就业是中国新型城镇化的应有之义。农民工一旦不能稳定就业,则容易加剧其市民化矛盾,进而造成半城镇化现象。根据本书的结论,86.37%的农民工已经更换过工作,其中至少有过3次换工的占比为38.14%,且在近2年内有过换工的占比为46.73%,农民工在某一个工作上的平均持续时间约为32个月,时隔2年后的回访观察发现样本离职率达到32.39%。因此,采取相应措施促进农民工这一庞大群体的就业稳定性尤为重要,一方面应当抓紧建立农民工就业和失业的登记、监测机制,为解决农民工的就业问题提供及时、合理的政策引导依据,特别是要致力于缩短由于经济增速转型而失业的农民工的职业空白期;另一方面可以在相关政策上配以农民工就业补贴的优惠机制,适当以"诱导"代替"监管"来引导用人单位抉择。例如,对雇佣农民工的数量、工龄达到一定标准的用人单位给予一定的税收优惠补偿,如此一来,为了避免农民工离职而带来更大的机会成本,用人单位会通过规范或调整内部收入分配机制以及管理制度来提升农民工的就业福利和工作归属感,进而有利于抑制农民工的离职想法和行动。

第二，本书的研究为用工企业在实践中更好地留用农民工提供的启示之一是：契合于公众认可的组织伦理准则有利于抑制农民工"来去匆匆"的短工化倾向。一方面，用工企业应当积极培育和增强良好的组织伦理气氛（即以规则和关怀为导向的组织伦理气氛）。规则型、关怀型组织伦理气氛强调遵守规章制度、相互关心和帮助是履行岗位职责和完成工作目标的正当方式，契合于主流的价值观和行为准则。在这样的组织气氛中，农民工不仅容易产生一种"被同事需要"的幸福感，还能感受到企业或组织对自身的重视，如此一来，他们与企业或组织的"关系"会变得十分紧密而牢固，不易形成离职动机或产生离职冲动。因此，对于用工企业而言，将培育和增强良好的组织伦理气氛作为文化建设的一项重要内容显得尤为必要，应当积极采取措施巩固和发展以遵守规则、相互关怀为导向的伦理价值观。如建立严格的规则奖励制度，对严格遵守企业规章制度和行为规范的成员给予适当奖励，确保企业规则的执行力度；同时，不定期地开展类似座谈会、素质拓展训练以及员工生日晚会等集体活动，为农民工创造与其他职业群体交流感情、增加信任以及相互学习的机会，营造企业内部互助、协作的良好氛围。另一方面，要抑制和削弱自利型组织伦理气氛。自利型组织伦理气氛鼓励自我利益最大化，员工容易受个人利益的驱使而忽视他人利益和集体利益，甚至出现恶意竞争，不利于企业的内部和谐及长远发展。因此，用工企业可以通过调整绩效评估体系进行合理引导，如适当提高集体利益相关指标在薪酬水平、岗位晋升以及职业发展等方面的权重，使农民工深刻体会到合作意识和集体利益的重要性，进而维护和促进组织内部的和谐。

第三，本书的研究为用工企业在实践中更好地留用农民工提供的启示之二是：如何提升农民工在组织结构和社区环境中的嵌入程度比单纯地鼓励他们"留下"更有意义。一方面，用工企业应当采取措施提高农民工的组织嵌入程度。一是调整和完善管理理念、培训制度以及晋升机制等，构建农民工得以感知的"人本"理念，从"开发"而不是

"成本"的角度对其进行投资，针对不同岗位制定多项晋升阶梯，增进农民工对职业发展机会的感知，进而提高他们的组织匹配感；二是营造互助、协作、和谐的人际氛围，开展多样化集体活动，为农民工创造与关联群体增进感情、信任以及学习的机会，进而增强他们与组织的联系；三是提高农民工的工作保障和长期福利，增加医保、社保、社会参与等劳动报酬以外的激励措施，提高农民工对离职损失和不确定性的清晰认识，进而强化他们离开组织的阻力。另一方面，用工企业需要关心农民工的社区嵌入，试图通过社区留人。例如，建立职工社区，为农民工提供与之相适应的居住环境，不定期地开展社区特色活动，增强农民工与社区、与邻里、与生活环境之间的匹配和联系。此外，受传统文化的影响，基于血缘、亲缘而形成的家庭责任和亲属联系在个人的关系网络中比较重要。因此，通过合理途径帮助解决两地分居、子女上学、工作帮带等问题容易让农民工产生一种温馨、愉悦的家的感觉，这对于提升他们社区嵌入程度的效果应该会比较明显。

第四，本书的研究为农民工自身提供的重要启示是：树立正确的价值观念和行为规范以及加强道德修养，助力用工企业构建良性的组织伦理气氛。农民工市民化的前置阶段通常是"职业入城"，获得更多的收入，但也不能因为追求更多的收入而忽视了社会责任。个人的思想观念和行事标准容易在与其联系紧密的周边环境中进行相互影响。在企业中，组织成员的个人素质、思想观念和行为准则都可能不尽相同。身处企业组织中的农民工一方面应当主动捍卫自己的道德人格，加强素质修养的实践与学习，在日常的工作和生活中践行社会主义核心价值观，不做损人利己、损害组织整体利益以及有违公众道德的事情；另一方面要自觉增强团结互助意识和社会责任感，积极树立符合公众认可的正确的价值观念和行为意识，并以此影响周边之人，避免被自利、自私、不顾后果的思想观念或行为所影响。这不仅是农民工个人在道德修养上的自我锻炼，还会为用工企业构建良好的组织伦理氛围提供有力帮助。

8.3 研究展望

本书不仅拓展了农民工职业流动问题的研究视角与方法，还检验了工作嵌入理论对离职的预测作用在农民工这一特定职业群体中的稳定性及特殊性，并基于组织伦理气氛为相似个体在不同情境中的行为差异提供了解释视角。但不可否认，围绕本书相关主题的研究还存在空间，后续研究可以结合以下考虑进行拓展。

第一，农民工数量庞大，且广泛分布在不同地区的各行各业，同时在不同地区、不同文化理念的用工企业中，组织伦理气氛的差异可能较大。本书的企业样本虽然来自不同区域和行业，但受限于时间和调查成本，企业样本和农民工样本的异质性仍然有限。后续研究应该进一步扩大样本来源及类别差异，多维度进行印证和考究，并尝试通过数据匹配，将农民工与身处相同组织和社区的城市职工、企业一般职员进行比较以揭示群体性差异。

第二，农民工产生职业流动意向或者发生职业流动行为都应该不是一朝一夕的事，换言之，农民工在某个工作上一般会经历一个"嵌入"的过程，这就决定了农民工的工作嵌入内容及其职业流动决策都可能是一个动态变化的过程，很有必要考虑时间积累的因素。本书虽然利用多次换工的截面数据就工作嵌入对农民工职业流动的影响做了动态考察，但大部分农民工换工的时间间隔较长，数据连续性有所欠缺，后续研究可以在有条件的情况下利用长期跟踪数据开展深入研究。另外，为了区别考察农民工职业流动的企业层面影响机理和个体层面影响机理，本书在理论上重点分析了组织伦理气氛和工作嵌入对农民工职业流动的影响机理，而厘清组织情境是如何影响个体嵌入关系也很有必要，后续研究需要就组织伦理气氛对农民工工作嵌入的影响机制进一步深入探讨，以便建立更加精确的结构关系。

参 考 文 献

［1］白南生，李靖．农民工就业流动性研究．管理世界，2008（07）：70-76.

［2］蔡昉．以农民工市民化推进城镇化．经济研究，2013，48（03）：6-8.

［3］蔡瑞林，张国平，谢嗣胜．青年农民工高质量就业的蕴意及其影响因素．中国青年社会科学，2019，38（03）：111-119.

［4］蔡双立，高阳．道德解脱与归因：企业非伦理行为面前员工为何保持沉默？．商业经济与管理，2019（02）：30-40.

［5］曾垂凯．情感承诺对LMX与员工离职意向关系的影响．管理评论，2012（11）：106-113，157.

［6］曾文凤，高更和．中国中部农区农民工多阶流动及影响因素研究——以河南省6个村为例．地理科学，2019，39（03）：459-466.

［7］晁罡，熊吟竹，王磊等．组织伦理气氛对工作满意感和员工越轨行为的影响研究．管理学报，2013，10（11）：1611-1617.

［8］陈鼎祥，刘帮成，隆添伊．基于嵌入视角的公务员离职意愿分析．上海交通大学学报（哲学社会科学版），2019，27（04）：120-129.

［9］陈鼎祥，刘帮成．公益组织员工离职倾向的心理机制研究．管理学刊，2019，32（04）：41-51.

［10］陈胜军，于渤涵，李雪雪．基于政治晋升预期调节作用的国企高管薪酬差距与离职率的关系研究．中央财经大学学报，2020（04）：98-108，128.

［11］陈小平，肖鸣政．控制型和承诺型人力资源系统与组织绩

效——所有制调节的自愿离职率中介模型. 经济与管理研究, 2020, 41 (06): 131-144.

[12] 陈云川, 雷轶. 新生代农民工组织嵌入、职业嵌入与工作绩效研究. 当代财经, 2014 (11): 79-91.

[13] 谌晓舟. 新生代农民工组织内社会性交换与情感承诺的关系——心理契约破裂及违背的链式中介模型. 社会科学家, 2018 (10): 43-48.

[14] 程虹, 李唐. 人格特征对于劳动力工资的影响效应——基于中国企业—员工匹配调查（CEES）的实证研究. 经济研究, 2017, 52 (02): 171-186.

[15] 程垦, 林英晖. 组织认同一定会促进亲组织非伦理行为吗？社会责任型人力资源管理的作用. 心理科学, 2019, 42 (03): 688-694.

[16] 崔勋. 员工个人特性对组织承诺与离职意愿的影响研究. 南开管理评论, 2013 (04): 4-11.

[17] 邓睿. 多维就业质量视角下农民工社会资本的就业效应评估——来自中国劳动力动态调查的证据. 浙江社会科学, 2019 (12): 47-56, 156.

[18] 邓睿. 工会会员身份提高了农民工的就业质量吗？——来自流动人口专题调查的证据. 当代经济科学, 2020, 42 (03): 117-128.

[19] 邓睿. 社会资本动员中的关系资源如何影响农民工就业质量？. 经济学动态, 2020 (01): 52-68.

[20] 邓晰隆, 叶子荣. 农民工主动性技能提升转型的决策逻辑分析与启示——来自上海、成都和兰州的数据实证. 中国软科学, 2020 (03): 66-78.

[21] 杜鹏程, 陈云. 差错反感文化对新生代员工离职倾向的影响. 华东经济管理, 2019, 33 (06): 140-146.

[22] 杜鹏程, 韦祎, 谢含章等. 包容型领导对离职意向的影响研究. 北京工业大学学报（社会科学版）, 2019, 19 (04): 105-114.

［23］冯虹，汪昕宇，陈雄鹰．农民工城市就业待遇与其行为失范的关系研究——基于北京农民工调查的实证分析．管理世界，2013（11）：178-179．

［24］甘满堂，赵丹．从离职跳槽到非制度化工资集体协商——当前农民工寻求工资待遇提高的新动向．福建论坛（人文社会科学版），2016（08）：93-101．

［25］甘满堂．"工荒"：高离职率与无声的抗争——对当前农民工群体阶级意识的考察．中国农业大学学报（社会科学版），2010（04）：62-69．

［26］淦未宇，刘伟，徐细雄．组织支持感对新生代农民工离职意愿的影响效应研究．管理学报，2015，12（11）：1623-1631．

［27］淦未宇，徐细雄．组织支持、社会资本与新生代农民工离职意愿．管理科学，2018，31（01）：79-89．

［28］淦未宇，徐细雄．组织支持、工作生活质量与新生代农民工城市融合——基于海底捞的案例研究．管理评论，2019，31（05）：291-304．

［29］淦未宇．身份认同、情感承诺与新生代农民工离职意愿——基于组织支持视角的实证研究．管理学刊，2018，31（02）：36-49．

［30］淦未宇．公平感知、情感承诺与新生代农民工离职意愿——基于组织支持视角的实证研究．暨南学报（哲学社会科学版），2017，39（05）：79-88，132．

［31］高洋洋，谭艳华．组织伦理氛围和员工越轨行为的关系研究：工作满意度的中介作用．重庆科技学院学报（社会科学版），2016（11）：50-54．

［32］高中华，赵晨，李超平等．高科技企业知识员工心理资本对其离职意向的影响研究——基于资源保存理论的调节中介模型．中国软科学，2012（03）：138-148．

［33］高中华，赵晨．社会认同视角下交换关系差异对离职倾向的影响研究．管理学报，2019，16（10）：1466-1476．

[34] 顾永红. 可雇佣性视角的"新生代"农民工就业质量提升路径. 湖北社会科学, 2014 (06): 85-89.

[35] 管春英, 汪群. 道德型领导对员工创新行为的影响及其作用机制. 南京社会科学, 2016 (05): 142-149.

[36] 郭芹, 高兴民. 农民工半城镇化问题的多维审视. 西北农林科技大学学报(社会科学版), 2018, 18 (03): 22-30

[37] 郭庆. 社会融入与新生代农民工就业质量差异. 华南农业大学学报(社会科学版), 2020, 19 (04): 56-66.

[38] 韩雪, 张广胜. 进城务工人口就业稳定性研究. 人口学刊, 2014, 36 (06): 62-74.

[39] 韩翼, 刘庚. 真实型领导与领导-成员匹配对工作繁荣的影响: 社会嵌入视角. 商业经济与管理, 2020 (03): 28-40.

[40] 何川明, 沈承明. 基于工作嵌入的员工离职模型研究——以工作满意度和组织承诺为中介变量. 天津商业大学学报, 2010, 30 (04): 60-64.

[41] 何丽. 民营制造业企业技能人才离职倾向调查研究. 科研管理, 2017, 38 (S1): 365-372.

[42] 江红艳, 杨军, 孙配贞等. 工作资源对员工离职意向的影响——工作—家庭冲突的中介作用与主动性人格的调节作用. 软科学, 2018, 32 (10): 67-70.

[43] 江金启, 陈婧文. 职业培训对农民工工作转换的影响效应研究——基于辽宁省调查数据的实证分析. 统计与信息论坛, 2016, 31 (09): 107-112.

[44] 蒋乃华, 卞智勇. 社会资本对农村劳动力非农就业的影响——来自江苏的实证. 管理世界, 2007 (12): 158-159.

[45] 金杨华, 黄珺君. 伦理型领导对组织伦理的影响. 管理现代化, 2013 (01): 79-81.

[46] 雷鹏飞, 赵凡. 基于博弈论的视角分析农村劳动力转移的"钟摆"现象. 东岳论丛, 2020, 41 (07): 120-127.

[47] 李根强,杨锐.团队内亲组织非伦理行为的产生与传染机制研究.软科学,2019,33(01):126-129.

[48] 李桦,王安富,黄蝶君.激励因素对新生代农民工离职的影响研究.农业经济问题,2011(04):81-85,112.

[49] 李辉,张佳音,于鸿宁.东北农村流出人口就业状况及影响因素研究.吉林大学社会科学学报,2020,60(04):174-185,239.

[50] 李建玲,刘善仕.激发人心效力:本土组织伦理系统提升员工绩效的新视角——基于浙江ZX公司的扎根研究[J].经济管理,2017,39(09):100-115.

[51] 李群,杨东涛,陈郁炜.产业转型升级背景下的新生代农民工失业和离职——基于就业能力的分析框架.华东经济管理,2014(12):29-33.

[52] 李群,杨东涛,卢锐.指导关系对新生代农民工离职意向的影响——工作满意度的中介效应.经济地理,2015,35(06):168-174

[53] 李天成,孟繁邨.产业升级背景下农民工就业结构变化及影响因素研究.经济经纬,2020,37(04):47-55.

[54] 李伟言.工作嵌入理论视角下独立教师形成的归因及启示.教育科学,2019,35(03):35-42.

[55] 李锡元,蔡瑶.威权领导与员工的时间侵占:工作嵌入负面影响的研究.商业经济与管理,2018(01):37-48.

[56] 李宪印,杨博旭,姜丽萍等.职业生涯早期员工的工作满意度、组织承诺与离职倾向关系研究.中国软科学,2018(01):163-170.

[57] 李玉香,刘军.人才环境感知对研发人才工作绩效、工作嵌入的影响研究——以深圳227家高新技术企业为例.软科学,2009,23(08):110-114.

[58] 李云,李锡元,李太.生涯适应力与科技研发人员离职倾向:职业成长机会与传统性的作用.科技进步与对策,2020,37(07):

138-144.

[59] 李召敏, 赵曙明. 劳资关系氛围五维度对员工心理安全和工作嵌入的影响——基于中国广东和山东两地民营企业的实证研究. 管理评论, 2017 (04): 108-121.

[60] 李振刚, 张建宝. 劳而不富: 青年农民工缘何工作贫困. 社会发展研究, 2019, 6 (04): 134-153, 241.

[61] 梁辉. 农民工职业搜寻过程及其对职业向上流动的影响——基于搜寻与匹配理论. 农业技术经济, 2016 (02): 63-72.

[62] 梁小威, 廖建桥, 曾庆海. 基于工作嵌入核心员工组织绩效——自愿离职研究模型的拓展与检验. 管理世界, 2005 (07): 106-115.

[63] 刘冰, 曹梦雪. 伦理型领导、团队伦理气氛与员工反生产行为. 山东社会科学, 2015 (10): 165-169.

[64] 刘冰, 蔺璇. 团队伦理气氛对团队效能的影响研究——以团队沟通为中介变量 [J]. 中国管理科学, 2012, 20 (S2): 740-746.

[65] 刘启超. 社会网络对农民工同乡聚居的影响研究. 经济科学, 2020 (02): 101-115.

[66] 刘万霞. 职业教育对农民工就业的影响——基于对全国农民工调查的实证分析. 管理世界, 2013 (05): 64-75.

[67] 刘文彬, 井润田, 李贵卿等. 员工"大五"人格特质、组织伦理气氛与反生产行为: 一项跨层次检验. 管理评论, 2014 (11): 141-151.

[68] 刘文彬, 井润田. 组织文化影响员工反生产行为的实证研究——基于组织伦理气氛的视角. 中国软科学, 2010 (09): 118-129.

[69] 刘旭红. 新生代员工人际行为影响差异比较研究——基于两类组织伦理气候视角. 山东社会科学, 2018 (03): 135, 136-141.

[70] 刘学, 王红丽. 新常态下的新探索——第4届中国人力资源管理论坛观点综述. 管理学报, 2016, 13 (05): 657-663.

[71] 刘正坤, 张亚军, 陆露. 责任型领导对员工亲组织非伦理行

为的影响研究 [J]. 领导科学, 2020 (14): 92-95.

[72] 柳建平, 魏雷. 两代农民工职业流动的影响因素及差异分析. 软科学, 2017, 31 (02): 38-43.

[73] 卢福财, 陈云川. 工作嵌入理论述评: 结构、测量及前因后效. 江西财经大学学报, 2013 (01): 120-128.

[74] 卢海阳, 张敏. 融合策略、歧视感知与农民工幸福感——基于福建省2393个农民工的调查数据. 社会发展研究, 2020, 7 (02): 90-109, 243-244.

[75] 鲁虹, 赵赞. 破坏性领导对下属离职倾向的影响研究: 一个有调节的中介模型. 哈尔滨商业大学学报 (社会科学版), 2019 (06): 40-50.

[76] 逯野, 黄婉凝, 杨春江. 基于多路径框架的离职决策过程与工作嵌入的影响效应研究. 管理学报, 2016 (09): 1349-1356.

[77] 栾卉, 关信平. 劳动权益对农民工离职意向的影响机制研究——基于七大城市调查数据的实证分析. 南开学报 (哲学社会科学版), 2017 (02): 141-150.

[78] 栾卉, 万国威. 工作嵌入与离职倾向: 我国农民工就业稳定政策的未来路径. 人口与社会, 2018, 34 (01): 74-85.

[79] 吕炜, 番绍立, 樊静丽等. 我国农民工市民化政策对城乡收入差距影响的实证研究——基于CGE模型的模拟分析. 管理世界, 2015 (07): 170-171.

[80] 买忆媛, 周嵩安, 梅琳. 工作嵌入对科技型员工离职创业活动的影响. 南开管理评论, 2009, 12 (02): 67-74, 80.

[81] 孟莉. 领导越轨行为的产生、影响与治理. 领导科学, 2019 (06): 41-44.

[82] 孟秀兰, 柴攀峰, 黄中伟. 工作价值观、组织公平与离职倾向及其代际差异. 科研管理, 2020, 41 (06): 219-227.

[83] 明娟, 曾湘泉. 工作转换与受雇农民工就业质量: 影响效应及传导机制. 经济学动态, 2015 (12): 22-33.

[84] 莫申江,王夏阳,陈宏辉等.由敬畏到人心:组织伦理系统破解员工离职困局的新视角——以山东老家饮食连锁公司为例.管理世界,2015(02):137-152,188.

[85] 欧阳博强,张广胜.农民工就业分化及其影响因素.华南农业大学学报(社会科学版),2018,17(03):48-61.

[86] 欧阳博强,张广胜.收入水平与农民工相对剥夺感的代际差异——基于社会公平感视角的检验与解释.商业研究,2018(03):162-170.

[87] 钱龙,钱文荣.农民工离职意愿的影响因素及其代际差异——基于工作价值认可视角和729份问卷数据.湖南农业大学学报(社会科学版),2015,16(03):37-42,69.

[88] 乔坤,刘赛.组织伦理氛围对员工主动性行为的影响研究——工作动机的中介作用.管理现代化,2018,38(04):97-100.

[89] 秦伟平,赵曙明.多重认同视角下的新生代农民工组织公平感与工作嵌入关系研究.管理学报,2014(10):1445-1452.

[90] 秦伟平.新生代农民工工作嵌入:双重身份的作用机制[D].南京大学,2010.

[91] 秦志华,蒋诚潇,杨俊.组织中成员工作嵌入的前因变量研究.商业经济与管理,2013(12):64-73.

[92] 青平,施丹,聂坪.工作嵌入对大学生"村官"离职意愿研究——以工作价值观为调节变量.农业技术经济,2012(04):14-23.

[93] 邱红,张凌云.我国流动人口就业特征及分性别异质性研究.经济纵横,2020(07):84-91.

[94] 任红军,梁巧转.企业的创新能力、行业地位与员工离职意图的关系研究.南开管理评论,2005(4):50-53.

[95] 尚越,石智雷.城乡迁移与农民工心理健康——基于中国劳动力动态调查数据的分析.西北人口,2020,41(04):104-113.

[96] 邵康华,廖纮亿,陈沁悦.威权领导对员工亲组织非伦理

行为的影响——一个有调节的中介模型［J］．软科学，2020，34（05）：76-81．

［97］佘启发，叶龙．天职取向视角下工作嵌入对工作满意度的影响研究．江西师范大学学报（哲学社会科学版），2018，51（06）：119-127．

［98］佘启发，叶龙．工作嵌入、工作满意度对工作绩效的影响研究［J］．江西社会科学，2018，38（01）：227-235．

［99］石智雷，吕琼琼，易成栋．职业水平流动和垂直流动对农民工城市融入的影响．中南财经政法大学学报，2016（06）：22-29，84，159．

［100］时勘，崔有波，万金等．组织伦理氛围对员工冲突的影响：变革型领导的调节作用．现代管理科学，2015（07）：3-5，21．

［101］苏涛，陈春花，李芷慧等．跨文化视角下员工工作对家庭冲突与工作态度关系的 Meta 研究．管理学报，2019，16（11）：1650-1660．

［102］苏晓艳．组织社会化策略、工作嵌入及新员工离职意向研究．软科学，2014，28（5）：48-52．

［103］孙婧芳．城市劳动力市场中户籍歧视的变化：农民工的就业与工资．经济研究，2017，52（08）：171-186．

［104］孙三百，黄薇，洪俊杰．劳动力自由迁移为何如此重要？——基于代际收入流动的视角．经济研究，2012，47（05）：147-159．

［105］孙学涛，张丽娟，张广胜．农民工就业稳定与社会融合：完全理性与有限理性假设的比较．农业技术经济，2018（11）：44-55．

［106］孙中伟，杨肖锋．脱嵌型雇佣关系与农民工离职意愿——基于长三角和珠三角的问卷调查．社会，2012（03）：98-128．

［107］汤超颖，辛蕾．IT 企业员工工作压力与离职意向关系的实证研究．管理评论，2007（09）：30-34，63-64．

［108］田北海，雷华，佘洪毅等．人力资本与社会资本孰重孰轻：

对农民工职业流动影响因素的再探讨——基于地位结构观与网络结构观的综合视角. 中国农村观察, 2013 (01): 34-47.

[109] 田虹, 田佳卉. 源清流洁: 环境变革型领导对员工亲环境行为的影响机制研究 [J]. 南京工业大学学报（社会科学版）, 2020, 19 (04): 76-89, 116.

[110] 汪华. 乡土嵌入、工作嵌入与农民工集体行动意愿. 广东社会科学, 2015 (02): 194-203.

[111] 王帮俊, 杨东涛. 新生代农民工组织认同、工作嵌入及其对工作绩效影响的实证研究. 软科学, 2014 (01): 106-109.

[112] 王春超, 周先波. 社会资本能影响农民工收入吗？——基于有序响应收入模型的估计和检验. 管理世界, 2013 (09): 55-68, 101, 187.

[113] 王春艳, 顾亦凡, 袁庆宏. 基于知识观视角的群体离职特征对离职去向影响研究. 管理学报, 2019, 16 (02): 159-167.

[114] 王春艳. 关怀性组织伦理氛围与组织公民行为关系探讨. 商业时代, 2014 (03): 114-116.

[115] 王浩, 白卫东. 工作嵌入对员工离职倾向的影响研究. 科技进步与对策, 2009 (11): 145-147.

[116] 王鉴忠, 李琦, 宋君卿等. 积极组织行为学视角下辱虐管理与员工乐观解释风格对离职倾向的影响研究. 管理学报, 2020, 17 (05): 688-696.

[117] 王菁, 徐小琴. 伦理与社会责任——来自企业层面的实证分析. 伦理学研究, 2014 (06): 86-93.

[118] 王莉, 石金涛. 组织嵌入及其对员工工作行为影响的实证研究. 管理工程学报, 2007, 21 (03): 14-18.

[119] 王林, 邓沙. 新生代农民工离职倾向机制研究: 工作嵌入的视角. 农村经济, 2017 (01): 118-123.

[120] 王晓辰, 应莺. 变革型领导如何影响员工亲组织非伦理行为？——一个被调节的中介作用模型. 财经论丛, 2018 (03): 97-

104.

[121] 王晓丹. 组织伦理气氛与员工沉默行为的实验研究——基于心理预期理论的视角. 社会科学战线, 2016 (08): 255-259.

[122] 王雁飞, 朱瑜. 组织伦理气氛的理论与研究. 心理科学进展, 2006 (02): 300-308.

[123] 王永丽, 卢海陵. 工作嵌入、工作家庭平衡与家庭内关系——基于员工及其配偶配对的视角. 管理评论, 2018, 30 (11): 130-140.

[124] 王永跃, 祝涛. 伦理型领导、工具主义伦理气氛与员工不道德行为: 内部人身份感知的调节作用. 心理科学, 2014, 37 (06): 1455-1460.

[125] 王哲, 张爱卿. 内部企业社会责任对员工反生产行为的影响——组织认同的中介和理想主义道德标准的调节. 经济管理, 2019, 41 (08): 130-146.

[126] 王桢, 李旭培, 罗正学等. 情绪劳动工作人员心理授权与离职意向的关系: 工作倦怠的中介作用. 心理科学, 2012 (01): 186-190.

[127] 王振华, 孙学涛, 欧阳博强. 行业特征与农民工收入——基于多层线性模型的经验分析. 调研世界, 2017 (08): 38-43.

[128] 魏峰, 王艺霏, 李然. 伦理领导影响员工工作结果的"滴漏模型"——关怀型伦理氛围的调节作用. 财经论丛, 2019 (11): 91-101.

[129] 魏峰, 张健. 职场友谊、情感承诺与亲组织非伦理行为关系的实证研究. 软科学, 2020, 34 (03): 103-110.

[130] 温珂, 于贵芳, 吕佳龄等. 工作嵌入、制度环境与离职意愿——中科院人才流动的影响因素分析. 科学学与科学技术管理, 2018, 39 (11): 130-141.

[131] 翁清雄, 王婷婷, 吴松等. 情感型领导: 量表开发及与员工离职倾向和建言行为的关系. 外国经济与管理, 2016, 38 (12): 74-90.

[132] 吴方卫, 康姣姣. 农民工流向选择和区域流动变化研究——基于河南省农民工流向的经验研究. 农业技术经济, 2019 (12): 43-55.

[133] 吴杲, 杨东涛. 两代农民工离职影响因素研究——基于实证调查的证据及启示. 南京社会科学, 2014 (06): 57-63.

[134] 吴红梅. 西方组织伦理氛围研究探析. 外国经济与管理, 2005, 27 (9): 32-39.

[135] 吴奇峰, 苏群. 企业职业发展支持与农民工的离职倾向——基于苏州市制造业农民工调查数据. 兰州学刊, 2018 (04): 189-201.

[136] 吴晓荣, 苏郁锋, 吴能全. 企业发展性支持与离职意向的关系研究——人—职匹配与职业自我管理的调节作用. 管理评论, 2015 (03): 105-112, 162.

[137] 伍晓奕, 刘云. 组织与个人匹配角度的职场伦理困境影响——基于服务人员的实证研究. 华东经济管理, 2015, 29 (10): 116-124.

[138] 武康平, 田欣. 信息不对称与供求失衡下的"用工荒". 经济学报, 2020, 7 (02): 194-230.

[139] 谢江佩. 转型社会背景下的组织伦理探析——评《组织公正与伦理决策若干问题研究》. 浙江社会科学, 2017 (04): 154-155.

[140] 辛焕平, 孙小雅. 新生代农民工工作价值观及其对离职倾向的影响研究. 特区经济, 2014 (04): 175-179.

[141] 徐琳, 王济干, 樊传浩. 授权型领导对员工亲组织非伦理行为的影响：一个链式中介模型. 科学学与科学技术管理, 2018, 39 (06): 109-121.

[142] 徐茜, 张体勤. 工作嵌入与员工流动倾向：工作价值观为调节变量. 管理工程学报, 2017, 31 (03): 19-28.

[143] 徐细雄, 淦未宇. 组织支持契合、心理授权与雇员组织承诺：一个新生代农民工雇佣关系管理的理论框架——基于海底捞的案例研究. 管理世界, 2011 (12): 131-147, 169.

[144] 徐燕, 赵曙明. 社会交换和经济交换对员工情感承诺和离职意向的影响研究——领导—成员交换关系的调节作用. 科学学与科学技术管理, 2011 (11): 159-165.

[145] 许传新, 王俊丹. 新生代农民工工作—家庭关系及其对离职倾向的影响. 人口与经济, 2014 (02): 22-29.

[146] 许楠, 姜波. 经理人离职原因模糊披露的影响因素及其经济后果——来自中国上市公司的证据. 中国经济问题, 2015 (03): 74-87.

[147] 许欣, 胡兴球, 唐震. 组织伦理氛围对外派回任员工离职倾向的影响研究——以工作嵌入为中介变量. 管理现代化, 2018, 38 (02): 101-104.

[148] 严善平. 城市劳动力市场中的人员流动及其决定机制——兼析大城市的新二元结构. 管理世界, 2006 (08): 8-17, 171.

[149] 颜冰, 郑克岭. 行政组织伦理氛围: 基于社会认同理论的视角. 南京农业大学学报 (社会科学版), 2010 (01): 83-90.

[150] 颜银根. 流动人口受教育程度对跨地区流动决策的影响研究. 中国人口科学, 2020 (01): 90-101, 128.

[151] 杨春江, 蔡迎春, 侯红旭. 心理授权与工作嵌入视角下的变革型领导对下属组织公民行为的影响研究. 管理学报, 2015 (02): 231-239.

[152] 杨春江, 李陶然, 逯野. 基于工作嵌入视角的组织伦理气候与员工离职行为关系研究. 管理学报, 2014, 11 (03): 351-359.

[153] 杨春江, 刘丹, 毛承成. 中国情境下的工作嵌入: 构念内涵、维度和量表开发. 管理工程学报, 2019, 33 (01): 122-133.

[154] 杨春江, 马钦海, 曾先峰. 从留职视角预测离职: 工作嵌入研究述评. 南开管理评论, 2010 (02): 105-118, 131.

[155] 杨春江, 马钦海. 从组织依附视角理解离职: 映像理论、"展开"模型和工作嵌入理论的融合. 预测, 2010, 29 (04): 31-36.

[156] 杨东涛, 秦伟平. 群际关系视角下新生代农民工身份定位与工作嵌入关系研究. 管理学报, 2013 (04): 528-535.

[157] 杨富平. 权利经营: 流动人口市民权利获得的一个分析框架. 城市发展研究, 2020, 27 (06): 132-140.

[158] 杨高, 周春山. 深圳富士康农民工聚居区研究: 空间生产与社会流动. 现代城市研究, 2019 (11): 26-32.

[159] 杨继平, 李波. 西方学者对组织伦理气氛结构的研究. 心理科学, 2008 (01): 173-176.

[160] 杨金龙, 王桂玲. 农民工工作获得感: 理论构建与实证检验. 农业经济问题, 2019 (09): 108-120.

[161] 杨廷钫, 凌文辁. 新生代农民工工作嵌入测量量表构建——社区嵌入的调节作用. 人口与经济, 2013 (04): 21-29.

[162] 杨廷钫, 凌文辁. 新生代农民工工作嵌入内容结构及相关研究——以珠江三角洲为例. 农业技术经济, 2013 (01): 46-57.

[163] 姚缘, 张广胜. 信息获取与新生代农民工职业流动——基于对大中小城市新生代农民工的调研. 农业技术经济, 2013 (09): 52-60.

[164] 叶静怡, 周晔馨. 社会资本转换与农民工收入——来自北京农民工调查的证据. 管理世界, 2010 (10): 34-46.

[165] 叶仁荪, 王玉芹, 林泽炎. 工作满意度、组织承诺对国企员工离职影响的实证研究. 管理世界, 2005 (03): 122-125.

[166] 殷晓彦. 跨层次视角下组织认同形成机制实证研究. 商业经济研究, 2016 (13): 35-37.

[167] 于海波, 郑晓明. 生涯适应力的作用: 个体与组织层的跨层面分析. 心理学报, 2013 (06): 680-693.

[168] 余璇, 陈维政. 组织伦理气候对员工工作场所行为的影响研究——以工作疏离感为中介变量. 大连理工大学学报 (社会科学版), 2015 (04): 35-40.

[169] 余璇, 陈维政. 组织伦理气候对组织情感承诺影响路径研究——组织信任和组织自尊的作用. 现代财经 (天津财经大学学报), 2015 (09): 92-101, 113.

[170] 袁方, 史清华. 不平等之再检验: 可行能力和收入不平等

与农民工福利.管理世界,2013(10):49-61.

[171] 袁庆宏,陈文春.工作嵌入的概念、测量及相关变量.心理科学进展,2008(06):941-946.

[172] 袁庆宏,刘艳艳,石俊杰.离而未断,聚而成群:离职员工社群对原组织的影响机制研究.中国人力资源开发,2020,37(07):6-20,64.

[173] 詹小慧,杨东涛,李群.指导关系对新生代农民工离职倾向的影响——基于深层次相似性的调节效应.软科学,2016,30(03):65-68,76.

[174] 张凤荣,李佳聪,钱偏偏.工作、情感与关系:新生代女性农民工的组织嵌入与公民行为.东北师大学报(哲学社会科学版),2018(03):79-84.

[175] 张高旗,徐云飞,赵曙明.心理契约违背、劳资冲突与员工离职意向关系的实证研究:整合型组织文化的调节作用.商业经济与管理,2019(09):29-43.

[176] 张广胜,田洲宇.改革开放四十年中国农村劳动力流动:变迁、贡献与展望.农业经济问题,2018(07):23-35.

[177] 张宏如,李群,卢锐.职场排斥对新生代农民工离职倾向的影响:心理资本的调节效应.华东经济管理,2015,29(11):152-158.

[178] 张宏如,李群.员工帮助计划促进新生代农民工城市融入模型——人力资本、社会资本还是心理资本.管理世界,2015(06):180-181.

[179] 张宏宇,周燕华,张建君.如何缓解农民工的疲惫感:对工会和SA8000认证作用的考量.管理世界,2014(02):32-43.

[180] 张凯丽,唐宁玉,尹奎.离职倾向与行为表现的关系:自我效能感和主动性人格的调节作用.管理科学,2018,31(06):117-127.

[181] 张娜,武向鹏,李精精等.组织伦理氛围对护士服务行为

的跨层次影响——道德敏感性的中介作用.中国临床心理学杂志,2016(06):1112-1115.

[182] 张淑华,刘兆延.组织认同与离职意向关系的元分析.心理学报,2016(12):1561-1573.

[183] 张艳华,沈琴琴.农民工就业稳定性及其影响因素——基于4个城市调查基础上的实证研究.管理世界,2013(03):176-177.

[184] 张永军,江晓燕,李永鑫.亲组织非伦理行为的形成机制:一个交互模型的检验.心理科学,2019,42(05):1161-1166.

[185] 张永军,江晓燕,赵国祥.伦理氛围与亲组织非伦理行为:道德辩护的中介效应.心理科学,2017,40(05):1189-1194.

[186] 章元,王昊.城市劳动力市场上的户籍歧视与地域歧视:基于人口普查数据的研究.管理世界,2011(07):42-51.

[187] 赵立.新生代农民工的市民化心理适应——对浙江省904个样本的调查与分析.管理世界,2014(11):180-181.

[188] 赵维姗,曹广忠.农民工就业稳定性特征及职业类型的影响——基于全国13省25县100村调查数据的分析.人口与发展,2017,23(04):11-21.

[189] 赵卫红,张昊辰,曹霞.身份差序格局对新生代农民工离职倾向的影响机制研究——基于制造业新生代农民工的调查数据.农村经济,2020(02):131-137.

[190] 赵旭,胡斌,夏泥.基于突变理论的员工主动离职行为定性模拟——以中国经济转型期的"离职潮"为例.系统管理学报,2016,25(04):691-704.

[191] 郑馨怡,刘宗华.新生代员工工作嵌入会促进建言吗?——工作—家庭冲突和主管支持的作用.当代经济管理,2020,42(03):64-70.

[192] 周春芳,苏群,常雪.迁移时间是否有利于我国农民工职业地位的提升?——基于职业同化的视角.南方人口,2019,34(06):1-14.

[193] 周浩. 工作嵌入研究述评——人才保留的新视角. 软科学, 2016 (10): 100-103.

[194] 周恋, 刘明巍, 李敏等. 中国情境下的工会承诺研究: 量表开发及对员工公民行为和离职倾向的预测作用. 中国人力资源开发, 2019, 36 (09): 63-76.

[195] 周密, 张广胜, 杨肖丽等. 城市规模、人力资本积累与新生代农民工城市融入决定. 农业技术经济, 2015 (01): 54-63.

[196] 周小刚, 刘晶仁, 李丽清. "流工"还是"留工": 农民工离职倾向影响因素研究. 商业研究, 2015 (09): 149-154.

[197] 朱红根, 刘磊, 康兰媛. 制度环境对新生代农民工离职意愿影响的实证分析——基于10省市的调查数据. 农林经济管理学报, 2014 (05): 524-529, 536.

[198] 朱慧劼, 风笑天. 代际差异视角下就业质量与农民工的精神健康. 经济体制改革, 2019 (02): 92-98.

[199] 朱颖俊, 黄瑶佳. 组织伦理气氛与成员信息伦理行为关系的实证研究. 情报杂志, 2011, 30 (03): 202-206.

[200] Allen D G. Do Organizational Socialization Tactics Influence New-comer Embeddedness and Turnover?. Journal of Management, 2006 (32): 237-256.

[201] Allen D. G, Shanock L R. Perceived Organizational Support and Embeddedness as Key Mechanisms Connecting Socialization Tactics to Commitment and Turnover among New Employees. Journal of Organizational Behavior, 2013 (03): 350-369.

[202] Ambrose M L, Arnaud A, Schminke M. Individual Moral Development and Ethical Climate: The Influence of Person Organization Fit on Job Attitudes. Journal of Business Ethics, 2008, 77 (03): 323-333.

[203] Bambacas M, Kulik C T. Job Embeddedness in China: How HR Practices Impact Turnover Intentions. International Journal of Human Resource Management, 2013 (10): 1933-1952.

[204] Bandura A. Self – Efficacy: Toward a Unifying Theory of Behavioral Change. Advancesin Behaviour Research and Therapy, 1978, 01 (04): 139 – 161.

[205] Baron R M, Kenny D A. The Moderator Mediator Variable Distinction in Social Psychological Research: Conceptual Strategic and Statistical Considerations. Journal of Personality and Social Psychology, 1986, 51 (06): 11 – 73.

[206] Basker E. Education, Job Search and Migration. University of Missouri – Department of Economics. University of Missouri Columbia Working Paper, 2003 (03): 2 – 16.

[207] Bayer G, Nathaniel K, Christopher T. Migration and Hedonic Valuation: The Case of Air Quality. Journal of Environmental Economics and Management, 2009, 58 (01): 1 – 14.

[208] Beach L R, Mitchell T R. Image Theory: Principles, Goals and Plans in Decision Making. ActaPsychologica, 1987, 64 (03): 201 – 220.

[209] Blossfeld H, Golsch K, Rohwer G. Event History Analysis With Stata [M]. New York: London, 2007.

[210] Bryk A S, Raudenbush S W. On Heterogeneity of Variance in Experimental Studies: A Challenge to Conventions. Psychological Bulletin, 1988, 104 (03): 396 – 404.

[211] Chan D. Cognitive Misfit of Problem Solving Style at Work: a Facet of Person – organization Fit. Organizational Behavior and Human Decision Processes, 1996, 68 (03): 194 – 207.

[212] Christopher T. If You Can't Take the Heat, Get Out of the Cerrado Recovering the Equilibrium Amenity Cost of Non – Marginal Climate Change in Brazil. Journal of Regional Science, 2007 (47): 1 – 25.

[213] Collins B J, Burrus C J, Meyer R D. Gender Differences in the Impact of Leadership Styles on Subordinate Embeddedness and Job Satisfaction. Leadership Quarterly, 2014 (04): 660 – 671.

[214] Crossley C D, Bennett R J, Jex S M, et al. Development of a Global Measure of Job Embeddedness and Integration into a Traditional Model of Voluntary Turnover. Journal of Applied Psychology, 2007, 92 (04): 1031-1042.

[215] Cullen J B, Parboteeah K P, Victor B. The Erects of Ethical Climates on Organizational Commitment: A Two-study Analysis. Journal of Business Ethics, 2003, 46 (02): 127-141.

[216] Cullen J B, Victor B, James W B. The Ethical Climate Questionnaire: An Assessment of Its Development and Validity. Psychological Reports, 1993, 73 (02): 667-674.

[217] Cunningham G B, Fink J S, Sagas M. Extensions and further examination of the job embeddedness construct. Journal of Sport Management, 2005, 19 (03): 319-337.

[218] Deconinck J B. The Influence of Ethical Climate on Marketing Employees' Job Attitudes and Behaviors. Journal of Business Research, 2010, 63 (04): 384-391.

[219] Deshpande S P. The Impact of Ethical Climate Types on Facets of Job Satisfaction: An Empirical Investigation. Journal of Business Ethics, 1996, 15 (06): 655-660.

[220] Dolton P J, Kidd M P. Job Changes, Occupational Mobility and Human Capital Acquisition an Empirical Analysis. Bulletin of Economic Research, 1988, 50 (04): 301-378.

[221] Falkenberg L, Herremans I. Ethical behaviors in organizations: directed by the formal or informal systems? [J]. Journal of Business Ethics, 1995 (14): 133-143.

[222] Feldman, Thomas W H. Careers: Mobility, Embeddedness, and Success. Journal of Management, 2007 (33): 351-371.

[223] Felps W, Hekman D R, Mitchell T. R, et al. Turnover contagion: how coworkers' job embeddedness and coworkers' job behaviors influ-

ence quitting. The Academy of Management Journal, 2009 (06): 545 - 561.

[224] Fields D, Dingman M E, Roman P M, et al.. Exploring Predictors of Alternative Job Changes. Journal of Occupational & Organizational Psychology, 2005 (01): 63 - 82.

[225] Fink J S, Cunningham G B, Sagas M. Job Embeddedness: Effects of Coaches' Turnover Intentions. Research Quarterly for Exercise and Sport, 2003, 24 (01): 74 - 89.

[226] Friedman R A, Holtom B. The Effects of Network Groups on Minority Employee Turnover Intentions. Human Resource Management, 2002, 41 (04): 405 - 421.

[227] Ghosh D, Gurunathan L. Do Commitment Based Human Resource Practices Influence Job Embeddedness and Intentions to Quit. HMB Management Review, 2015 (04): 214 - 215.

[228] Gist M E. Self - efficacy Implications for Organizational Behavior and Human Resource Management. Academy of Management Review, 1987, 12 (03): 472 - 485.

[229] Goldsmith A H, Veum J R, Darity W. The Impact of Psychological and Human Capital on Wages. Economic Inquiry, 1997, 35 (04): 815 - 829.

[230] Goldstein H. Nonlinear Multilevel Models with an Application to Discrete Response Data. Biometrika, 1991 (78): 45 - 51.

[231] Granovetter M S. Economic Action and Social Structure: the Problem of Embeddedness. The American Journal of Medicine, 1985, 91 (03): 481 - 510.

[232] Griffeth R W, Hom P W, Gaertner H S. Ameta - analysis of Antecedents and Correlates of Employee Turnover: Update, Moderator Tests, and Research Implications for the Next Millennium. Journal of Management, 2000 (26): 463 - 488.

[233] Grojean W, Resick J, Dickson W, et al. Leaders, Values and Organizational Climate: Examining Leadership Strategies for Establishing an Organizational Climate Regarding Ethics. Journal of Business Ethics, 2004, 55 (03): 223-241.

[234] Halbesleben J, Wheeler A. The Relative Roles of Engagement and Embeddedness in Predicting Job Performance and Intention to Leave. Work & Stress, 2008 (22): 242-256.

[235] Harman W. S, Lee T. W, Mitchell T. R, et al. The psychology of voluntary employee turnover. Current Directions in Psychological Science, 2007, 16 (01): 51-54.

[236] Harris K J, Wheeler A R, Kacmar K M. The Mediating Role of Organizational Job Embeddedness in the LMX outcomes Relationships. The Leadership Quarterly, 2011, 22 (02): 271-281.

[237] Henle C A. Predicting Workplace Deviance from the Interaction between Organizational Justice and Personality. Journal of Management Issues, 2005, 17 (02): 247-263.

[238] Hobfoll S E. The Influence of Culture, Community, and the Nested Self in the Stress Process: Advancing Conservation of Resources Theory. Applied Psychology, 2001, 50 (03): 337-421.

[239] Holtom B C, Inderrieden E J. Integrating the Unfolding Model and Job Embeddedness Model to Better Understand Voluntary Turnover. Journal of Management Issues, 2006, 18 (04): 435-452.

[240] Holtom B C, Mitchell T R, Lee T W. Increasing Human and Social Capital by Applying Job Embeddedness Theory. Organizational Dynamics, 2007 (35): 316-331.

[241] Holtom B C. Job Embeddedness: a Theoretical Foundation for Developing a Comprehensive Nurse Retention Plan. Journal of Nursing Administration, 2004, 34 (05): 216-217.

[242] Holtom B. C, Mitchell T. R, Lee T. W, et al. Shocks as causes

[243] Hom P W, Griffeth R W. Employee Turnover. Cincinnati Southwestern College Publishing, 1995.

[244] Hotlom B C, Mitchell T R, Lee T W. Increasing Human and Social Capitalby Applying Job Embeddedness Theory. Organizational Dynamics, 2006, 35 (04): 316 – 331.

[245] James B, Avey J B, Luthans F, et al. The Additive Value of Positive Psychological Capital in Predicting Work Attitudes and Behaviors. Journal of Management, 2009, 36 (03): 430 – 452.

[246] James B, Deconinck J. The Effects of Ethical Climate on Organizational Identification, Supervisory Trust, and Turnover among Salespeople. Journal of Business Research, 2011, 64 (06): 617 – 624.

[247] Jiang K, Liu D, McKay P F, et al. When and How is Job Embeddedness Predictive of Turnover? A Meta – analytic Investigation. Journal of Applied Psychology, 2012 (05): 1077 – 1096.

[248] John B, Cullun K, Parboteeah P, et al. The Effects of Ethical Climates on Organizational Commitment: A Two – Study Analysis. Journal of Business Ethics, 2003 (02): 127 – 141.

[249] Jovanovic B. Job Matching and the Theory of Turnover. Journal of Political Economy, 1979, 87 (05): 972 – 990.

[250] Kelley S W, Dorsch M J. Ethical Climate, Organizational Commitment, and Indebtedness among Purchasing Executives. The Journal of Personal Selling and Sales Management, 1991 (04): 55 – 66.

[251] Kirschenbaum A, Weisberg J. Employee's Turnover Intentions and Job Destination Choices. Journal of Organizational Behavior, 2001 (01): 109 – 125.

[252] Knight J, Yueh L. Job Mobility of Residents and Migrants in Urban China. Journal of Comparative Economics, 2004 (32): 637 – 660.

[253] Krischer M M, Penney L M, Hunter E M. Can Counterproductive Work Behaviors be Productive? CWB as Emotion-focused Coping. Journal of Occupational Health Psychology, 2010, 15 (01): 154-166.

[254] Laczniak, G R, Lusch R F, Murphy P E. Social Marketing: Its Ethical Dimensions. The Journal of Marketing, 1979, 14 (03): 29-36.

[255] Lee T W, Mitchell T R. An Alternative Approach: The Unfolding Model of Voluntary Employee Turnover. Academy of Management Review, 1994, 19 (01): 51-89.

[256] Lee T W, Mitchell T R, Sablynski C J, et al. The Effects of Job Embeddedness on Organizational Citizenship, Job Performance, Volitional Absences, and Voluntary Turnover. Academy of Management Journal, 2004 (05): 711-722.

[257] Lev S, Koslowsky M. On-the-job Embeddedness as a Mediator between Conscientiousness and School Teachers' Contextual Performance. European Journal of Work & Organizational Psychology, 2012 (01): 57-83.

[258] Liao H, Chuang A, Joshi A. Perceived Deep-level Dissimilarity: Personality Antecedents and Impact on Overall Job Attitude, Helping, Work Withdrawal, and Turnover. Organizational Behavior and Human Decision Processes, 2008 (02): 106-124.

[259] Lopez T B, Babin B J. Chung. Perceptions of Ethical Work Climate and Person-organization Fit among Retail Employees in Japan and the US: A Cross-cultural Scale Validation. Journal of Business Research, 2009, 62 (06): 594-600.

[260] Luthans F, Avolio B J, Walumbwa F O, et al. The Psychological Capital of Chinese Workers: Exploring the Relationship with Performance. Management and Organization Review, 2005, 1 (02): 249-271.

[261] Maertz C P, Gampion M A. 25 Years of Voluntary Turnover Re-

search: A Review and Critique. International Review of Industrial and Organizational Psychology, 1998 (01): 49 – 81.

[262] Mallol C M, Holtom B C, Lee T W. Job Embeddedness in a Culturally Diverse Environment. Journal of Business and Psychology, 2007 (01): 35 – 44.

[263] Malloy D C, Agarwal J. Ethical Climate in Nonprofit Organizations: Propositions and Implications. Nonprofit Management and Leadership, 2001, 12 (01): 39 – 54.

[264] Mischel W. Toward a Cognitive Social Learning Reconceptualization of Personality. Psychological Review, 1973, 80 (04): 252 – 283.

[265] Mitchell T R, Holtom B C, Lee T W, et al. Why People Stay: Using Job Embeddedness to Predict Voluntary Turnover. Academy of Management Journal, 2001, 44 (06): 1102 – 1121.

[266] Mitchell T R, Lee T W. The Unfolding Model of Voluntary Turnover and Job Embeddedness: Foundations for a Comprehensive Theory of Attachment. Research in Organizational Behavior, 2001, 6 (02): 189 – 246.

[267] Mobley W H. Intermediate Linkages in the Relationship between Job Satisfaction and Employee Turnover. Journal of Applied Psychology, 1977, 62 (02): 237 – 240.

[268] Morrel K M, Clarke J, Aronld J, et al. Mapping the Decision to Quit: A Refinement and Test of the Unfolding Model of Voluntary Turnover. Applied Psychology: An International Review, 2008, 57 (01): 128 – 150.

[269] Morrel K M, Clarke J L, Wilkinson A J. Organizational Change and Employee Turnover. Personnel Review, 2004, 33 (02): 161 – 173.

[270] Mulki J, Jaramillo J, Locander W. Effect of Ethical Climate on Turnover Intention: Linking Attitudinal and Stress Theory. Journal of Business Ethics, 2008, 78 (04): 559 – 574.

[271] Mulkijp, Jaramillojf, Locander W B. Critical Role of Leadership

on Ethical Climate and Salesperson Behaviors. Journal of Business Ethics, 2009, 86 (02): 125 – 141.

[272] Oncer A Z, Yildiz M L. The Impact of Ethical Climate on Relationship between Corporate Reputation and Organizational Identification. Procedia Social and Behavioral Sciences, 2012, 58 (01): 714 – 723.

[273] Ostroff C, Clark M A. Maintaining an Internal Market: Antecedents of Willingness to Change Jobs. Journal of Vocational Behavior, 2001 (03): 425 – 453.

[274] Price J L, Mueller L C W. A Causal Model of Turnover for Nurses. Academy of Management Journal, 1981 (03): 543 – 565.

[275] Price J L. Reflections on the Determinants of Voluntary Turnover. International Journal of Manpower, 2001, 22 (07): 600 – 624.

[276] Ramesh A, Gelfand M J. Will They Stay or Will They Go? The Role of Job Embeddedness in Predicting Turnover in Individualistic and Collectivistic Cultures. Journal of Applied Psychology, 2010, 95 (05): 807 – 843.

[277] Rosenfeld R A. Job Mobility and Career Processes. Annual Review of Sociology, 1992 (18): 39 – 61.

[278] Rosin H M, Korabik K. Workplace Variables, Affective Responses, and Intention to Leave Among Women Managers. Journal of Occupational Psychology, 1991, 64 (04): 317 – 330.

[279] Schwatzer R, Bablet J, Kwiatek P, et al. The Assessment of Optimistic Self – Beliefs: Comparison of the German, Spanish and Chinese Versions of the General Self – Efficacy Scale. Applied Psychology, 1997, 46 (01): 69 – 88.

[280] Schwepker C H. Ethical Climate's Relationship to Job Satisfaction, Organizational Commitment, and Turnover Intention in the Sales force. Journal of Business Research, 2001, 54 (01): 39 – 52.

[281] Seidl C, Traub S A. New Test of Image Theory. Organizational

Behavior and Human Decision Processes, 1998, 75 (02): 93 - 116.

[282] Seligman M E P, Csikszentmihalyi M. Positive Psychology: An Introduction, American Psychologist, 2000, 55 (01): 1 - 5.

[283] Sims R L, Keon T L. Ethical Work Climate as a Factor in the Development of Person Organization Fit. Journal of Business Ethics, 1997, 16 (11): 1095 - 1105.

[284] Smith D R, Holtom B C, Mitchell T R. Enhancing Precision in the Prediction of Voluntary Turnover and Retirement. Journal of Vocational Behavior, 2011 (01): 290 - 302.

[285] Tanova C, Holtom B C. Using Job Embeddedness Factors to Explain Voluntary Turnover in Four European Countries. The International Journal of Human Resource Management, 2008, 19 (09): 1553 - 1568.

[286] Thomas W H, Daniel C. Organizational Embeddedness and Occupational Embeddedness Across Career Stages. Journal of Vocational Behavior, 2007 (70): 336 - 351.

[287] Valentien S, Barneet T. Ethics Code Awareness Perceived Ethical Values and Organizational Commitment. Journal of Personal Selling and Sales Management, 2003, 23 (04): 359 - 368.

[288] Van D P, Kirk B A. The Relationship between Job Embeddedness and Intention to Leave an Organization. Australian Journal of Psychology, 2003: 232 - 233.

[289] Victor B, Cullen J B, Frederick W A. Theory and Measure of Ethical Climate in Organizations. Research in Corporate Social Performance and Policy, 1987 (09): 254 - 287.

[290] Victor B, Cullen J B. The Organizational Bases of Ethical Work Climates. Administrative Science Quarterly, 1988, 33 (01): 101 - 125.

[291] Wheeler A R, Harris K J, Harvey P. Moderating and Mediating the HRM Effectiveness Intent to Turnover Relationship: The Roles of Supervisors and Job Embeddedness. Journal of Managerial Issues, 2010 (02): 182 -

150.

[292] Wimbush J C, Shepard J M. Toward an Understanding of Ethical Climate: Its Relationship to Ethical Behavior and Supervisory Influence. Journal of Business Ethics, 1994, 13 (08): 637-647.

[293] Xing Chunbing, Junfu Zhang. The Preference for Larger Cities in China: Evidence from Rural-urban Migrants. China Economic Review, 2017 (43): 72-90.

[294] Yao X, Lee T W, Mitchell T R, et al. Job Embeddedness: Current Research and Future Directions//GRIFFETH R, HOM P. Understanding Employee Retention and Turnover. Greenwich: Information Age: 2004: 153-188.

[295] Yuhyung Shin. What Makes a Group of Good Citizens? The Role of Perceived Group-level Fit and Critical Psychological States in Organizational Teams. Journal of Occupational and Organizational Psveholoky, 2010, 83 (02): 531-552.

附 录

《农村外出就业人员工作生活状况调查问卷》

尊敬的朋友您好：

首先，非常感谢您抽出宝贵的时间填写我们的问卷！

本次调查是有关您在城镇就业的一项数据调研，调查的主要目的在于了解目前外出就业人员的工作与生活状况，从而为理论研究提供实证支撑，为相关部门科学管理外出就业人员的就业问题提供决策依据。您在本问卷中的回答没有对错之分，但是您填写的真实性将对研究结果产生重要影响，所以请您根据自身实际情况如实填写。本问卷的数据仅供学术研究，我们将对问卷的信息严格保密，您不必担心本问卷对您个人或企业有任何不利影响。

国家自然科学基金课题组

一、企业基本信息

【1】本企业（组织）所在地区：_____省_____市

【2】本企业（组织）所处的行业类型是？（　　）

1 = 餐饮住宿类　　　　　　2 = 批发零售类

3 = 制造类　　　　　　　　4 = 服务销售类

【3】本企业（组织）所属的企业性质是？（　　）

1 = 国有企业　　　　　　　2 = 合资和外资企业

3 = 民营企业

【4】本企业（组织）目前的人员规模是？（　　）

1 = 100 人以下　　　　　　2 = 100 ~ 300 人

3 = 300~500 人　　　　　　　4 = 500 人以上

注：本部分由企业（组织）的管理人员填写。

填写人姓名_____　　　　联系方式_____

二、个人基本信息与工作情况

【1】您的姓名_____联系方式_____

【2】您目前的户口类型是（　　）：

1 = 农业户口　　　　　　　0 = 非农业户口

【3】您的性别（　　）：

1 = 男　　　　　　　　　　0 = 女

【4】您的年龄_____（周）岁

【5】您目前的婚姻状况是（　　）：

1 = 已婚　　　　　　　　　0 = 未婚

【6】您接受的最高教育程度是（　　）：

1 = 小学及以下　　　　　　2 = 初中

3 = 高中（包括职业高中）　4 = 专科（包括中专、技校、大专）

【7】您是否独生子女（　　）：

1 = 是　　　　　　　　　　0 = 否

【8】您是否本地人（　　）：

1 = 是　　　　　　　　　　0 = 否

注：以城市为界线

【9】您认为您在就业中属于哪种类型（　　）：

1 = 保守型　　　　　　　　2 = 中间型

3 = 冒险型

【10】您使用网络的熟练情况是（　　）：

1 = 熟练　　　　　　　　　0 = 不熟练

【11】您平时与亲戚、同学、朋友的接触和联系情况是（　　）：

1 = 非常不密切　　　　　　2 = 不密切

3 = 一般　　　　　　　　　4 = 密切

5 = 非常密切

【12】您在目前单位/企业中从事的工作类型主要是（　　）：
1 = 生产工作　　　　　　　2 = 服务工作
3 = 销售工作　　　　　　　4 = 技术工作

【13】您目前所在的单位/企业是否对您进行过工作培训（　　）：
1 = 是　　　　　　　　　　0 = 否

【14】您在目前的单位/企业是否被需要经常加班（　　）：
1 = 是　　　　　　　　　　0 = 否

【15】您目前的单位/企业是否为您提供了住宿（　　）：
1 = 是　　　　　　　　　　0 = 否

【16】您在目前的单位/企业的月平均工资收入是（　　）：
1 = 3000 元以下　　　　　　2 = 3000 ~ 5000 元
3 = 5000 ~ 8000 元　　　　　4 = 8000 元以上

【17】您对目前每月的工资收入的总体满意程度是（　　）：
1 = 非常不满意　　　　　　2 = 不满意
3 = 一般　　　　　　　　　4 = 满意
5 = 非常满意

【18】您在目前的单位/企业平均每天的工作时间大约是____个小时

【19】您目前这份工作是否与用人单位签订了书面劳动合同（　　）：
1 = 是　　　　　　　　　　0 = 否

【20】您目前所在的单位/企业是否为您提供了基本医疗保险（　　）：
1 = 是　　　　　　　　　　0 = 否

是否提供了基本养老保险（　　）：
1 = 是　　　　　　　　　　0 = 否

【21】您在目前的单位/企业已经工作了多长时间（　　）：
1 = 小于 1 年　　　　　　　2 = 1 ~ 3 年
3 = 3 ~ 5 年　　　　　　　　4 = 5 年以上

【22】您是否考虑过辞去现在的工作？（　　）
1 = 从未　　　　　　　　　2 = 很少

3 = 有时候   4 = 经常

5 = 总是

【23】您是否想过寻求一份其他相同性质的工作？（　　）

1 = 从未   2 = 很少

3 = 有时候   4 = 经常

5 = 总是

【24】您是否想过寻求一份其他不同性质的工作？（　　）

1 = 从未   2 = 很少

3 = 有时候   4 = 经常

5 = 总是

【25】您认为您现在的工作能力，找到新的合适的工作的可能性？（　　）

1 = 极不可能   2 = 不可能

3 = 很难说   4 = 有可能

5 = 很有可能

【26】如果您知道某个公司有适合您的招聘信息，您愿意去应聘的可能性？（　　）

1 = 极不可能   2 = 不可能

3 = 很难说   4 = 有可能

5 = 很有可能

【27】如果有合适的机会，您是否愿意返乡创业（　　）：

1 = 愿意   0 = 不愿意

三、工作回顾及基本情况描述

【1】您开始外出工作的时间（或者获得第一份工作的时间）：＿＿＿＿年＿＿＿月

【2】自参加工作起，至今您已经换过几个工作：＿＿＿个

【3】请您大致回忆自参加工作以来，其中 3 次变换工作的一些情况（按时间顺序回忆）：

【4-1】第一份工作：离开是在_____年____月，此次工作您大概从事了多长时间：____个月，当时每天大约工作____个小时。

第一份工作是否签订书面劳动合同（　　）：

1＝是　　　　　　　　　　0＝否

是否进行过工作培训（　　）：

1＝是　　　　　　　　　　0＝否

是否经常加班（　　）：

1＝是　　　　　　　　　　0＝否

是否具有医疗保险（　　）：

1＝是　　　　　　　　　　0＝否

第一份工作的单位/企业性质是（　　）：

1＝国有企业　　　　　　　2＝民营企业

3＝合资、外资和其他企业

第一份工作的月平均工资收入是（　　）：

1＝3000元以下　　　　　　2＝3000~5000元

3＝5000~8000元　　　　　　4＝8000元以上

【4-2】第二份工作：离开是在_____年____月，此次工作您大概从事了多长时间：____个月，当时每天大约工作____个小时。

第二份工作是否签订书面劳动合同（　　）：

1＝是　　　　　　　　　　0＝否

是否进行过工作培训（　　）：

1＝是　　　　　　　　　　0＝否

是否经常加班（　　）：

1＝是　　　　　　　　　　0＝否

是否具有医疗保险（　　）：

1＝是　　　　　　　　　　0＝否

第二份工作的单位/企业性质是（　　）：

1＝国有企业　　　　　　　2＝民营企业

3＝合资、外资和其他企业

第二份工作的月平均工资收入是（　　）：

1 = 3000 元以下　　　　　　2 = 3000 ~ 5000 元

3 = 5000 ~ 8000 元　　　　　4 = 8000 元以上

【4-3】最近一份工作：离开是在＿＿＿＿年＿＿＿月，此次工作您大概从事了多长时间：＿＿＿个月，当时每天大约工作＿＿＿个小时。

最近一份工作是否签订书面劳动合同（　　）：

1 = 是　　　　　　　　　　　0 = 否

是否进行过工作培训（　　）：

1 = 是　　　　　　　　　　　0 = 否

是否经常加班（　　）：

1 = 是　　　　　　　　　　　0 = 否

是否具有医疗保险（　　）：

1 = 是　　　　　　　　　　　0 = 否

最近一份工作的单位/企业性质是（　　）：

1 = 国有企业　　　　　　　　2 = 民营企业

3 = 合资、外资和其他企业

最近一份工作的月平均工资收入是（　　）：

1 = 3000 元以下　　　　　　2 = 3000 ~ 5000 元

3 = 5000 ~ 8000 元　　　　　4 = 8000 元以上

【4-4】以上 3 次工作变动时的情况是：第 1 次（　　），第 2 次（　　），第 3 次（　　）

1 = 自己能胜任，但想换个工作　　0 = 感觉不能胜任或其他原因

【5-1】您对目前所在企业（公司）的感知情况

序号	根据您对各项内容感知到的实际程度，于右边栏中最符合您的数字选项上画"√" 1 = 非常不同意　2 = 不同意　3 = 有点不同意　4 = 不能确定 5 = 有点同意　6 = 同意　7 = 非常同意							
GZ1	员工遵守公司的规章、规则很重要	1	2	3	4	5	6	7
GZ2	每个员工都被要求严格遵守公司的规章、规则和程序	1	2	3	4	5	6	7
GZ3	在公司内，只有遵守公司规则的人才会取得职业成功	1	2	3	4	5	6	7

续表

序号	根据您对各项内容感知到的实际程度，于右边栏中最符合您的数字选项上画"√" 1＝非常不同意　2＝不同意　3＝有点不同意　4＝不能确定 5＝有点同意　6＝同意　7＝非常同意							
GZ4	公司内每位员工都严格遵守公司的规则	1	2	3	4	5	6	7
GH1	公司重视所有员工的整体利益	1	2	3	4	5	6	7
GH2	追求对于每位员工都有利的情况，是公司努力的方向	1	2	3	4	5	6	7
GH3	公司希望每位员工总是做对顾客和大众有利的事情	1	2	3	4	5	6	7
GH4	公司的员工总是先考虑对公司其他人最有利的情况	1	2	3	4	5	6	7
ZL1	公司内，员工都把个人利益看得很重	1	2	3	4	5	6	7
ZL2	公司内，员工个人的道德和价值判断是不被重视的	1	2	3	4	5	6	7
ZL3	公司希望员工为了公司的利益行事可不计结果	1	2	3	4	5	6	7

【5-2-1】您对目前工作和最近一份工作的描述

根据您对各项内容感知到的实际程度，于右边栏中最符合您的数字选项上画"√"
1＝非常不同意　2＝不同意　3＝不同意也不反对　4＝同意　5＝非常同意

描述内容	目前的工作					最近一份工作				
1 我对职业成长和发展感觉良好	1	2	3	4	5	1	2	3	4	5
2 公司的管理方式比较人性化	1	2	3	4	5	1	2	3	4	5
3 为单位工作，我可以实现我的职业目标	1	2	3	4	5	1	2	3	4	5
4 我能通过工作学到很多有用的技能和知识	1	2	3	4	5	1	2	3	4	5
5 是我很喜欢的工作	1	2	3	4	5	1	2	3	4	5
6 在单位中，我感觉自己是有价值的	1	2	3	4	5	1	2	3	4	5
7 单位很照顾员工的利益	1	2	3	4	5	1	2	3	4	5
8 我与同事经常联系，建立了良好人际关系	1	2	3	4	5	1	2	3	4	5
9 单位同事非常信任我	1	2	3	4	5	1	2	3	4	5
10 单位为我提供了与外界接触的机会和平台	1	2	3	4	5	1	2	3	4	5
11 我认可上级的领导风格和方式	1	2	3	4	5	1	2	3	4	5
12 单位同事、上级非常尊重我	1	2	3	4	5	1	2	3	4	5
13 我可以从同事那里得到许多工作上有益的指导和帮助	1	2	3	4	5	1	2	3	4	5
14 虽然是外地人，但我与许多本地人成为了朋友	1	2	3	4	5	1	2	3	4	5
15 在生活的社区里，我可以找到合适的婚姻机会	1	2	3	4	5	1	2	3	4	5
16 在日常生活中，我有许多亲密的朋友	1	2	3	4	5	1	2	3	4	5

续表

根据您对各项内容感知到的实际程度,于右边栏中最符合您的数字选项上画"√"
1 = 非常不同意　2 = 不同意　3 = 不同意也不反对　4 = 同意　5 = 非常同意

描述内容	目前的工作					最近一份工作				
17 周边有许多朋友可以提供各种有用的信息	1	2	3	4	5	1	2	3	4	5
18 遇到困难时,周围会有许多朋友来帮助我	1	2	3	4	5	1	2	3	4	5
19 我非常喜欢所在社区的生活氛围	1	2	3	4	5	1	2	3	4	5
20 我觉得我与居住的社区非常匹配	1	2	3	4	5	1	2	3	4	5
21 我觉得居住的地方就像家一样	1	2	3	4	5	1	2	3	4	5
22 社区能够提供我非常喜欢的休闲活动	1	2	3	4	5	1	2	3	4	5
23 我可以接受社区中的生活成本或生活开支	1	2	3	4	5	1	2	3	4	5
24 我的居住条件是不错的	1	2	3	4	5	1	2	3	4	5
25 在外面工作和生活比家乡更能增长见识和才干	1	2	3	4	5	1	2	3	4	5
26 感觉老家的生活和工作已经不太适合我	1	2	3	4	5	1	2	3	4	5
27 我享有与本地人相同的社会福利,如医疗、养老福利	1	2	3	4	5	1	2	3	4	5
28 离开所生活的地方是非常困难的一件事情	1	2	3	4	5	1	2	3	4	5
29 在单位中我能得到与劳动水平相当的回报	1	2	3	4	5	1	2	3	4	5
30 单位有良好的发展前景,换另一家不一定如此	1	2	3	4	5	1	2	3	4	5
31 单位的工资待遇是非常不错的	1	2	3	4	5	1	2	3	4	5
32 我在组织中得到的晋升机会非常多	1	2	3	4	5	1	2	3	4	5

【5-2-2】您对第一份工作和第二份工作的描述

根据您对各项内容感知到的实际程度,于右边栏中最符合您的数字选项上画"√"
1 = 非常不同意　2 = 不同意　3 = 不同意也不反对　4 = 同意　5 = 非常同意

描述内容	第一份工作					第二份工作				
1 我对职业成长和发展感觉良好	1	2	3	4	5	1	2	3	4	5
2 公司的管理方式比较人性化	1	2	3	4	5	1	2	3	4	5
3 为单位工作,我可以实现我的职业目标	1	2	3	4	5	1	2	3	4	5
4 我能通过工作学到很多有用的技能和知识	1	2	3	4	5	1	2	3	4	5
5 是我很喜欢的工作	1	2	3	4	5	1	2	3	4	5
6 在单位中,我感觉自己是有价值的	1	2	3	4	5	1	2	3	4	5
7 单位很照顾员工的利益	1	2	3	4	5	1	2	3	4	5

续表

根据您对各项内容感知到的实际程度,于右边栏中最符合您的数字选项上画"√"
1=非常不同意 2=不同意 3=不同意也不反对 4=同意 5=非常同意

描述内容	第一份工作					第二份工作				
8 我与同事经常联系,建立了良好人际关系	1	2	3	4	5	1	2	3	4	5
9 单位同事非常信任我	1	2	3	4	5	1	2	3	4	5
10 单位为我提供了与外界接触的机会和平台	1	2	3	4	5	1	2	3	4	5
11 我认可上级的领导风格和方式	1	2	3	4	5	1	2	3	4	5
12 单位同事、上级非常尊重我	1	2	3	4	5	1	2	3	4	5
13 我可以从同事那里得到许多工作上有益的指导和帮助	1	2	3	4	5	1	2	3	4	5
14 虽然是外地人,但我与许多本地人成为了朋友	1	2	3	4	5	1	2	3	4	5
15 在生活的社区里,我可以找到合适的婚姻机会	1	2	3	4	5	1	2	3	4	5
16 在日常生活中,我有许多亲密的朋友	1	2	3	4	5	1	2	3	4	5
17 周边有许多朋友可以提供各种有用的信息	1	2	3	4	5	1	2	3	4	5
18 遇到困难时,周围会有许多朋友来帮助我	1	2	3	4	5	1	2	3	4	5
19 我非常喜欢所在社区的生活氛围	1	2	3	4	5	1	2	3	4	5
20 我觉得我与居住的社区非常匹配	1	2	3	4	5	1	2	3	4	5
21 我觉得居住的地方就像家一样	1	2	3	4	5	1	2	3	4	5
22 社区能够提供我非常喜欢的休闲活动	1	2	3	4	5	1	2	3	4	5
23 我可以接受社区中的生活成本或生活开支	1	2	3	4	5	1	2	3	4	5
24 我的居住条件是不错的	1	2	3	4	5	1	2	3	4	5
25 在外面工作和生活比家乡更能增长见识和才干	1	2	3	4	5	1	2	3	4	5
26 感觉老家的生活和工作已经不太适合我	1	2	3	4	5	1	2	3	4	5
27 我享有与本地人相同的社会福利,如医疗、养老福利	1	2	3	4	5	1	2	3	4	5
28 离开所生活的地方是非常困难的一件事情	1	2	3	4	5	1	2	3	4	5
29 在单位中我能得到与劳动水平相当的回报	1	2	3	4	5	1	2	3	4	5
30 单位有良好的发展前景,换另一家不一定如此	1	2	3	4	5	1	2	3	4	5
31 单位的工资待遇是非常不错的	1	2	3	4	5	1	2	3	4	5
32 我在组织中得到的晋升机会非常多	1	2	3	4	5	1	2	3	4	5

问卷调查到此结束,感谢您的参与及配合,祝您工作顺意、生活愉快!